좀비 민주주의

이동직 지음

마르코폴로

Drawing of frontispiece of Leviathan(1651)
Ink drawing on manuscript offered by Thomas Hobbes to Charles II.

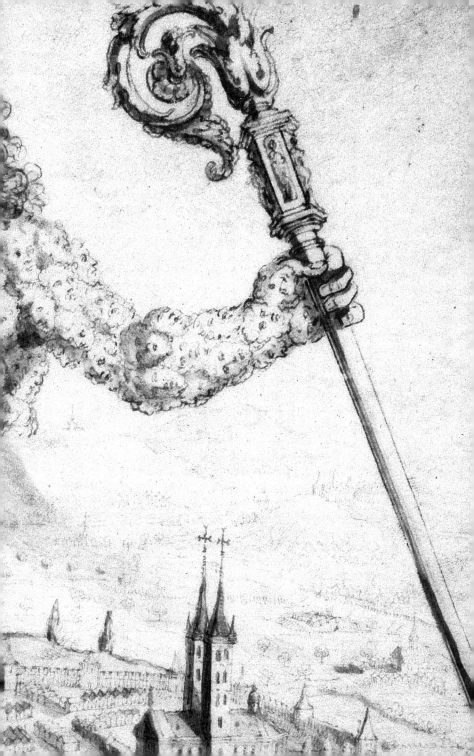

"거울 자체를 검토하려는 경우 우리는 결국 거울에 비친 사물만을 발견할 수 있을 뿐이다. 이 사실을 파악하려는 경우 결국 우리는 거울만을 파악할 수 있을 뿐이다. 가장 일반적인 의미에서 이것이 바로 지식의 역사라고 할 수 있다."

– 프리드리히 니체

서문

민주주의, 인간에 대한 오해

미국의 일간지 "워싱턴 포스트The Washington Post"는 2017년부터 홈페이지 첫 화면과 종이신문 제호 바로 아래 "민주주의는 어둠 속에서 죽는다Democracy dies in darkness"를 어떤 선언처럼 또는 어떤 예언처럼 써놓는다. 최근[1] 여론조사에 의하면, 미국의 전직 대통령 트럼프는 다시 한 번 대통령 취임선서를 하게 될 듯하다. 어둠 속에서 죽는 것이 민주주의일지, 아니면 트럼프를 민주주의 파괴범이라고 욕했던 지식인들의 비웃음일지는 알 수 없다. 민주주의와 관련된 범죄 혐의로 재판을 받게 될 인물이 현대 민주주의의 탄생지에서 두 번째 왕관을 쓰려 한다. 그의 재등장은 어떤 정치이념과 제도들 덕분이다. 자유와 평등을 약속한다는 그 이념과 제도는, 민주주의

1] 2023년 10월 현재

의 이름으로, 민주주의를 거부하는 자에게도 민주주의의 수호자가 될 기회를 허락한다. 그 이념과 제도의 이름으로 다시 한 번 혐오의 자유시장이 시작될 수도 있을 것이다. 민주주의다.

한국에서는 두 명의 대통령이 각자의 방법으로 통치를 진행하고 있다. 둘은 지난번 대통령 선거에서 0.73%의 차이로 사무실 위치를 결정한 자들이다. 국민의 뜻이라고 불리는 볼 수 없는 무엇인가가 1%를 채우지 못한 숫자로 모습을 드러냈다. 1% 안되는 그 무엇은 친절하게도 민주주의의 핵심을 알려준다. 우연히 결정된 소수와 다수는 운명이다. 이쪽 대통령이 해외순방으로 신문의 첫 장을 채우는 동안, 다른 쪽의 대통령은 며칠 간의 단식으로 다른 신문의 첫 장에 얼굴을 들이민다. 누군가에게 이쪽은 제도상의 대통령이고 저쪽은 정신적 대통령인 듯하다. 자유와 평등을 약속한다는 어떤 이념과 제도는, 지난 정권과 이번 정권에서 비슷한 영상을 반복했다. 얼굴 다른 사람들은 같은 색의 양복을 입은 채, 그 1%를 채우지 못한 숫자들을 원망하며, 수사기관의 포토라인에 서있었다. 다음번에도 그럴 것이다. 민주주의다.

낯설지 않은가? 민주주의의 이념과 제도는 우리가

우리를 스스로 다스린다고 말하는 방법으로 우리를 다스린다. "우리가 우리를 다스린다." 기괴한 믿음이다. 통치하는 우리와 통치 받는 우리는 하나인가? 둘인가? 이건 무슨 마술 같은 것인가? 민주주의라는 이념은 모호한 비현실이고 민주주의라는 제도는 종종 현실적 모멸감이 된다. 그것을 보기 위해서는 거리가 필요하다. 어항 속 물고기는 어항을 볼 수 없다. 보기 위해서는 어항 밖으로 나가야 한다. 민주주의는 인간과 인간들의 관계 맺음에 대하여 말하는 일이다. 그러나 민주주의 교과서에는 인간에 대한 이야기가 없다. 민주주의를 걱정하는 탄식들이 넘쳐난다. 그러나 수많은 민주주의 위기론 속에도 인간은 없다. 민주주의 위기론은 마치 민주주의라는 것이 고정된 바퀴처럼 존재하고, 그것을 잘못 돌린 우리에게 책임이 있다는 듯 말한다. 민주주의 위기론은 거만하다. 그것은 민주주의에 대한 근거 없는 숭배의식이다.

"그렇다면 여기서 성화를 밟아보아라." 하고 말했습니다. 아기 예수를 안은 성모 마리아상이 박힌 널판이 발 앞에 놓였습니다. … "그렇다면 다음에 또 시키는 일을 해보아라." 그 성화에 침을 뱉고, 성모 마리아는 남자들에게 몸을 팔아온 매음부라고 말해 보라는 것이었습니다. … 관리에게 엄한 재촉을 받자 모키치의 눈에서는 마침내 눈물이 솟아 뺨을 흘러내렸습니다. 이치조도 괴로운 듯 고개를 저었습니다. 두 사람은 이로써 마침내 자기들이 가톨릭 신자라는 것을 몸 전체로 자백해 버린 것입니다.

(엔도 슈사쿠, 소설 "침묵" 중)

인간은 상징에 현혹된다. 오직 상징과 은유로 버무린 언어로 인간은 다른 인간을 만나고, 관계 맺으며, 사회를 만든다. 인간은 상징 속에서만 인간이다. 그렇게 인간은 돌을 쌓고, 성당이라 부르고, 기도하고, 주변에 도시를 만들었다. 인간은 볼 수 없는 것을 찾아 헤맨다. 인간은 내가 누구인지 묻는 존재이기 때문이다. 인간은 자주 볼 수 없는 것에 의미와 가치를 새겨 넣는다. 의미와 가치가 어떤 것 안에서 고정되어 있다고 믿는 순간, 그것 안에 응고된 의미와 가치는 단단한 물건처럼 대상이 된다. 문학의 언어는 인간을 설명해 내는 유효한 방안 중 하나다. 엔도 슈사쿠의 소설 "침묵"은 몇 백 년 전 일본 기리시탄(기독교인)들의 이야기를 소재로 한다. 이것은 인간의 이야기다. 소설 속 종교인들은 후미에踏み絵 밟기

를 강요당한다. 후미에는 성모 또는 예수의 얼굴을 그린 물건이다. 이들은 후미에를 밟거나 그것에 침을 뱉으면 목숨을 부지할 수 있다. 많은 이들이 후미에 밟기를 거부하고 그 결과 비참한 죽음을 맞이한다.

성모나 예수의 얼굴을 그려 넣은 물건은 상징물이다. 후미에는 상징이다. 신성神聖이란 관념觀念이므로 물건처럼 고정될 수 없다. 후미에는 길가에 버려진 나무조각과 다를 바 없지만, 인간의 눈은 상징과 은유에 익숙하다. 후미에 밟기는 배교를 상징한다. 후미에 밟기는 상징에 대한 상징적 행위다. 상징의 상징을 위해 목숨을 포기할 수 있는 존재가 인간이다. 보이지 않는 의미와 가치를 위해, 보이는 모든 것을 버릴 수 있는 것이 인간이다. 이와 같은 인간의 신비는 동물과 인간의 경계를 가른다. 인간은 신비다. 신비를 이야기할 때, 이성은 쓸모 없다. 인간은 외부를 향해 도구를 만들고 내부의 자아를 향해 상징을 사용한다. 국가는 그리고 민주주의는 만져지지 않으나, 존재한다고 의심 없이 믿어진다. 보이지 않는 것들과 그것들의 존재를 의심하지 않는 관념 사이에서 국가와 민주주의는 수많은 상징들을 쉬지 않고 작동시킨다.

보이지 않는 어머니 조국을 외치며 싱싱한 육체를 던지는 젊음과, 그 죽음을 이야기로 전하는 노인들과, 다시 그 이야기 속에서 삶의 비밀을 깨닫는 젊은 육체들의 무한 반복이야말로 국가의 존재 형식이다. 국가는 종교적이고, 국민은 같은 국가를 신화로 꿈꾸는 자들이다. 국가와 국민의 주술적 관계를 이성으로 풀어내겠다는 것이 민주주의의 무모한 도전이다. 민주주의가 이성과 이성적 개인과 이성적 개인의 자유로운 선택과 그들 간의 사회계약을 입에 담을 때마다, 종교적 감성으로 둘러싸인 국가와 국민의 이야기들은 민주주의를 배신한다. 민주주의는 위기를 맞은 것이 아니다. 민주주의는 처음부터 모순에 가깝다. 민주주의는 국가와 국민이 관계 맺는 방법에 대한 은유다. 민주주의의 본질은 선거 다음날 아침 개표결과보다 후미에 밟기에 가깝다.

　　사회를 과학으로 풀어낸다는 미신이 인간과 국가 사이에서 서성인다. 그곳에서 인간은 떠 다니는 부유물이다. 국가와 국민 사이의 관계. 민주주의는 과학적 언어로 설명되지 않는다. 인간에 대한 언어가 필요하다. 바흐의 음악과 마크 로스코의 그림 앞에서 눈물을 흘리는 존재가 인간이다. 음악과 그림은 공기와 빛의 파장일 뿐이라며 설득하는 일은 의미 없다. 눈물의 의미를 연산의 대상으로 삼으려는 것은 범주의 착오다. 민주주의를 사회과학으로만 풀어보려는 일이 바로 그렇다. 예술이 설명의 대상이 아닌 것만큼 인간은 계산의 대상이 아니다. 민주주의를 고정된 대상으로 삼고, 볼 수 있는 우상으로 만드는 일. 민주주의를 현명한 누군가가 우리를 대표하는 일로 오해하는 일. 자유와 평등을 현실의 언어와 혼동하는 일. 이러한 혼란과 그에 대한 반격들로 가득한 모순의 이름. 민주주의다.

이 책의 1장과 2장은 민주주의 앞에 새로운 프리즘을 들이대는 작업대다. 민주주의를 말하기 위해서는 이성과 합리가 아니라, 상징과 신화와 종교의 언어를 배워야 한다. 3장과 4장에서는 민주주의의 가장 중요한 교리 두 개를 이야기해 본다. 다수결과 대표제다. 많은 이들은 민주주의를 다수결 민주주의 또는 대의민주주의와 동의어로 사용하고 있다. 민주주의와 아무런 관련 없는 생각들이 민주주의를 지배하는 모습은 어떤 끔찍한 역사의 반복처럼 보인다. 5장에서는 자유와 평등의 노래를 부를 때마다 국가의 덩치만 커지는 광경을 지켜본다. 6장에서 민주주의의 주인이라는 평등한 사람들이 민주주의에서 무엇을 하고 있는지 묻고 나면, 민주주의에 대한 새로운 정의를 생각해 볼 수 있다. 민주주의는 형태만 있고 영혼은 없는, 호흡하지만 성스러움은 사라진 육체다. 그리하여 놓고 가려면 살아서 공격하는 좀비다.

민주주의, 진리에 대한 집착

진리는 절대적이고 보편적이며, 따라서 배타적이다. 진리가 하나의 질문을 마주할 때 정답은 언제나 하나다. 민주주의는 진리를 거부한다. 민주주의란 나의 진리를 거부하는 자와 악수하기로 약속하는 일이다. 민주주의는 다신교이므로 남들과 다른 진리를 주장하는 자도 순교를 각오할 필요는 없다. 민주주의는 어떤 진리에도 절대적 지위를 허락하지 않는 일이므로 민주주의는 진리를 허락하지 않는다. 민주주의는 모든 것에 상대적 진리성을 허락함으로써 어떤 진리도 절대 진리가 아님을 절대적으로 선언한다. 이번에 밝혀진 국민의 뜻은 다음 번 국민의 뜻이 나타날 때까지만 효력이 있다. 그마저도 그것이 국민의 뜻이 아니라는 반박을 허락하는 한도에서만 국민의 뜻으로 인정될 수 있다. 민주주의는 영원한 불안정 상태를 허락한다. 그러나 인간의 본능은 확고한 절대 진리와 그것이 주는 안정을 갈망한다. 진리에 대한 욕망은, 그러므로, 자주 민주주의와 충돌한다. 민주주의는 애초부터 평안할 수 없다.

민주주의는 절대 진리의 무덤 옆에서 시작됐다. 질서의 근거와 삶의 이유와 절대왕정의 정당성은 신이 보장하는 목록들이었다. 신은 절대 진리다. 근대의 인간은 신 없이 삶을 시작한 고아들이다. 우주는 이제 신의 계시가 아니라, 천재들이 만든 방정식으로 계산된다. 문제가 있다. 인간은 신비하다. 신 없음이 확고하게 증명될수록, 신에 대한 갈망은 더욱 깊어진다. 삶의 의미와 가치, 관계의 방법 그리고 국가. 이것들의 이유와 정당성은 "믿음"의 방식으로 존재해야 하기 때문이다. 이성의 실험실에서는 만들지 못하는 것들이기 때문이다. 그러므로 근대의 시작은 신의 죽음이었지만, 근대인은 언제나 신의 문법을 반복한다. 근대인은 "법 앞의 평등"으로 "신 앞의 평등"을 모방한다. 인간의 권리를 신에게서 찾는다(천부인권설). 신 없이 신에게 의존한다. 누군가는 민주주의를 서양적 유일신 사상의 그림자로 해석할 것이다. 기독교에 대한 이해 없이 민주주의를 말하기 힘든 이유다. 신의 죽음을 선언한 입으로 신의 언어를 모방한다. 모순은 근대인의 숙명이며, 민주주의의 뿌리다.

"가짜 그리스도는 지나친 믿음에서 나올 수도 있고, 하느님이나 진리에 대한 지나친 사랑에서 나올 수도 있는 것이다. … 아드소, 선지자를 두렵게 여겨라. 그리고 진리를 위해서 죽을 수 있는 자를 경계하여라. 진리를 위해 죽을 수 있는 자는 대체로 많은 사람을 저와 함께 죽게 하거나, 때로는 저보다 먼저, 때로는 저 대신 죽게 하는 법이다. … 인류를 사랑하는 사람의 할 일은, 사람들로 하여금 진리를 비웃게 하고, 진리로 하여금 웃게 하는 것일 듯하구나. 진리에 대한 지나친 집착에서 우리 자신을 해방시키는 일. … 이것이야말로 우리가 좇아야 할 궁극적인 진리가 아니겠느냐?"

(움베르토 에코, 소설 "장미의 이름" 중)

근대가 신 없이 신의 말투를 따라하는 동안, 그리하여 신 없음의 현실이 신의 대체물을 간절히 원하는 동안, 정치와 과학은 유력한 신의 대체물이 된다. 먼저 정치다. 근대의 정치는 새로운 유신론의 제단이며, 정당은 사제들의 친목 단체다. "뜻이 하늘에서 이루어진 것 같이 땅에서도 이루어질 것"이라고 믿는 이들은 신의 뜻을 선포한다. 정의를 이루기 위해 어떤 고난도 물리친다. 진리를 위해 모든 것을 바치는 용맹한 헌신은 우리 편의 영웅이며 너희 편의 악마다. 진리에 대한 집착은 악마에 대한 잔인한 처형과 동의어다. 역사는 뒤돌아 본다. 진리에 대한 집착을 전체주의라고 부른다. 어느 날 역사는 민주주의를 무엇이라 부를 것인가? 양쪽의 사제들은 자신들의 신을 끊임없이 불러 대고, 선량한 이웃들은 주기적으로 불려가 어느 한쪽의 신을 향해 절해야 한다. 알 수 없는 이가 나의 대표라고 웃으며 자신을 소개한다. 공동체는 이유 없이 다수와 소수로 나뉘어 정서적 내란 상태로 치닫는다. 민주주의는 진리에 대한 집착을 공식적으로 허락한다. 민주주의는 두 개의 전체주의가 경쟁하는 정치 체제다.

근대를 다스리는 또 다른 신은 과학기술이다. 과학기술은 "믿음"이 아닌, 지식의 축적을 교리로 한다. 그것은 "우연"이 아니라, 원인-결과로 세계를 해석한다. 지식과 해석은 엘리트의 것이다. 과학은 평등한 자들의 토론이 아니라, 한 명의 천재를 기다린다. 엘리트들은 자주 과학적 논리로 말을 시작한다. 민주주의가 대화와 토론의 가능성을 퍼트릴 때마다, 그것은 민주주의의 교리를 비웃는다. 무지한 자들의 평등과, 무질서의 자유를 막아선다. 과학기술의 언어와 엘리트들의 진리에 비추어 본다면, 민주주의는 비효율이며, 반진리이며, 대책 없는 선동이다. 입증 가능한 진리는, 언제나 엘리트들의 어려운 말이거나, 과학기술이다. 그들은 진리에 대한 집착을 시작한다. 그들의 진리는 민주주의를 "반지성주의", "포퓰리즘"이라고 부른다. 애초에 둘은 충돌하지 않았다. 민주주의와 과학기술이라는 두 개의 신은 부딪칠 이유가 없었기 때문이다. 민주주의는 의미와 가치의 언어로 말을 하지만 과학기술은 효율성의 매력으로 지배하기 때문이다. 그러나, 현대는 의미와 가치를 효율성과 혼동한다. 때때로 정당성은 생산성과 동의어가 된다. 현대는 두 개의 신이, 두 개의 진리에 대한 집착이 전쟁을 벌이는 곳이다. 승패는 바로 확인된다.

애초에 민주주의는 부자연스럽다. 고도로 전문화된 사회에서 모든 결정은 전문적 지식과 경험의 몫이다. 과학자와 의사와 법관의 말에 고개를 끄덕이던 사람들이 모여서 가장 중요한 문제들은 우리가 알아서 하겠다고 억지를 부리는 일이 민주주의다. 민주주의는 정치학 교수와 정치에 관심 없는 자에게 동일하게 한 표씩 쥐어준다. 어떤 답이 나와도 그에 따르라고 몰아세운다. 합리적이지도 않고, 효율적이지도 않은 방법으로 진리를 찾는다고 우긴다. 그에 반해 또 다른 신의 대체물인 과학기술은 합리적이며 효율적이다. 인간과 자연 전체를 생산성으로 번역하고 숫자로 표현하는 현대에 이르러, 인간의 감정은 효율성 쪽으로 흐른다. 생태 위기와 반복되는 팬데믹의 공포 속에서 위험은 일상이 된다. 위험을 예측하고 대책을 선언하는 과학기술은 절대 진리의 제단에 올라선다. 토론과 대화는 생존에 도움이 되지 않는다. 정치인들이 초빙한 전문가의 얼굴이 표를 불러온다. 정당한 전체주의는 부드럽게 다가온다. 이제 인간의 진리에 대한 집착은 정답을 찾은 듯하다. 민주주의는 효율적 통치로 옷을 갈아입고, 과학적 합리성은 일체의 의미와 가치를 굴복시킨 듯하다.

인공지능이 알려주는 공동체의 길은 매끄럽다. 화난 얼굴의 이웃과 마주할 필요는 없다. 시끄러운 함성들은 지워진다. 인간은 이진법의 매끄러운 길로 들어선다. 민주주의는 할 일이 없다. 어떤 진리에 대한 집착이 실패하고, 다른 진리에 대한 집착이 승리한다. 인공지능은 메시아가 된다. 민주주의의 종말론은 민주주의의 창세기로 돌아오는 일이다. 절대 진리가 지배하던 시절의 평안이 다시 실현된다고 한다. 민주주의는 절대 진리가 실현될 때까지만 잠정적으로 시대를 지배했을 뿐이다. 국가의 모든 자원과 가능성과 위험은 측정되고 예측되며 모든 결정은 데이터들의 합리적인 알고리즘이 수행한다. 구성원들의 모든 대화와 토론과 일체의 갈등은 미리 예측되어 프로그램 안에서 깔끔하게 해결된다. 모두는 미리 준비된 결론을 웃으며 용납한다. 진리에 대한 집착은 진리를 계시하는 도구가 출현할 때 마무리된다. 구원에 집착하던 이들은 누군가를 메시아로 고백한다. 진리에 집착하던 이들은 절대 기계의 계시를 메시아로 받아들인다. 어쩌면 민주주의란 진리의 강림을 기다리는 메시아주의였다. 진리를 갈구하던 자들은 더 이상 욕망할 것이 없다. 역사는 종결된다. 절대 진리 안에서 모든 것은 평안하다.

진리에 대한 집착은, 자주 영웅적 서사와 역사적 승리의 이유로 거론되었다. 민주주의를 외치는 자들은 민주주의를 진리로 오해한다. 진리는 언제나 집착의 대상이 된다. 신의 계시에서 민주주의로, 민주주의에서 인공지능의 답변으로, 진리의 내용은 변화되었다. 그러나 진리의 형식과 작동방식은 동일하다. 진리란 질문에 대한 메마른 정답이다. 민주주의를 정답이라 여기고, 민주주의에서 진리를 찾고, 그러므로 민주주의에 집착하는 일이야말로 가장 민주주의와 어울리지 않는 것일지도 모른다. 그 집착들의 마지막에는 언제나 데이터의 정당한 전체주의가 기다리고 있을 것이다. 시대 정신은 생산성과 효율성을 모든 가치의 가치라고 받아들이기 때문이다. 측정가능성과 알고리즘을 진리라고 선포하기 때문이다. 민주주의를 진리라고 우기는 일과 데이터 전체주의는 내용이 다를 뿐, 동일한 형식의 말버릇이다. 유일신의 문법을 따라한 역사의 반복일 뿐이다. 진리에 대한 지나친 집착이다. 진리에 대한 집착은 무엇인가? 그것은 질문을 허락하지 않는 태도다. 그것은 어떠한 내용이 아니다. 진리에 대한 집착은, 진리 밖에서 던지는 물음표를 거부하는 태도다.

"어디까지나 가정이지만, 인류를 행복하게 만들고 평화와 안정을 가져다 줄 수 있는 궁극의 건물을 세우는 게 가능하다고 치자. 그런데 그런 건물을 세우려면 단 한 명의 미약한 생명, 이를테면 아까 말한 조그만 주먹으로 자기 가슴을 치던 불쌍한 여자 아이를 괴롭히는 것이 불가피한 일이라 치자. 무고한 아이의 보상받을 수 없는 눈물을 토대로 그 건물을 세워야 한다면, 너는 그런 조건하에서 건축가가 되는 것에 동의할 수 있겠니? 자, 어디 솔직히 대답해봐! 네가 건설한 건물 속에 사는 사람들이 어린 희생자의 보상 없는 피 위에 세워진 행복을 받아들이는 데 동의하고 결국 받아들여서 영원히 행복해진다 하더라도, 너라면 과연 그 따위 이념을 용납할 수 있겠니?"

(표도르 도스토예프스키, 소설 "카라마조프 씨네 형제들" 중)

민주주의는 무엇인가? 모든 정답의 마지막에 미소 지으며 슬그머니 붙여보는 물음표, 사는 일에는 답이 없으므로 살아갈 만하다고 말하며 바라보는 하늘, 진리가 없으므로 너도 진리일 수 있다고 말하는 농담, 인간과 자연을 연산의 대상으로 삼는 이들을 비웃으며 불러보는 휘파람, 불쌍한 여자아이와 인류의 행복을 같은 저울에 올릴 필요 없는 유토피아를 함께 꿈꾸는 일, 이러한 것들 쪽으로 민주주의가 서 있다면, 민주주의는 사랑받을 만하다.

책, 구원을 꿈꾸는 일

몇 초짜리 영상으로 세상이 편집된다. 인류의 모든 지식을 기계가 불러준다. 책을 읽고 책을 쓰는 일은 무용하며 무능해 보인다. 미국의 작가 카슨 매컬러스는 "글쓰기는 제게 신을 찾아가는 일이랍니다."라고 말한다. 몇 달간 새벽 마다 일어나, 흩어지는 생각들을 단어로 붙잡아 매고, 단어들 사이의 매듭을 찾아 문장을 만들었다. 신은 구원을 꿈꾸는 자들의 것이다. 구원을 꿈꾸는 것은, 삶의 꿈에서 깨어나 슬프게 울어 본 자들의 일이다. 따라서 구원은 언제나 가난한 자들의 것이며, 신은 고통의 벗이다. 매컬러스의 말 대로라면, 글을 쓰는 일은 스스로 고통을 만들어 마주하는 일이며, 단어들 사이에 묻어 있는 인간의 꿈을 바라보는 일이다. 고통을 만들고, 단어들 사이를 바라볼 기회를 제안해 준 마르코폴로의 김효진 대표에게 감사한다.

　글을 쓰는 내내, 내 아버지의 육체는 아팠다. 글의 끝이 보일 무렵, 아버지의 몸은 나의 손이 닿지 못하는 곳으로 사라졌다. 아버지는 인쇄공이었다. 그의 손은 납으로 글자를 만들어 그것을 종이에 찍었다. 모니터의 커서가 깜빡일 때마다, 나는 그곳에 찍혀야 할 정당한 단어들을 찾아야 했고, 선량한 노동과 죄 없는 가난으로 서글펐을 한 사내의 깜빡이는 호흡이 아팠다. 아버지의 꿈은 어디로 갔을까? 내 안의 어느 곳에는 그리고 이 책 어딘가에는 당신의 꿈이 조금은 묻어 있을 것이라 생각한다.

모든 것에 감사한다. 시간이 조금 더 늙어간다.
그뿐이다.

2023. 10. 4. 이매동 서재에서.

목차

서문

1장 - 집단의 꿈

2장 - 빛과 불

3장 - 세속의 종교인

추천의 글 – 홍기빈

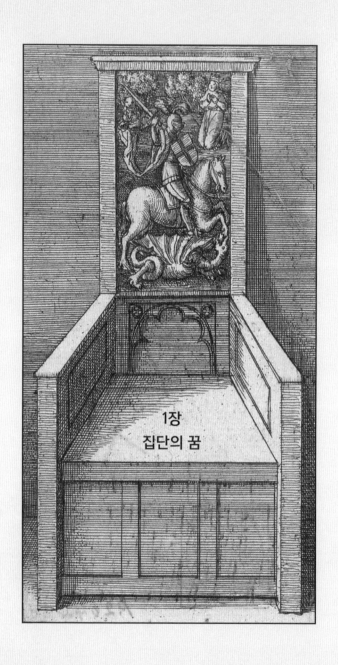

1장
집단의 꿈

"토대가 잘 다져진 믿음의 토대에는 토대가 없는 믿음이 놓여 있다."

- 루트비히 비트겐슈타인

"아는 것은 곧 인간을 아는 것이다(問知 子曰 知人)."

- 공자

민주주의는 정당하다. 민주주의의 정당성은 증명의 대상이 아니다. 그것은 증명의 대상이 아니라 실천의 대상이다. 오늘날 대부분의 문명국들은 다양한 국가기관을 통해 민주주의를 실현한다. 민주주의의 정당성을 의심하지 않는다. 민주주의는 국가의 정당성을 보장한다. 민주주의 국가는 정당한 국가다. 국가는 민주주의의 정당성을, 민주주의는 국가의 정당성을 확인하는 방법으로 관계를 맺는다.

민주주의는 그것을 외치는 모든 것에게 정당함을 부여한다. 민주주의 국가의 국민들은 실험실의 검증 없이도 민주주의의 자명한 정당성을 받아들인다. 민주주의에 대한 투표 없이도 민주주의의 승리를 받아들인다. 그렇게 민주주의는 올바른 것으로 믿어진다. 믿음의 체계는 반박되지 않는다. 믿음은 검증의 대상이 아니기 때문이다. 그 믿음은 정당한가?

민주주의는 개인과 국가가 관계 맺는 일이다. 따라서 민주주의는 언제나 새로운 것이다. 모든 관계는 변화하고 그 변화의 역사는 다시 그 주체들을 새롭게 만들기 때문이다. 우리가 민주주의라는 단어를 입에 올릴 때마다, 어쩌면 그것은 다른 누군가의 민주주의와는 다른 민주주의다. 민주주의는 매 순간 변화하는 인간과 국가의 관계에 대한 모호한 이야기이기 때문이다.

민주주의는 처음부터 끝까지 스스로 혼란을 허락한 모순이다. 민주주의는 모두가 각자의 민주주의를 자신만의 언어로 말하며 상대방의 민주주의는 민주주의가 아니라고 주장하는 것을 허락했기 때문이다. 민주주의는 진리를 인정하는 순간 사라지는 자기부정이다. 진리는 절대적이며 보편적이지만, 민주주의는 언제나 다름을 인정해야 하는 신화이기 때문이다. 민주주의는 진리와 함께 있지 않다.

그렇게 민주주의는 자신의 고정된 진리성을 부정하는 방식으로 영원히 존재하려는 욕망이다. 민주주의는 고정된 의미를 품은 단어가 아니므로 그것은 파괴되거나 부인될 수 없다. 민주주의는 민주주의를 외치는 누군가가 존재하는 한, 나름의 방식으로 존재한다. 그것은 부정이 불가능하므로 긍정된다. 불안하게 존재하는 민주주의는 인간에 대한 은유와 유사하다.

인간의 이름

"염려(쿠라, cura)"가 강을 건너갈 때, 그녀는 점토를 발견했다. 생각에 잠겨 그녀는 한 덩어리를 떼어내어 빚기 시작했다. 빚어낸 것을 바라보며 곰곰이 생각하고 있는데, 유피테르(주피터)가 다가왔다. "염려"는 빚어낸 점토 덩어리에 혼을 불어 넣어달라고 유피테르에게 간청했다. 유피테르는 쾌히 승낙했다. "염려"가 자신이 빚은 형상에 자기 이름을 붙이려고 하자, 유피테르가 이를 금하며 자기의 이름을 주어야 한다고 요구하고 나섰다. 이름을 가지고 "염려"와 유피테르가 다투고 있을 때 텔루스(대지)도 나서서, 그 형상에는 자기의 몸 일부가 제공되었으니, 자신의 이름이 붙여지기를 요구했다. 이들 다투던 이들은 사투르누스(시간)를 판관으로 모셨다. 사투르누스는 다음과 같이 얼핏 보기에 정당한 결정을 내려주었다. "그대, 유피테르, 그대는 혼을 주었으니 그가 죽을 때 혼을 받고, 그대, 텔루스는 육체를 선물했으니 육체를 받아가라. 하지만 "염려"는 이 존재를 처음으로 만들었으니, 이것이 살아 있는 동안, "염려"는 그것을 그대의 것으로 삼을지니라. 그러나 이름 때문에 싸움이 생겼는 바로, 그것이 후무스(흙)로 만들어졌으니 '호모(인간)'라고 부를지니라."[2]

인간은 염려한다. 의지, 소망, 성향, 충동 등은 염려에 기초한다.[3] 인간은 쉬지 않고 염려한다. 인간에게 이름을 붙이는 것은 시간(사투르누스)이다. 시간은 끊임없이 부르며 변화시킨다. 그것의 이름을 부르는 순간, 모든 것은 이미 또 다른 무엇으로 변화한다. 끊임없는 변화는 쉬지 않고 염려하는 이유다. 이름은 다만 부를 뿐, 이름으로 무엇을 고정할 수 없다. 염려라는 이름도 그 의미를 바꾸며 나타난다. 모든 것은 변하고 이름의 흔적만 남긴다. 그렇게 모든 것에게 영을 곱해야 하는 순간은 쉬지 않고 다가온다. 모든 순간은 접촉의 기억만 남기고 필멸必滅한다. 인간은 불안하다.

2] 마르틴 하이데거, 이기상 옮김, "존재와 시간", 까치글방, 1979~1998년, 269쪽, "염려(쿠라, cura)" 부분은 필자 삽입.

3] 같은 책, 249쪽

인간에게 죽음은 모든 것을 어둠 하나로 감싸는 순간의 사건이 아니다. 죽음은 멀리 있는 방문이 닫히는 타인의 사건이 아니다. 바람과 냄새와 종소리가 변할 때마다, 모든 것의 마지막은 결국 어느 기억의 무덤 속일 것임을 미리 알고 있다. 그렇게 죽음이란 성하고 쇠하는 사건들의 반복으로 현재 이미 와있는 무엇이다. 우연히 태어나 우연히 죽을 때까지 주변 것들의 우연한 생겨남과 사라짐을 우연히 바라본다. 인간이 세상을 맞이하는 창을 "우연"이라고 부른다. 우연의 다른 말은 알 수 없음이다. 알 수 없음으로 인해, 우연은 두렵다. 인간은 불안하다.

"인간은 삶이 두려워 사회를 만들었고, 죽음이 두려워 종교를 만들었다"는 허버트 스펜서의 격언은 옳다. 인간은 우연한 삶과 우연한 죽음을 무지의 얼굴로 맞이해야하는 필멸의 두려움이다. 사회와 종교는 두려움의 뿌리에서 태어난 쌍생아다. 그렇게, 타자는 우연이고 두려움이며, 자기 자신은 염려다. 사회와 종교는 두려움의 언어로 말한다. 그것은 언제나 말할 수 없는 생의 비애와 참혹한 욕망을 타고 넘는 언어다. 그러므로 사회와 종교의 언어는 논리를 실망시킨다. 우연과 두려움과 염려로 쌓여진 삶의 비밀을 해석할 이성은 존재한 적이 없다.

지식인들의 사도라 불리는 폴 틸리히는 인간의 본질을 불안으로 해석하고, 불안의 연대기로 인간의 역사를 쓴다. 틸리히는 인간의 불안을 운명과 죽음에 대한 불안, 삶의 비어 있음과 의미 없음에 대한 불안, 죄와 비난에 대한 불안으로 구분한 후, 역사의 단계마다 인간이 불안과 함께 살아가는 모습을 기술한다. 불안은 인간 존재의 우연성과 유한성에서 시작된다. 이것들은 인간이 과연 자신을 승인할 수 있는가라는 문제와 겹쳐진다.[4] 처음부터 마지막까지 우연으로 빚어진 존재의 자기 승인은 어떻게 가능한가? 삶에서 의미와 가치는 발견되는가?

"개인이 스스로 자신을 승인하고 인정하는 것은 언제나 자신이 참여한 집단의 존재와 그것의 힘을 받아들이는 일이다. 우리는 우리 자신을 어떤 집단, 변화, 본질, 존재의 힘에 참여하는 참여자로서 받아들인다. 수많은 위협에도 불구하고 우리가 자기 자신을 긍정할 수 있다면 그것은 존재의 용기가 된다. 그러나 그것은 독립된 개

4] Paul Tillich, "The courage to be", Yale University Press, 2014년, 38~58쪽

인이 될 용기가 아니라, '집단의 구성원이 될 용기'다."[5] 나는 나보다 더 큰 나와 마주하며 나의 의미를 발견한다. 의미는 관계에서 발굴된다. 집단과 개인은 관계를 맺는다. 국가는 집단이다. 민주주의는 국가와 개인이 관계 맺는 이야기다. 개인은 국가 안에서 자기를 승인한다.

불안으로 염려하는 인간은 언제나 "넘어섬(초월)"을 상상한다. 초월(넘어섬)은 염려에 묶인 나의 한계를 넘어서는 나(구원)를 소망하는 일이다. 따라서 초월은 시간적 공간적 확장으로 은유된다. 그렇게 초월에 대한 의지는 더 큰 것을 소망한다. 더 큰 나는 "집단"이며, 더 큰 시간은 "영원"이다. 오직 나의 경험보다 더 큰 공간과 더 큰 시간만이 나를 구원한다. 불안한 나를 버리고 집단의 구성원이 된다. 집단 속에 나를 풀어헤쳐 모든 염려를 녹인다. 나는 "더 큰 나"의 부분이 된다. 나의 의미와 가치는 "더 큰 나"와 "더 큰 나" 속에서 만나는 타인과의 관계로 구원을 소망한다. 민주주의는 국가가 구원을 이야기하는 방법 중 하나다.

나는 나를 닮은 이들과의 만남을 통해 나를 넘어선다. 타인과 어울리며 내가 누구인지 발견한다. 집단 속

5] 같은 책, 82쪽

에서 나는 내 삶의 의미와 가치를 깨닫는다. 나는 필멸하나, 나의 의미는 불멸을 꿈꾼다. 집단은 그 꿈을 허락한다. 그런 이유로 집단은 영원하며 정당하다. 그렇게 믿어져야 한다. 필멸의 서러움은 집단 속에서 초월의 세상을 이야기하는 이유가 된다. 이렇게 집단은 개인에게 구원을 허락한다. 집단은 개인에게 꿈을 허락하고, 개인들은 모여 함께 꿈을 꾼다. "신화는 집단의 꿈이고, 꿈은 개인의 신화."[6] 집단의 꿈을 이야기로 풀어낸 것을 신화라고 부른다. 민주주의 국가란 민주주의 신화를 이야기하는 장소다.

먼저 죽은 이들이 남긴 이야기와 지금 살아가는 이들의 혼란이 입으로 전해지고 뭉쳐지며, 삶은 홑겹이 아님을 다 함께 고백한다. 우연과 무의미의 허무는 삶의 뒷면에 분명 다른 이야기가 숨어 있을 것이라는 믿음으로 버텨진다. 이야기들은 흘러간다. 우리는 누구인지, 우리는 어떻게 살아야 하는지 이야기한다. 이야기들은 그렇게 보이지 않는 것들을 이야기하는 방법으로 보이는 것들에 질서를 부여한다. 이야기들은 모이고 섞여 흐르는 시간에 형식을 부여한다. 예술이 "진실을 일깨우는 거짓

6] Joseph Campbell, "Myths to live by", PENGUIN COMPASS, 1972년, 14쪽

(파블로 피카소)"인 것처럼, 신화의 이야기들은 "현실적 허구로 표현된 정신적 사실"이다.[7]

"허구를 말할 수 있는 능력이야말로 사피엔스가 사용하는 언어의 가장 독특한 측면이다. … 허구 덕분에 우리는 단순한 상상을 넘어서 집단적으로 상상할 수 있게 되었다. 우리는 성경의 창세기, 호주 원주민의 드림타임(시공간을 초월해 과거 현재 미래가 하나로 존재하는 장소) 신화, 현대 국가의 민족주의 신화와 같은 공통의 신화들을 짜낼 수 있다. 그런 신화들 덕분에 사피엔스는 많은 숫자가 모여 유연하게 협력하는 유례없는 능력을 가질 수 있었다."[8] 같은 이야기를 듣고, 함께 이야기를 나누는 사람들은 상상 속에서 하나의 집단이 된다. 민주주의는 이야기다.

"이야기는 가령 존재에 관절을 삽입하는 것과 같다. 그럼으로써 삶에 방향과 지지를 제공한다. … 진정한 의미의 이야기는 공동체에 정체성을 부여함으로써 그 공동체를 형성해 나간다. … 삶은 이야기다. 서사적 동물 animal narrans인 인간은 새로운 삶의 형식들을 서사적으로 실현시킨다는 점에서 동물과 구별된다. 이야기에는 새

7] 같은 책, 12쪽

8] 유발 하라리, 조현욱 옮김, "사피엔스", 김영사, 2011~2015년, 48~49쪽

시작의 힘이 있다. 세상을 변화시키는 모든 행위는 이야기를 전제한다."[9] 민주주의란 인간이 집단을 만들고 운영하는 이야기다. 이야기는 질서를 만들고 이야기는 집단과 구성원들에게 정체성을 허락한다.

민주주의는 국민들이 국가와 관계 맺는 이야기다. 그 이야기는 삶의 의미를 고안하며, 삶의 가치를 채색한다. 민주주의는 영혼 없는 시스템이 아니다. 민주주의는 효율성으로 평가받는 통치체제가 아니다. 국가는 종종 개인의 정체성이 찾아갈 고향이며, 국가는 때로 구성원의 생애 전체를 요구한다. 이름 모를 청년은 보이지 않는 국가를 외치며 싱싱한 육체를 전장에서 공물貢物로 바쳤다. 국민들은 청년이 영웅으로 불리는 이야기 앞에서 묵념한다. 그렇게 삶의 형태는 이어진다. 현실과 신화는 국가가 풀어내는 이야기를 통과하며 서로의 자리를 바꾼다. 그렇게 국가는 신화 속에서 영원하다.

민주주의는 다른 모든 신화와 마찬가지로 다양한 의식儀式, Ritual을 통해 모습을 드러낸다. 민주주의는 볼 수 없으나, 선거 홍보물과 투표소에 올려진 용지들과 대통령 취임식 연단에 선명한 국기는 볼 수 있다. 그리고 "의

9] 한병철, 최지수 옮김, "서사의 위기", 다산북스, 2023~2023년, 134~137쪽

식儀式은 그 표면이 아니라 깊은 심연에서 인간의 삶에 형태를 부여한다."[10] 개인에게 일정한 삶의 형태를 부여하는 것이 민주주의의 임무다. 국왕의 충성스런 신민臣民은 물러가고 민주적 시민이 삶의 형식으로 등장한다. 그것은 다양한 상징들을 조작해야 하는 국가의 업무다. 민주주의를 가리키는 상징들과 주기적 의식을 통해 민주주의는 구성원들의 삶을 조각한다.

"죽음에 대한 인식과 초월에 대한 갈망은 신화를 향하는 첫 번째 충동이다. 그런데 이것은 또 다른 현실과 만난다. 집단 안에서 개인은 태어나고, 집단은 개인을 보호한다. 그와 더불어 그의 삶 또한 바로 그 집단을 지켜내기 위해 바쳐진다. 집단은 그가 태어나기 훨씬 전에 태어났으며, 그가 죽은 후에도 살아있을 것이다. 다시 말해서, 인간은 필멸必滅의 운명뿐만 아니라 그가 태어난 집단이 명령하는 질서를 받아들여야만 한다. 집단의 질서는 개인보다 우선되며, 개인은 집단에 참여한 구성원으로 인식된다. 그리고 그와 같은 참여를 통해 그는 죽음을 초월하는 삶을 경험할 것이다."[11]

10] Joseph Campbell, "Myths to live by", PENGUIN COMPASS, 1972년, 44쪽
11] 같은 책, 22쪽

인간은 집단의 구성원이 되어 불안한 삶의 현실에서 초월을 꿈꾼다. 국민은 국가라는 집단의 구성원이다. 민주주의는 국가의 정당함을 이야기하는 방법이다. 그것은 신의 명령이 하던 일이다. 신의 절대 진리가 국가의 질서였고, 왕의 권위가 신에게 놓여져 있었을 때, 절대 진리는 곧 국가 정당성의 원천이었다. 그것은 의심을 허락하지 않는다. 현대의 문턱에서 신은 죽었고 이제 진리는 상대적이다. 인간의 공간은 별들의 공간과 같은 방법으로 움직이고(코페르니쿠스), 생각들의 생각은 알 수 없으며(프로이트), 인간은 동물과 같은 방법으로 설명된다(다윈).

인간은 불안하다. 인간은 어김없이 죽는다. 인간은 염려하는 존재다. 인간은 보이지 않는 집단 속에서 삶의 의미와 가치를 찾아낸다. 그 과정은 이야기로 전승된다. 국가는 보이지 않는 집단이다. 국가의 이야기는 국민들을 관계 맺게 하고, 관계는 의미와 가치가 된다. 민주주의는 신 없이, 다시 말해 절대 진리 없이 국가를 이야기하는 방법이다. 그 이야기로 인해 국가는 정당하다. 현대 국가는 민주주의라는 이야기를 국민들에게 들려주고, 국민들은 그 이야기로 하나가 된다. 국민이란 같은 이야기를 듣고 같은 모양의 국가를 상상하는 이들이다.

기차 올라타기

근대 이후 민주주의는 문명화된 통치 체제의 이름이다. 문명을 상징하는 다양한 문물 중에 궤도에 올라타 직진하는 기차의 모습을 빼놓을 수는 없다. 시간과 공간을 물리치는 기차의 직진성은 기차의 미학이다. 근대의 선언문이다. 긴 터널을 뚫고 마침내 허공을 가르는 기적 소리와 함께 근대의 문명이 도착했다. 열차는 달림으로써 물건과 사람을 나르고, 멈춤으로써 도시를 만든다. 역 주변에는 사람들이 모이고 물건이 유통되고 돈이 흐른다. 그렇게 어떤 것은, 오래된 것들을 만나서, 많은 것들을 바꾼다. 민주주의도 그렇다. 민주주의는 새로운 것이며, 그것이 활동하는 공간, 즉 국가는 오래된 것이다.

수메르부터 현대에 이르기까지 인간들은 모여서 살아간다. 모여서 공동체를 만든다. 그 공동체의 정점에는 언제나 국가가 있다. 민주주의가 이름을 갖기 훨씬 전부터 국가는 인간들의 존재 방식이었다. 국가가 작동하는 방식은 그 시대의 경제와 사회 발전의 원인이며 결과다. 어느 시대나 그 시대의 관념은 그에 합당한 방식으로 국가를 정당화했다. 신은 진리 자체이며, 군주는 살아 있는 신이었다. 절대 진리. 신과 군주는 "국가의 영혼"이었다. 근대의 진리는 과학이고 이성이다. 진리가 바뀌었으므로 모든 것은 변한다. 이성의 시대는 국가라는 궤도에 민주주의라는 기차를 올렸다.

모든 국가는 전쟁과 보호를 수행한다. 국가는 분쟁을 해결하고 재산을 할당하며 통제한다. 이 모든 과정에서 국가는 주민들로부터 자원을 차출한다. 찰스 틸리는 지난 1000년간 유럽국가들의 특이한 진화과정을 "말벌에서 기관차로의 진화"로 표현한다. "그들은 가혹하게 조공을 수취했다. 그러나 그것은 침으로 찌르는 정도였다. 시간이 지남에 따라 국가는 국가를 제한하던 모든 활동과 권력들을 자신의 역할과 의무로 인수했다. 이 기관차들은 민간 대중으로부터 얻은 자양분과 민간 공무원에 의해 유지된 궤도 위를 달렸다. 궤도를 벗어나면 호전적인 엔진은 전혀 달릴 수 없었다."[12]

궤도를 올라탄 기차 밖 풍경이 항상 낭만적이지는 않았다. 궤도는 국가의 목적에 따라 그려졌고 목적지는 전쟁터이기도 했다. 국민들은 언제든 병사로 차출될 수 있어야 했고 그들은 미리 정해진 궤도를 따라 전선으로 향

12] 찰스 틸리, 지봉근 옮김, "유럽 국민국가의 계보", 그린비, 1992~2018년, 174쪽

했다. "이 모든 일의 진행은 철도가 담당했다. … 어느 나라든 가장 먼저 동원을 완료하는 나라가 가장 먼저 공격할 수 있고 상대편이 준비되기 전에 전쟁에 이길 수 있을 것이었다. 그리하여 동원을 위한 시간표는 훨씬 더 정교해지고 복잡해졌다."[13] 어떤 의미에서 국가와 폭력집단의 유일한 차이는 정당성의 유무에 있을 뿐이다. 그런 의미에서 "국가의 영혼"은 정당성이다.

"국민국가의 가장 큰 특징은 영토 내의 주민 전체가 국가를 책임지는 주체가 된다는 점이다. 그 전까지는 국가를 책임질 폭력집단의 구성원과 그들의 지배를 받는 주민이 신분적인 차이에 의해 완전히 분리되어 있었다. 다시 말해, 국민국가가 형성되어 온 과정은 국가의 폭력이 주민에게 '민주화'되어 왔던 과정이다. 여기서 말하는 '폭력의 민주화'란 국가 폭력의 주체가 특정의 무력집단에서 주민 전체로 이행하는 것을 의미한다. 이러한 '민주화'는 우선 개병제도皆兵制度에 의해 구현될 것이다. 이것은 폭력의 조직화의 범위를 주민 전체로 확대시켰다. 이렇게 해서 주민들은 하나의 정치단위 속으로 편입되

13] A.J.P. 테일러, 유영수 옮김, "기차 시간표 전쟁", 페이퍼로드. 1969~2022년, 26쪽

어 간다."[14]

　달리는 기차의 차창 밖 풍경이 누군가에게는 전쟁터로 달려가는 공포였을 것이다. 기차를 보이는 문명의 하나로 그려볼 수 있다면, 민주주의는 보이지 않는 문명으로 부를 수 있을 것이다. 민주주의는 기차가 달려오듯 우리에게 와있다. 우리는 기차에 올라탔지만 그 기차는 우리가 선택한 것이 아니다. 어느 시대나 그러했듯이, 개인들은 국가가 운행하는 기차에 올라타 그 안에서 삶을 꾸리고 있을 뿐이다. 그들의 매일매일은 먹고 자고 아이를 낳고 기르는 일이다. 전쟁의 결정은 신과 왕의 선포에서 민주주의의 작동으로 변화되었지만, 결과는 동일하게 참혹하다. 국가의 영혼이 반드시 정당해야 하는 이유다.

　민주주의는 일정한 시대적 배경에서 시작되어 역사적 굴곡을 지나 기차처럼 여기까지 달려온 어떤 것이다. 그것이 무엇이든 그것은 각자의 시대와 장소의 맥락을 가지고 발전되어 온 것이다. 지금의 삶을 과거의 형식으로 해석할 수는 없다. 현재의 민주주의를 알기 위해서는, 그리고 미래의 민주주의를 상상하기 위해서는 반

14] 카야노 도시히토, 김은주 옮김, "국가란 무엇인가", 산눈출판사, 2005~2010년, 165~166쪽

드시 국가가 개인들과 관계 맺는 방법의 변화와 그 정당성을 들여다보아야 한다. 달리는 기차 안에서 칼 포퍼의 말은 정당하다. "미래는 과거에 놓인 선로를 따라 진행되는 것이 아니다." 인간과 국가는 오래되었고, 민주주의는 새것이다. 민주주의는 낯선 것이다.

인간이 집단(국가) 속에서 꿈을 이야기하고, 국가가 국가의 영혼을 찾아 가는 길은 하나의 지점에서 만난다. 인간의 꿈과 국가의 영혼은 서로가 서로를 정당화Justification[15]할 수 있어야 한다. 국가라는 집단 속에서 개인은 정체성을 찾아가고, 국민들은 국가의 영혼을 받아들인다. 이는 민주주의가 해야 할 일이다. 인간이 소망하는 집단의 꿈과 국가의 영혼은 관계를 맺고, 그것은 정당하다고 고백되어야 한다. 관계는 수치화할 수 없다. 관계를 측정

15] "Justification"을 기독교 신학에서는 칭의(稱義)로 읽는다. 이것은 신이 인간을 "의롭다고 선언함" 또는 "의롭다고 간주함" 정도로 해석된다. 기독교 구원론의 핵심적 교리이며 수많은 논쟁의 대상이다. 많은 이들은 칭의의 개념을 재판관이 죄인을 향해 죄가 없다고 선언하는 것으로 그린다(법정적 해석). 근본주의 신학은 바울 서신에 언급된 헬라어 "피스티스 크리스투(πίστις χριστοῦ)"를 "그리스도를 믿는 신자들의 믿음"으로 해석한다(피스티스 크리스투 논쟁). 이들은 이러한 해석과 로마서에서 언급된 의(義, righteousness)에 대한 해석 등을 종합하여 오직 그리스도를 믿는 믿음으로만 구원을 얻는다고 가르친다. 나는 이러한 칭의(Justification)의 논증 과정이 민주주의의 본질과 유사하다고 생각한다. 칭의의 논리에 의하면 인간은 의롭지 않으나, 신의 의로움으로 인해 의롭다고 선언된다. 민주주의는 국가라는 괴물이 그 자체로 선한 것이 아니라, 일정한 민주주의의 작동 과정에 의해 정당한 권력으로 선언되는 과정이다.

할 도구는 없다. 따라서 민주주의는 영혼 없는 시스템이 아니다. 민주주의는 효율성으로 평가받는 통치체제가 아니다. 민주주의를 효율적 시스템으로 오해하는 일이 처음부터 끝까지 민주주의를 미궁 속에 빠뜨린다. 민주주의는 정답 찾기를 위한 최선의 방법이 아니다. 정당성은 정답과 다르다. 정답을 찾기 위해서는, 구성원 모두가 참여한 대화보다 전문가의 조언이 타당하다.

국민과 국가는 집단의 꿈과 국가의 영혼을 욕망한다. 모두가 참여한 대화의 광장은 단지 그것만으로도 올바른 관계에 대한 밑그림이 되는 경우가 있다. 정당한 것은 올바른 것으로 받아들여진다. 정당성과 올바름은 타당성과 구별된다. 올바름과 합리적 정답이 어긋나는 경우는 얼마든지 있다. 올바름은 의미와 가치 위에서 그려지기 때문이다. 부모의 따스한 미소는 어떤 문제에 대한 정답이 아니다. 그러나 사람들은 그 따뜻함에 기대어 삶의 의미와 가치를 깨닫는다. 다시 살아갈 용기를 얻는다. 삶에는 정답이 없다. 산다는 것은 정답을 찾기 위한 과정이 아니다. 여러 개의 삶들이 모여 서로 닮아 있는 의미와 가치를 찾아간다. 그렇게 민주주의는 국가 안에서 함께 무엇을 찾아 가는 과정이며, 그 과정의 정당함을 믿는 일이다. 의미와 가치는 합리성에서 시작되지 않는다. 의미와 가치는 이성의 앞면이 아니라, 관계의 뒷면에서 발견되기 때문이다. 민주주의는 이성의 언어로 쓰여지지 않는다.

진리와 정당성

신을 정치에서 떠나 보내는 과정에서 진리와 정당성은 경계를 긋는다. 우리는 초월적 진리가 아니라, 우리가 정당하다고 인정하는 방식으로 통치된다. 민주주의는 하늘의 빛이 아니라, 세속의 혼란함에게 결정권을 주는 어색한 언어다. 진리는 없다. 민주주의는 회의주의자의 정치적 문법이다. 절대 진리를 숭배하는 자는 민주주의의 적이다. 이것은 매우 어려운 본능의 자제다. 부작용은 쉽게 나타난다. 진리를 다시 정치의 영역으로 포섭하려는 시도가 전체주의다. 자신의 진리를 이 땅에서 구현하려는 자들은 어디에나 있다. 그들의 진리 주장이 성공한 곳이 전체주의 국가다. 두 개의 진리 주장이 치열하게 종교전쟁을 벌이는 곳이 현대의 민주주의다.

　우리 마을에 쓰레기 소각장이 설치된다고 한다. 전

문가들의 복잡한 수식과 다양한 숫자들은 쓰레기 소각장의 필요성과 타당한 입지를 정해준다. 소각장의 합리적 규모와 설비는 컴퓨터의 깔끔한 연산으로 마무리된다. 합리적이고 타당한 답안은 이미 마련되었다. 누군가 묻는다. 민주주의는 무엇인가? 민주주의는 이 과정에서 무슨 일을 할 수 있는가? 민주주의는 오해와 모욕의 대상이다. 민주주의를 합리적 답안 작성 과정과 혼동하고 있기 때문이다. 민주주의는 진리를 찾아가는 과정이 아니다. 민주주의의 결단과 민주주의의 정당함은 자주 과학적 합리성을 비껴간다. 현실의 예를 들어보자.

일본이 후쿠시마 오염수를 바다로 방류한다고 결정했다. 대한민국의 정치인들은 둘 중 하나다. 정부와 여당은 "과학적"으로 안전하다고 주장한다. 과학적 안전성이 증명되었으므로 수산물 등은 걱정하지 말고 먹으라고 한다. 그들은 오염수 방류에 대하여 위험성을 말하는 것은 "반지성주의"이며, "포퓰리즘"이라고 호통을 친다.[16] 그러나 사람들은, 잘 소독했다 하더라도 바퀴벌레를 식용으로 사용하는 데는 반대할 것이다. 그것은 소독 과정에 대한 "과학적" 문제제기가 아니다. 많은 경우 판단은 감

16] 2023. 7. 25. 연합뉴스, "방사능은 실체가 없는 유령 … 원전 관련 반지성주의 조심해야"

정과 정서가 한다. 모호한 염려와 걱정이 판단의 동기가 되는 경우는 얼마든지 있다.

공동체 앞에 놓인 문제는 각자의 다른 생각 속에서 여러 개의 층위를 거쳐 논의될 수 있다. 사람들은 매일의 선택을 과학에 비추어 하는 것이 아니다. 정서적 불안과 감정적 동요를 해소하고 공동체의 이야기를 함께 써 나가기 위해서는 다른 생각들과 함께 끝없이 마주해야 한다. 비록 나의 생각이 과학적일지라도 그것만으로 대화를 종결시킬 수는 없다. 그렇게 공동체를 함께 만들고, 공동체의 미래를 이야기 하기 위해 정치가 존재하는 것이다. 국민들에게 호통을 치는 일은 정치의 일이 아니다. 과학으로 정치를 해결하려는 주장의 정반대 방향에는 또 다른 과학이 소리친다.

야당은 "과학적"으로 위험하다고 주장한다.[17] 과학적 검증과정에 대한 문제제기와 알 수 없는 위험의 가능성을 언급한다. 의심과 알 수 없음의 막연한 언어에 반일 감정이라는 말초적 흥분제를 섞는다. 한쪽은 과학적으로 문제가 없다고 설명하는 과학자를 초빙하고, 반대쪽은 이를 반박하는 다른 과학자를 초빙하는 형국이다.

17] 2023. 5. 31. 한겨레신문, "[7문 7답] 40년 간 바다에 버리는 오염수, 인류에 어떤 위험?"

양쪽은 민주주의에 대한 일상적인 오해를 반복하고 있다. 과학적 진리는 민주주의의 범주 밖에 있다. 과학적 안정성 여부는 공동체의 결정을 위한 자료일 뿐이다. 그것이 결정권자는 아니다. 양쪽 진영의 논리에 의하면 국회의사당은 각 분야 전문가들의 사무실이 될 것이다.

정치는 미래를 향해 공동체의 페이지를 넘기는 행위다. 민주주의는 정치의 방법이다. 따라서 그것은 차가운 사실의 검증이 아니라 결단과 의지의 숨결이 필요하다. 후쿠시마 오염수 방류 문제에 대한 정치적 논쟁을 따라가다 보면, 한국의 정치인들은 정치를 과학의 하위 분야로 설정한 듯하다. 정치적 주장은 과학적 논쟁이고, 공동체의 정당성은 과학적 검증가능성과 혼동된다. 민주주의에 대한 상시적 범주 착오다. 예술적 진리와 사실에 대한 진술은 각각 다른 범주에서 활동한다. 민주주의도 그렇다. 과학자들의 조언에도 불구하고, 민주주의는 쓰레기 소각장 설치를 거부할 수 있다. 민주주의는 과학자의 숙제가 아니다.

민주주의는 쓰레기 소각장을 어디에 설치할 것인가? 먼저 민주주의에 대하여 좀 더 생각해 보자. 정치인들은 서로가 민주주의라고 주장한다. 정치적 적들에게는 언제나 민주주의의 적이라고 소리지른다. 심지어 민주적 절차에 따른 선거결과를 두고 민주주의의 몰락이라는 표현을 사용하기도 한다. 각자가 각자의 민주주의를 말하고 있다. 먼 옛날 그리스의 어디부터 북한의 공식 명칭 조선민주주의인민공화국까지 민주주의는 시간과 공간을 초월한다. 민주주의는 어쩌면 번역불가능의 언어다. 그렇게 "민주주의란 그 의미를 두고 벌어지는 경합"[18] 일 뿐이다. 모호함은 객관적 진리에서 가장 멀리 있다. 민주주의는 진리를 고민하지 않는다. 그렇다면 민주주의는 도대체 무엇인가?

민주주의라는 이름이 무엇을 가리키는지 찾아가는 과정에서 반드시 들려야 할 경유지는, 우리는 그것의 창조자가 아니라는 사실이다. 오늘날 대부분의 국가는 헌법 어딘가에 민주주주의를 써 놓고, 선거를 통해 통치자를 선출한다. 그러나 그 나라의 개별 국민 누구도 자신들의 가치관 어딘가에 민주주의를 스스로 새겨 놓지 않았다. 그 누구도 "민주주의란 이것이다"라는 선언서에 서명한 적이 없다. 민주주의가 무엇인지를 정하는 투표용지를 받아본 적이 없다. 우리는 한 번도 민주주의가 무엇

18] 마이클 사워드, 강정인·이석희 옮김, "민주주의란 무엇인가", 까치, 2003~2018년, 11쪽

인지에 대해 민주적으로 결정해 본 적이 없다.

민주주의라는 단어가 어떻게 사용되고 있는지를 포기하지 않고 관찰하다 보면, 민주주의라는 단어는 그것이 지시하고 있는 무엇인가를 언제나 정당화하고 있음을 알 수 있다. 이 단어를 둘러싼 우리의 언어습관을 바라보기만 하면 드러난다. 민주 정부는 정당성을 인정받은 정부라는 말의 동의어가 되고, 민주적 절차는 바른 절차이며, 민주적 제도를 따른다면 권력의 행사는 정당화된다. 이와 같은 "민주주의"의 힘은 민주주의라는 화살표가 가리키는 모종의 가치에서 나오는가? 아니면 민주주의가 포기하지 않는 일련의 절차에서 시작되는 것인가? 민주주의는 특정한 가치인가? 아니면 다른 정당성이 만든 결과물인가?

민주주의가 어떤 특정한 가치를 의미하는 것이라면, 그 가치는 무엇인가? 누군가 민주주의의 핵심가치를 교과서에서 찾는다면, "국민주권"이나 "기본권"과 같은 익숙한 관용어를 찾아내곤 고개를 끄덕일 것이다. 그러나 그 순간 질문이 마무리되는 건 아니다. 국민 30%의 지지를 받아 선출된 권력자가 공동체 모두와 관련된 주요한 결정을 하는 것이 "우리가 우리를 다스린다"는 국민주권과 연결될 수 있는가? 만약 선출되지 않은 권력이 국민 모두의 기본권을 향상하는 제도를 실시한다면 그 것은 민주적 권력인가? 어쩌면 상대적 다수가 동의하는 특정한 가치를 모두를 위한 가치라고 "믿기로" 한 것이 민주주의의 의미일 수도 있지 않은가? 그런데, 어떤 집 단들을 구분하는 범주로서 "다수", "소수"는 정당한가?

반대로 민주주의가 가치 중립적이며 모두가 동의하는 절차에 근거한 과정이라면, 그러한 과정에 따라 결정했다는 이유로 결론을 받아들여야 하는가? 정당한 절차를 거친 국민투표 결과 국민 90%가 모든 외국인 근로자의 추방에 찬성한다면, 이와 같은 결론도 정당한 국민의 뜻으로 받아들여야만 하는가? 이 경우 국민의 뜻에 반대할 수는 없는가? 스마트폰을 통해 실시간 국민의 찬반을 수집한 후, 이와 같은 국민들의 결정에 따라 국가를 운영한다면 이것은 민주적인 정부운용인가? 민주주의는 국가공동체의 구성원을 다수와 소수로 나누고, 다수의 의지를 모두의 의지로 "믿기로" 하는 어떤 종교의 교리 같은 것인가?

쉽게 답하기엔 만만치 않다. 그러나 이러한 질문의 과정 속에 이미 주어진 답이 하나 있다. 민주주의라는 것이 작동하기 위해서는 일정한 "믿음"이 필요하다는 사실이다. 그 믿음은 민주적 방식으로 우리는 우리를 스스로 다스리고 있다는 식의 자존감과 우리가 선출하고 위임한 권력의 정당성은 바로 우리의 자유로운 선택에서 나온다는 권력의 정당성에 대한 믿음이다. 민주적 절차에 대한 자존감과 권력의 정당성에 대한 신뢰의 근거는 실험실에서 확인하거나 수학공식으로 증명할 수 없다.

그와 같은 민주주의에 대한 믿음은 민주주의에 대한 찬반투표로 확인된 것도 아니다. 우리 시대 대부분의 국가공동체는 민주주의를 선택한 것이 아니라 그것의 정당성을 의심없이 받아들이고 실행하고 있을 뿐이다. 이와 같은 믿음의 정당성은 어디에서 찾아야 하는가? 우리는 정당하다고 믿어지는 민주주의와 보편적 진리를 혼동하고 있지는 않은가? 믿음에 기반한 정당성은 진리가 아니다. 믿음은 보편적이거나 절대적이지 않다. 어제의 믿음은 오늘의 비웃음이 되기도 한다. 신과 사제의 계시로 주어지던 국가의 정당성은 외부에서 주어진 진리였다. 민주주의는 우리가 우리를 다스린다는 내부의 독백이다. 별빛은 보이지 않는다. 우리가 만든 빛으로 길을 비춰야 한다.

민주주의는 '데모크라시Democracy'의 번역어다. '데모크라시'는 민중, 인민 등으로 번역할 수 있는 그리스어 'demos'와 지배, 통치 등으로 번역되는 'kratia'의 합성어에서 유래한 것이다. 즉 민주주의의 어원상 의미는 민중이 스스로 자신을 통치하는 사상이나 정치체제를 말한다. 여기까지 하고 교과서를 덮는다면 마음은 편안해질 것이다. 그러나 많은 경우 교과서는 현실을 반영하지 못한다. 그리고 더 많은 경우 단어의 유래는 현실에서 그 단어가 작동하는 현장과는 멀리 떨어진 고고학의 발굴 현장에 가깝다. 인간의 삶은 구체적 현장에서 발견된다. 민주주의는 고고학의 대상이 아니다. 현실은 교과서를 따라 작동하지 않는다.

"Demos" 스스로가 스스로를 다스릴 주인. 우리가 편안한 마음으로 민중, 인민, 국민이라 부르는 저 이름의 주인은 누구인가? 모든 정치인들의 입술에 불편하게 달려있는 장식품 "국민의 뜻"은 누구의 뜻인가? 만약 민주주의의 주체인 국민이 동일한 국적을 가진 현실 개인들의 합이라면, 그와 같은 집단의 통일된 의지는 어떻게 산출될 수 있는가? 국민들 각각의 사정과 삶의 다양성을 무시하고 하나의 통일된 의지를 다수결과 같은 방식으로 도출한다면, 그런 방식에 의한 결론을 반대하는 국민을 강제할 수 있는 힘은 어디에서 나오는가?

절대로 동의할 수 없는 결론일지라도 그것이 국민의 뜻에 의한 것이라면 복종하겠다는 선언서에는 누구도 서명한 적이 없다. 민주주의가 국민에 의한 지배라는 고백은 어쩌면 학교교육에 의해 강요된 자백일지도 모른다. 우리는 바로 그 인민 또는 국민이 누군지 모른다. 그것은 상상에 의한 발명품이다. 국적법상의 개별 국민 모두의 산술적 합이 국민이고, 단일한 국민의 뜻을 산출할 수 있다는 가정은 상상이다. 현실 국민의 수는 실시간으로 변하는 숫자이며, 다양한 국민의 의지를 하나로 통일할 방법은 없다. 다수결 또는 그와 유사한 수학적 통일성은 언제나 의심의 대상이다.

대부분의 국가가 사용하는 방법인 다수결 제도를 예로 들어보자. 일정한 문제에 대하여 국민의 의지를 확인하기 위해 다수결의 방법으로 표결을 하는 경우, 해당 문제에 대한 전문가와 그 문제에 대하여 아무런 관심도 없는 국민들에게 동일한 투표권을 주는 방식은 언제나 정당한가? 만일 그 문제가 미래의 국민들에게 치명적 부담을 안겨주는 국민연금이나 환경정책에 대한 것이라면 현재의 국민들 다수가 정하는 것이 미래의 국민들을 강제할 수 있는가? 왜 70%의 국민은, 자신이 반대했음에도 불구하고 30%의 국민이 선택한 대표를 대표라고 불러야 하는가? 그와 같은 방식을 민주주의라고 부르고 그 민주주의를 국민들이 동의한다는 상상은 왜 국민투표 없이도 정당화되는가? 이것은 매우 낯선 신화다.

다수가 사는 마을에서 가장 위험한 순간은 다수가 오직 하나의 의견을 가질 때이다. 왜냐하면 그것은 불가능한 조건이며, 그 불가능이 실현되는 곳에는 분명 어떠한 폭력이 개입되어 있을 것이기 때문이다. 다수가 하나의 결정을 내려야 할 때 가장 위험한 것은 다수가 하나의 결론에 모두 만족할 수 있을 것이라고 기대하는 것이다. "어떤 누구도 지금까지 살았고 현재 살고 있으며 앞으로 살게 될 다른 누구와 동일하지 않다는 점에서만 모든 인간은 동일하다. 이 때문에 다수성은 인간 행위의 조건인 것이다."[19] 다수성多數性은 진리에서 멀리 있는 조건이다. 진리는 절대적이며 배타적이다. 하나의 상황에 진리는 언제나 하나의 정답으로 답변한다.

진리는 두가지의 모습으로 역사에 등장했다. 고전적

19] 한나 아렌트, 이진우 옮김, "인간의 조건", 한길사, 1958~2019년, 85쪽

의미의 진리는 신의 계시였다. 현대적 의미의 진리는 과학기술이다. 과학철학자들의 반박에도 불구하고 사람들은 현실에서 작동하는 진리로서 과학기술을 받아들인다. 민주주의는 첫 번째 신을 거부하며 출생했다. 민주주의는 두 번째 신 앞에서 머뭇거리고 있다. 마치 후쿠시마 오염수 문제에 대한 한국의 정치인들처럼. 민주주의가 활동하는 곳이라면, 쓰레기 소각장의 설치 문제에 대하여 구성원들은 과학자들의 결론만 기다리지 않는다. 토론과 참여로 정당한 결정을 준비해야 한다. 정당한 결정은 끊임없는 이야기들을 이유로 정당하다고 여겨진 것이다. 그것은 이야기의 결과를 대상으로 바라볼 때 얻어지는 것이 아니라, 이야기에 참여하고 있는 나를 바라볼 때 확인되는 것이다.

쓰레기 소각장이 언젠가 어떤 유독 물질을 배출할 지에 대하여 누구도 어떤 과학도 확언할 수 없다. 미래는 언제나 그렇다. 주민들은 알 수 없는 미래의 불안에 대한 방안으로 현재의 토론과 추론을 신뢰한다. 공동의 추론과 연역으로 이야기들은 정당성을 획득한다. 민주주의는 과학자의 차가운 실험실과 전혀 다르게 작동한다. 민주주의는 특정한 공동체의 문제에 대하여, 그 길이 다

다를 곳을 미리 알지 못한다. 다만 민주주의는 이웃과 "함께" 찾아가고 있으므로 이 알 수 없는 삶의 여정은 빛난다고 고백하는 일이다. 즉 내용과 결말이 아닌 형식과 태도에 관심을 둔다. 그것을 오해하는 순간 민주주의의 실패를 예언했던 주술은 성공한다.

"'민주주의'는 발견되는 것이 아니라 구성되는 것이며, 나아가서 민주주의는 우리가 가치를 부여하기 때문에 가치 있는 것이지, 민주주의가 가지고 있는 본질적이거나 영속적인 속성 때문이 아니다."[20] 즉 민주주의란 우리가 끊임없이 그것에게 가치를 부여하는 일이다. 그리고 그 일은 민주주의와 우리가 관계 맺음으로써 지속된다. 보이지 않는 것에게 가치를 부여하고 그것을 통해 삶의 질서를 찾아가는 일은 신화의 형식이다.

민주주의 신화

공동체는 다수의 사람이다. 다수의 사람들은 다수의 의견을 가지고 있다. 각각의 입장은 자신의 이익을 위해 각자의 언어로 자신을 보호하고 유지한다. 그들 사이의

20] 마이클 사워드, 강정인·이석희 옮김, "민주주의란 무엇인가", 까치, 2003~2018년, 68쪽

이익을 조화시키고 동의를 이끌어 내는 과정을 정치라고 부른다. 다수가 모여 하나의 결정을 내린다. 그리고 모두가 이 결정에 만족한다. 영화 속에서는 이런 일이 일어난다. 그리고 언제나 이 과정에 주인공이 영웅처럼 등장해서 모두를 설득한다. 그런데 현실에서는 어떨까? 우리 동네에 쓰레기 소각장을 설치하려는 문제에 대하여 "우리"는 어떻게 하나의 결정을 만들어 낼 수 있나?

우선 하나의 문제에 대한 결정은 하나다. 여기에서 타협안은 존재하지 않는다. 쓰레기 소각장은 설치되거나 설치되지 않을 것이다. 설치되면서 설치되지 않을 수는 없다. 예를 들어 쓰레기 소각장을 설치하는 대신 보상금을 준다는 식의 조정안은 쓰레기 소각장의 위험성을 이유로 설치를 절대 반대하는 주민에게는 의미 없는 일이다. 쓰레기 소각장의 위험은 얼마의 돈과 바꿀 수 있는가? 어떤 의지들은 돈으로 환산되지 않는다. 민주주의의 신화는 마을의 소각장 설치 문제에게 어떤 이야기를 할 수 있는가?

첫째, 어떤 이들에게 해답은 단순하다. 그들은 최고의 전문가 그룹에게 결정을 부탁한다. 인간의 삶은 우연이고 우연은 언제나 위험하다. 그 위험을 측정하고 인과관계를 측량해서 우연을 해석하고 다음 번 우연을 예측하는 것이 이성의 일이고 과학의 업무다. 인간 이성을 잘 다스려진 도구로 성실히 사용하는 것을 문명이라 부른다. 이 부분에서 문명이란 예측가능성이다. 미래에 대한 예측과 대비는 언제나 그 시대 엘리트들의 몫이다. 그리고 엘리트는 언제나 소수다.

그러나, 과학엘리트들의 실험실과 정책엘리트들의 보고서를 통해 소각장 설치가 결정되는 것은 민주주의가 아니다. 민주주의는 문명을 얼마간이라도 뒤에 감춘다. 소각장이 하는 일을 정확히 이해하지 못하는 이들과 소각장을 반대하지만 소각장에 취업해서 생계를 유지하려는 이들, 소각장이 분출할 위험 물질에 취약한 병을 앓고 있는 이들, 이제 곧 다른 지역으로 이사하기 위해 짐을 싸고 있는 이들은 모두 동일한 한 개의 결정권을 나누어 갖는다. 민주주의의 방법이다.

반지성주의와 포퓰리즘은 민주주의의 적이 아니다. 반지성주의와 포퓰리즘은 민주주의의 본질이다. 최소한 쓰레기 소각장 전문가의 입장에서는 그렇다. 민주주의는 전문가들의 우려에도 불구하고 주민들 다수가 결정한 내용을 "우리(Demos)"의 통치라고 우기며 소리치는 일이다. 전문가와 다수 주민 중 누가 옳은지는 영원히 알 수 없을 수도 있다. 우리는 미래를 알 수 없으며, 무엇이 옳은지는 자주 미궁에 빠지는 철학적 주제이기 때문이다. 다만 분명한 것은 소수 엘리트의 조언이 다수의 벽 앞에 무릎 꿇는 것은 힘의 논리에 가깝고 동시에 민주주의에 부합한다는 것이다.

둘째, 어떤 이들은 좀 더 세련된 민주주의를 이야기한다. 각종 숙의와 토론과 세련된 절차와 과정과 같은 것들이다. 이들은 소수의 지식과 다수의 힘 사이에서 절충을 모색하며 토론의 힘을 믿는다. 절충론은 언제나 화장한 마녀와 비슷하다. 겉으로는 모든 것을 받아들인 듯하지만 결국 결론은 한쪽의 패배이거나 모두의 실패로 귀결될 경우가 많다. 숙의와 토론과 절차는 언제까지 지속되어야 할지, 그래서 최종결정은 어떻게 한다는 것인지 등등 논리를 한바퀴 돌리고 나면 문제는 그 자리에 그대로 있다.

숙의와 토론의 힘을 믿는 이들은 인간에 대한 무한한 신뢰를 앞에 세운 극단의 비관론에 가깝다. 그들은 인간 이성과 관용에 대한 무한한 믿음을 설파하지만 그와 같은 믿음이 역사 속에서 증명된 경우는 찾기 힘들다. 오히려 그 반대 사례의 압도적인 승리가 확인된다. 모두는 각자를 위해 존재한다. 누구도 다른 누군가의 이익을 위해 자신의 주장을 굽힐 필요는 없다. 토론과 양보를 통한 완전한 합의의 꿈은 현실의 본질적 갈등을 인정하지 않으려는 현실비관론이다.

쓰레기 소각장으로 돌아가 보자. 소각장을 반대하지만 소각장에 취업해서 용돈을 벌려는 자의 찬성과 소각장에서 방출될 위험 물질로 인해 목숨을 잃을 수도 있는 병을 앓고 있는 자의 반대 중 어느 쪽이 양보와 관용을 요구 받는가? 끝까지 자신의 주장을 굽히지 않을 당당함은 누구의 몫인가? 애초에 용돈과 목숨을 비교하기 전에, 모두의 생각에는 각자 삶의 무늬가 배어 있기마련이다. 각자의 사연을 동일한 저울에 올려 놓고 판단할 방법은 없다. 어떤 가치도 소홀히 취급될 이유는 없다. 양보는 강요될 수 없다.

단순 다수결에 반대한다는 자들은 현명한 대안을 생각한다. 그것은 이주대책 비용의 산정 과정과 협상 그리고 당사자들의 손익계산서를 올려 놓은 책상 앞 계산기에 의존한다. 숙의와 토론이란, 소각장 설치로 인해 발생할 이익과 손해에 대한 수학적 해석과 비용부담 그리고 그 결과에 대한 절충과 승복이다. 이를 위한 자료는 엘리트들의 업무 결과다. 이것은 결국 엘리트들이 제출한 자료들을 인정하고 받아들이는 세련된 과정이다. 언젠가 모두가 승복할 만한 인공지능이 과거와 미래의 데이터를 수집하고 현명한 답안을 제출해주는 날, 민주주의는 완성될 것이다. 이들에게 민주주의는 과도기의 혼란이다.

셋째 어떤 이들은 마을 대표를 통한 결정을 민주적이라고 주장할 것이다. 이들에게 민주주의는 평등하게 대표를 선출하고 선출된 대표들을 감시하는 일이다. 이들에게 민주주의란 "우리가 우리를 다스린다"가 아니라 "우리가 우리를 다스릴 자들을 선출한다"로 변경된 명제다. 이들은 민주주의라는 단어를 대표제도라는 말과 혼동하고 있는 자들이다. 나의 대표는 나와 유사한 생각을 하는 나의 분신인가? 아니면 나보다 우월한 자인가? 둘 다 모순에 빠진다.

만일 내가 선택한 나의 대표가 또 하나의 나로서 나와 동일한 생각을 언어로 표현하는 자라면, 그것은 대표제도에서 말하는 대표가 아니다. 대표는 그를 대표로 선택하지 않은 구성원들도 대표해야 한다. 나의 대표는 또 다른 나가 아니다. 공동체 전체의 대표다. 그런데, 만일 나의 대표가 정말 나를 뛰어넘는 눈으로 집단 전체의 미래까지 바라볼 수 있는 우월한 자라면, 그것은 영웅주의다. 영화 속 영웅의 현실버전이다. 민주주의는 우리의 동등함을 전제로 한다. 영웅주의는 민주주의에서 거부당한다.

불안한 인간은 타인 속에서 구원의 욕망을 해소해 보려 하지만, 문제는 그 타인의 눈도 여전히 불안 속에서 흔들린다는 사실이다. 모든 대표는 동일한 한계를 지닌 인간들이다. 여전히 인간으로서의 한계를 가진 대표들은 자기 자신을 위한 삶을 계획하고 자명한 한계 속에서 자신의 부와 명예를 추구한다. 대의제 민주주의의 허울을 벗겨낸 자리에는 대표에 대한 비관론과 대표에 대한 신격화가 맞물리고 있을 뿐이다. 쓰레기 소각장 설치를 대표들의 결정에 맡겨 놓고는 민주주의의 성공을 기대할 수 없다.

이와 같이 우리동네에 쓰레기 소각장을 설치하는 문제를 민주주의로 해결하는 일은 간단치 않다. 애초에 민주주의는 어떤 제도나 현실적 방법으로 직접 모습을 드러내지 않는다. 민주주의는 어디에서 발견되는가? 민주주의는 신화로 활동한다. 투표와 같은 민주주의 의식儀式들을 통해 민주주의 신화는 모습을 드러낸다. 신화는 의식儀式의 정신이며, 의식儀式은 신화의 실행이다. 민주주의 신화는 민주주의 의식들을 설명하는 이야기다. 민주주의 의식들은 구성원들에게 민주적 삶의 형태를 부여하여 정체성을 알려준다. 그렇게 신화란 "나는 누구인가?"에 대한 이야기다.

"신화는 우리가 살고 있는 세계 안에 아무렇게나 일어나고 있는 일들에 일관된 패턴을 부여하고, 눈에 보이는 현상을 어떤 궁극적인 실재로 대체하고, 모순적인 경험에 의해 발생하는 좌절들을 고차원적인 일치를 통해 화해시킴으로 이 세계에 질서를 가져다 준다. 각 신화들을 통해서 이루어지는 화해가 신화의 기본적인 기능이라고 생각할 수도 있다. 그러나 신화의 더 중요한 목적은 화해가 가능하다는 것을 입증하는 데 있다."[21]

인간의 이름은 염려이며 그것은 불안이다. 민주주

21] 존 도미닉 크로산, 이대성 옮김, "어두운 간격", 한국기독교연구소, 1988~2009년, 19쪽 (로버트 펑크의 서문 중)

의 신화가 개인과 세계의 화해가능성을 열어줄 때 그것은 성공한 신화다. 이제 시작될 이야기들은 민주주의 신화의 실패에 대한 것이다. 민주주의 신화가 세계와 인간 사이에서 화해 가능성을 설명하지 못한 이유에 관한 것이다. 이것은 민주주의 위기론도 아니고 민주주의에 대한 갈망도 아니다. 잘 쓰지 못한 이야기에 대한 것이다. 실패한 집단의 꿈에 대한 것이다.

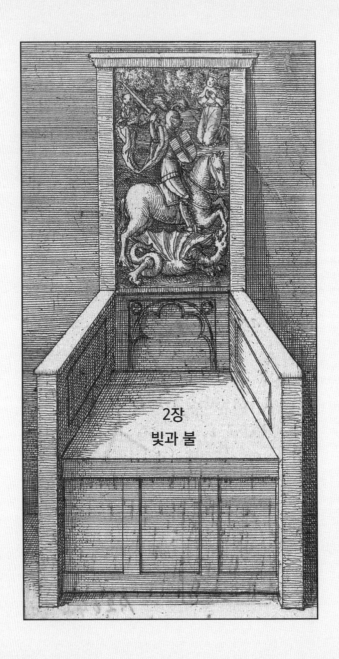

2장
빛과 불

"인류의 사상사 속에서 성(聖)과 속(俗)을 구분하는 범주만큼 심오하게 구별되고 철저하게 서로 대립되는 두 범주의 예는 존재하지 않는다. 여기에 비교하면 선과 악 사이의 전통적인 대립은 아무것도 아니다."

- 에밀 뒤르켐

"현시대의 최고의 종교는 바로 정치이다."

- 자끄 엘륄

국가는 볼 수 없지만, 그 나라의 국기國旗는 볼 수 있다.
국기에는 어떤 글도 쓰여 있지 않지만, 국기는 의미로
가득 차있다. 국가라는 공동체는 노래로 깃발로 자신을
드러낸다. 어떤 국가도 만질 수 없지만, 그 구성원들은
국가를 대표하는 누군가의 연설과, 반복되는 국가의 의
식儀式 속에서 자신이 국가라는 집단의 구성원임을 확
인한다. 인간은, 보이는 것보다, 보이지 않는 것에서 더
강렬한 힘을 느끼는 존재다. 그 힘은 자주 "나는 누구인
가?"라는 질문에 닿아 있다.

　어느 순간, 국가 공동체는 어머니 조국의 성스러움
과 같은 식의 은유로 자신의 임무를 수행한다. 그 종교
적 은유가 작동하는 공간은 다른 국가와의 경기가 벌어

지는 운동장이기도 하고, 역사 해석의 교실이기도 하며, 살육의 전쟁터이기도 하다. 우연히 얻은 국적은 노력으로 얻은 개인의 지위나 성향에 앞선다. 조국은 의미와 가치가 솟아나는 성聖스러운 공간이며 타국은 현실의 속俗된 외계의 무엇이다. 이 모든 현상을 이성의 영역으로 끌고 올 방법은 없다.

그렇게 국가의 영혼은 합리적으로 해석되지 않는다. 민주주의는 이성으로 설명되지 않는 바로 그 국가의 구성원리다. 따라서 민주주의의 가장 큰 모순은 그것이 품고 있는 모든 전제에서 시작된다. 합리적 개인의 자유로운 계약과 동등한 합의가 민주주의 교과서에서 발견될 때마다, 그것은 동시에 민주주의의 불가능성에 대한 이유가 된다. 국가권력과 국가운영을 위한 정치는 한 번도 합리성의 언어로 풀어지지 않는 집단들의 종교 현상에 가깝다.

모든 종교는 진리를 계시한다. 국가의 진리는 신이었고, 신을 대신하는 왕의 명령이었다. 민주주의는 그 진리를 "다수"의 "동의"에서 찾는다. 또는 찾아가는 과정이다. 국가의 눈으로 본다면, 민주주의는 신의 대체재일 뿐이며, 정치는 신들의 전쟁이다. 어쩌면 민주주의는 하루하루 현실의 삶을 살아가고 있을 뿐인 인간들을 한 순간 다수와 소수로 나누고, 소수의 동의를 강요하는 방법으로 국가의 권력을 현실화하는 종교적 교리일 뿐이다.

선량한 청년이 스스로 총을 들고 누군가를 살육하며 감격의 눈물을 흘린다. 남은 자들은 이름 모를 이의 죽음을 순교자의 무덤으로 기린다. 피를 나눈 형제는 정치적 신념에 따라 원수가 된다. 이 모든 일을 가능하게 하는 것은 무엇인가? 근대 민주주의는 신의 죽음에서 시작되었지만, 그것은 스스로 신이 되고자 하는 인간들의 허망한 염원일지도 모른다. 그리고 민주주의는 그 모든 방법을 신들의 무덤에서 배운다.

국가의 비밀

"별이 총총한 하늘이 갈 수 있고 또 가야만 하는 길들의 지도인 시대, 별빛이 그 길들을 훤히 밝혀주는 시대는 복되도다. 그 시대에는 모든 것이 새롭지만 친숙하며, 모험에 찬 것이지만 뜻대로 할 수 있는 소유물이다. 세계는 넓지만 마치 자기 집과 같은데, 영혼 속에서 타오르고 있는 불이 하늘에 떠 있는 별들과 본질적 특성을 같이하기 때문이다. 세계와 나, 빛과 불은 서로 뚜렷이 구분되지만, 서로 영구히 낯설게 되는 일은 결코 없다. 그럴 것이, 불은 모든 빛의 영혼이며, 또 불은 모두가 다 빛으로 에워싸여 있기 때문이다. 이리하여 영혼의 모든 행동은 이 같은 이원성 속에서 의미 충만하게 되고, 원환적圓環的 성격을 띠게 된다. 다시 말해 영혼의 모든 행동은 의미에 있어 완전하며, 또 감관感官에 대해서도 완전하다."[22]

근대는 의미의 무덤을 밟고 시작되었다. 이제 더 이상 별들의 빛은 영혼의 불꽃과 동일하지 않다. 자연은 자원이 되었으며, 인간은 노동력으로 환산된다. 이제 신들은 인간들에게 말을 걸지 않는다. 이제 별빛은 길을 밝혀주지 못한다. 별빛과 영혼이 소통하던 시절, 인간의 의미는 자연의 질서 속에서 발견되었고 삶의 가치는 노인이 들려주던 이야기로 전승되었다. 이제 그들은 이 모든 것들을 스스로 발명하기로 마음먹었다. 그들은 근대인이고, 민주주의는 그들의 발명품이다. 민주주의는 그들이 국가의 의미를 이야기하는 방법이다. 근대인은 신이 하던 일을 떠맡기로 한 자들이다.

22] 게오르크 루카치, 김경식 옮김, "소설의 이론", 문예출판사, 2007년, 27쪽

민주주의는 정치를 구성하는 여러 방법 중 하나다. 정치는 국가의 운영에 관한 일이다. 민주주의를 말하기 위해 국가를 바라보아야 하는 것은 당연한 일이다. 국가는 무엇인가? 국가란 무엇인가라는 질문은 언제나 국가만 실현할 수 있는 독특한 수단이 무엇인가라는 질문으로 시작된다. 신의 명령부터 개인의 기본권 실현까지 국가의 목적은 끊임없이 변화되었지만 그 수단은 언제나 동일했다. 별빛이 영혼에게 말을 걸던 시절부터 별빛이 더 이상 빛나지 않는 지금까지 국가의 일은 유사하다.

국가의 형식은 고대의 원시국가부터 현대에 이르기까지 큰 변화가 없다. 인간이 만든 다른 집단과 비교해 볼 때 국가에게만 허락된 것은 폭력의 독점이다. "근대 국가란 국가만이 하는 고유 업무에 의해서가 아니라 국가만이 가진 특수한 수단을 준거로 정의될 수밖에 없는데, 그 수단이란 곧 물리적 폭력"이다.[23] 국가는 그 영토 내에서 다른 집단들과는 전혀 다른 방식으로 활동한다.

국가는 국가와 국민들의 자원을 배치한다. 국가권력은 개인들을 국가의 병사로 동원할 수 있으며, 자신과 경쟁하려는 집단을 향해 물리적 폭력을 동원한다. 이를

23] 막스 베버, 박상훈 옮김, "소명으로서의 정치", 후마니타스, 1919~2021년, 12쪽

위해 국가는 개인들을 국민이라고 부르며 그들에게 (합법적인) 폭력을 행사한다. 국가는 국민들로부터 재산을 거두어들이고, 국민들을 감옥에 가두기도 하며, 심지어 국민의 목숨을 빼앗기도 한다. 이와 같은 국가의 물리적 폭력 행사는 반드시 정당화되어야만 한다.

만일 국가가 독점한 폭력이 정당성을 상실한다면, 국가는 끊임없는 반란과 민란 속에서 작동 중지되거나 붕괴될 것이다. 국가의 육체가 물리적 폭력이라면 국가의 영혼은 "폭력의 정당성"이다. 따라서 모든 국가의 주된 업무는 자신의 활동을 정당화하고 정당함을 알리고 정당성을 심사하는 방안을 만드는 일이다. 이러한 업무는 왕의 교시를 정리하던 신하의 손에서 법조문의 문구를 심사하는 공무원의 모니터로 옮겨졌다. 다만 권력의 정당화는 눈에 보이는 서류들로 마무리될 수 없다. 그것은 보이지 않는 가치의 영역에서도 진행된다. 그리고 인간은 눈에 보이는 서류가 아니라, 보이지 않는 가치의 문제에 목숨까지 걸기 마련이다.

폭력의 정당성은 폭력에게 의미를 부여하는 방식으로 확보된다. 전쟁이 전쟁의 의미를 통과하면 그것은 성스러운 폭력聖戰이 된다. 국가와 국민은 폭력을 애국심과 헌신으로 바꾸어 부르는 관계다. 국가와 국민은 속된 현실에서 성스러운 무엇을 발견해낸다. 이것은 무엇보다 종교적이다. "애국심과 민족적 자긍심은 소속된 사람들을 외부인과 구분하며 헌신의 증거로 희생, 심지어 목숨의 희생까지 요구하는 사회운동이란 점에서 종교와 유사하다. 예컨대 미국의 독립기념일과 추수감사절 및 현충일에 행하는 의식과 기념식을 생각해보라."[24]

애국심의 종교성을 일부 긍정하는 경우에도, 이를 통해 국가와 정치의 종교성으로 나아가는 것은 쉽지 않을 수 있다. 재레드 다이아몬드 역시 바로 뒤에 다음과 같이 서술하고 있다. "그러나 종교와 달리, 애국심과 민족적 자긍심은 초자연적인 존재에 대한 믿음을 가르치지 않는다. 종교를 믿는 사람들처럼, 스포츠팬들은 사회집단을 형성하며, 다른 팀을 지지하는 사회집단과 자신들을 구분짓지만 초자연적인 존재를 신봉하지 않고, … 마르크스주의와 사회주의 등 정치운동도 … 지지자들에게 이상을 위해 목숨까지 희생하는 동기를 부여하며 광범위한 도덕률을 지니지만 … 초자연적인 존재에 의지하

24] 재레드 다이아몬드, 강주헌 옮김, "어제까지의 세계", 김영사, 2012~2013년, 487쪽

지는 않는다."[25]

　위와 같은 논리. 즉, 종교의 본질을 초자연적 존재에 대한 믿음에 두는 습관은 많은 이들의 주장에서 공통적으로 발견된다. 서양 종교의 교리에 대한 일종의 집착이다. 재레드 다이아몬드 역시 "불교와 유교와 신도는 경계가 극히 모호해서 종교인지 삶의 철학인지 명확하게 구분짓기 어렵다."[26]고 덧붙이고 있다. 서양 일부 종교의 교리만을 근거로 종교성을 논하는 것은 종교에 대한 편협한 시각을 드러내는 것이다. 언어는 논리적 구조에 의존한다. 그러나, 종교는 이성의 논리에 붙들려 있지 않다. 따라서 종교에 대하여 (언어를 이용해) 생각하고 이야기 하려면, 종교에 대한 침묵을 존중하며 최소한의 언어를 찾아내야만 한다. 종교 또는 종교성이란 무엇인가?

　종교는, 무질서한 세계에서 의미와 질서를 형성하는 "중심"의 역할을 한다. "중심은 방향을 가능하게 하기 때문이다."[27] 종교는 중심을 통해 세계와 인간에게 위치와 방향을 제공한다. 이를 통해 모든 것은 질서와 의미를 찾는다. 종교는 성스러운 시공간을 허락한다. "성스러운

25] 같은 책, 487~488쪽

26] 같은 책, 488쪽

27] 미르체아 엘리아데, 이은봉 옮김, "성(聖)과 속(俗)", 한길사, 1957~1998년, 85쪽

공간의 계시는 인간에게 고정점을 부여하고, 그리하여 혼돈된 균질성 가운데서 방향성을 획득하며 '세계를 발견하고' 진정한 의미에서 삶을 획득하게 된다."[28]

"오래전부터 세계와 인간에 대해 인간이 만든 최초의 표상체계가 종교적 기원을 가지고 있다고 알려져 왔다. 거룩한 존재에 대한 사변인 동시에 우주론이 아닌 종교는 없다. … 종교는 인간 정신 자체를 형성하는 데 기여했다. 인간은 그들 지식의 상당한 부분뿐만 아니라 그러한 지식이 발전되어온 형태에서도 종교의 영향을 받았다."[29]

"종교적 믿음은 실제적이거나 관념적이거나 인간이 생각하는 모든 사물들의 분류를 전제로 한다. 즉 분명한 두 용어, 속된 것과 거룩한 것이라는 용어로 잘 표현해 주는 바, 일반적으로 지칭되는 두 부류 또는 서로 반대되는 두 장르로 분류하는 것을 전제로 하고 있다. 세상을 두 영역, 즉 하나는 성스러운 것, 다른 하나는 속된 것으로 분류하는 것이 종교적 사고의 변별적 특성이다. 믿음, 신

28] 같은 책, 57쪽
29] 에밀 뒤르켐, 민혜숙·노치준 옮김, "종교생활의 원초적 형태", 한길사, 1912~2020년, 129쪽

화, 교리 등은 성스러운 사물들의 본질과 성스러운 것에 부여된 가치나 능력 그리고 성스러운 것들끼리의 관계 또는 성스러운 것과 속된 것 사이의 관계 등을 나타내는 표상이거나 표상체계이다."[30]

　국가의 종교성은 어떻게 인정되는가? 국가를 통해 발견되는 의미와 가치가 "중심"의 성스러운 시공간으로 작동하는지, 그리고 바로 그 시공간을 기준으로 세계를 성聖과 속俗으로 "분류"할 수 있을지에 따라 결정될 것이다. 국가는 시대에 따라 다르게 그 역할을 수행해 왔다. 그러나 그 본질에서는 크게 다르지 않다. 국가는 언제나 "제사 공동체"이며 "우연의 공동체"로서 성스러운 중심의 역할을 수행한다. 국가의 종교성과 그 종교가 작동하는 방법으로서의 정치는 국민들에게 조금씩 다르게 그러나 본질적으로는 유사하게 자신의 모습을 드러낸다.

　국가의 폭력은 놀라움의 대상이다. 철로 만든 칼로부터 핵무기까지 인간 말살의 가능성은 언제나 국가가 보유한 조직적 물리적 힘에 있다. 개별 인간에게 있어 국가란 국가의 뜻에 거부하는 자에게 다가오는 전차의 굉

30] 같은 책, 171쪽

음이다. 두려움의 실재다. 폭력을 받아들이는 유일한 방안은 폭력을 정당한 것으로 인정하는 것이다. 의미와 가치를 부여할 수 있다면, 인간은 그 어떤 것도 받아들일 수 있다. 그리고 그 과정은 정당하다고 평가된다. 국가라는 폭력의 정당화는 시대마다 다른 방식에 의해 이루어졌으나, 그것은 어느 시대에나 유사하다.

근대 이전, 국가는 직접 국가의 정당함을 드러냈다. 왕은 언제나 신이 지명한 자이거나 신이 허락한 자였다(왕권신수설). 국가는 국민들의 삶에 직접 개입하는 종교적 질서와 다르지 않았다. 세상의 중심과 방향은 일정했다. 그 시절의 순수함은 때로 낭만적 폭력성과 신화의 일상적 개입으로 묘사된다. 국가는 신의 직접적인 계시와 왕을 통한 신의 간접적인 통치로 삶의 의미를 부여하는 신성한 "중심"이었다. 국민들은 그 중심을 통해 나와 세계를 해석하고 "분류"할 수 있었다. 그들은 "나는 누구인가?"에 대한 해답을 가지고 태어났으며, 그 답은 국가에게 빚지고 있었다.

국민들은 곧 종교인이었다. 신에 대한 성스런 복종은 곧 왕에 대한 충성이었으며, 가족은 축소된 국가의 모습으로 묘사될 수 있었다. 국가의 의례는 곧 신을 향한 제사였으며, 국민들은 국가의 성스러움을 지키기 위해 전쟁에 나갈 준비가 되어있었다. 국가는 신이 계시한 진리이므로 국가의 정당성은 의심의 대상이 아니라 실현의 대상이었다. 눈에 보이는 국가의 시스템은 이러한 믿음의 체계에 맞춰 준비되었다. 국가에 대한 반란은 곧 악마의 일로 처단되었으며, 때때로 왕은 신의 이름으로 전쟁을 선포했다. 국가의 정당성은 전쟁터에서 찢어진 누군가의 몸을 눕히며 처연하게 부르는 국왕의 노래 같은 것이었으므로 그것은 언제나 숭고하며 영원한 것이었다.

근대인들이 신의 죽음 이후 설계한 국가의 운영 원리는 민주주의다. 신을 떠나 보낸 근대인들은 국가를 신의 진리라고 주장하지 못한다. 더 이상 국가의 정당성을 찾기 위해서 신을 부를 수 없다. 신들의 무덤은 근대의 시작이며 근대의 혼란이다. 근대는 의미와 가치를 외부에서 퍼부어주던 신의 죽음을 확인했으나, 아직 자신의 내부 어디에서도 성스러움의 뿌리는 찾지 못한 영원한 과도기 같은 것이다. 그러하므로 근대 이후 그들은 텅 빈 국가의 신전에서 당황한다. 문제는 여기에서 시작된다. 민주주의는 "신의 대체물"이 필요하다. 또는 민주주의 자체가 스스로 신이 되어야 할 것이다.

제사 공동체

민주주의는 많은 이들의 걱정거리다. 사람들은 민주주의를 이성의 언어로 쌓은 계몽의 역사라 믿는다. 이슬람 근본주의와 같은 종교적 공동체 그리고 트럼프와 같은 비이성적 정치인들이 민주주의를 망치고 있다고 주장한다. 합리적 이성이 아닌 분노와 배제의 언어로 집권하는 모습을 걱정한다. 민주주의의 이성이 전근대적인 종교적 주술에게 그 자리를 빼앗기고 있다고 진단한다. 민주주의의 위기라고 주장한다.

민주주의를 이성의 언어로 해석할 수는 없다. 민주주의는 국가라는 집단을 떼어 놓고 이야기할 수 없기 때문이다. 존재의 불안을 안고 사는 인간은 집단 속에서 "나는 누구인가?"라는 질문에 대한 답을 찾는다(정체성). 이것은 논리적 언어의 바깥 영역이다. 국가는 국가의 정당성을 이야기 하는 곳이다. 국가 폭력이 정당하다는 승인은 삶의 모든 영역에 영향을 미친다(정당성). 정체성과 정당성 만들기는 인간의 역사에서 종교의 주된 역할이었다. 인간이 국가 공동체를 구성하는 방식은 종교에 가깝다.

"인생이 무엇인가라는 의문이 생기면 답을 원한다. 종교와 종교 대용품들은 답을 제공한다. 그런 의미에서 스탈린 체제에서 정교화된 마르크스주의는 대용품으로서의 종교였고, 종교적 기능을 수행했다. 문제는 전통적인 기독교나 신의 섭리를 강조하는 답변이 설득력이 없어졌을 때 답을 제공하는 것이 무엇이냐였다."[31] 인간은 처음부터 끝까지 불안하다. 그 불안을 끝낼 답이 존재할지에 대해 알 수는 없으나, 답을 찾아가는 과정을 포기할 수는 없다. 인간이 집단 만들기를 포기할 수 없는 이유다.

국가 공동체는 만져지는 무엇이 아니다. 국가는 노래와 깃발과 퍼레이드와 참배와 경례와 선서와 전쟁터의 포성과 노병의 유언과 누군가의 연설문 첫 문장과 국제기구의 행사진행 안내장이 가리키고 있는 무엇이다. 국가는 스스로 있음이 아니라 무엇을 통해 보여지는 방법으로만 있다고 여겨진다. 그리고 그러한 방식의 "있다고 여겨짐"을 위한 체계는 종교의 일이었고 어떤 의미로는 종교의 존재 이유다. 국가가 그러한 종교의 "있다고 여겨짐"의 형식과 가치 만들기의 방법을 좇는 것은 당연한 일

31] 앨런 라이언, 남경태·이광일 옮김, "정치사상사", 문학동네, 2012~2017년, 1296쪽

이다. 애초부터 국가와 종교는 하나의 땅에서 자라난 형제이거나 서로 닮아가는 영원한 경쟁자였기 때문이다.

국가의 영혼은 국립묘지를 바라보고 있다. 국립묘지에 서있을 때, 얼굴 모르는 자국민은 외국인 동지보다 가깝다. 그곳에 서서 바람에 흔들리는 국기를 바라보며 장엄한 반주에 맞춰 국가를 따라 부를 때, 우리의 종교적 감수성은 우리 안에 숨어 있던 고대인의 공동체 의식을 주술처럼 풀어낸다. 그런 의미에서 죽음의 기억을 공유하는 것보다 강한 유대감의 소재는 없다. 국립묘지를 바라볼 때, 국민이란 하나의 기억을 나누어 가진 제사공동체다. 민주주의 국가의 대표자들은 국립묘지에서 자신의 임무를 시작한다. 그것은 고대의 사제와 민주주의의 대표가 동일하게 반복하는 일종의 제사 의식처럼 보인다.

"집단적 희생의 기억은 민족이나 혁명, 자유 등의 다른 세속적 가치보다 정치종교를 만드는 더 좋은 재료다. 희생의 승화를 통해 무의미한 죽음을 공동체의 불멸을 위한 유의미한 죽음으로 둔갑시키기 때문이다. 덧없는 죽음을 불멸과 영생으로 이끄는 희생의 신화는 전통 종교의 탈주술화로 생긴 신화의 공백을 메꾸는 정치종교의 재주술화를 위한 최적의 소재였다."[32] 죽음이 끝으로 해석되는 곳에서 모든 신화는 정지한다. 국가의 신화는 죽음에게 의미를 허락한다. 국립묘지에서, 전쟁은 국가를 위한 집단 희생으로, 전사의 몸은 국가의 신에게 바쳐진 공물로, 그들의 죽음은 영생의 약속으로 이야기된다. 그러한 이야기의 방식을 우리는 종교라고 부른다.

국립묘지를 바라볼 때, 국가라는 제사 공동체는 얼굴 없는 이들의 죽음을 숭배하는 방식으로 자신의 정당성 드러낸다. 그곳에서, 국가의 정당성은 더 이상 증명의 대상이 아니다. 국가는 목숨을 바쳐 지켜야할 무한한 가치일 뿐이다. 그리고, 국가가 관리하는 교육시스템이 하는 일이란 어쩌면 국립묘지의 시공간을 일상의 영역으로 확대하는 일이다. 국립묘지는 어디에나 있다. 국가의 정당성은 이미 존재했던 것이며 영원히 계속될 것이다. 어느 순간 또는 대부분의 경우, 국가에 관해서라면 이성은 특별히 할 일이 없다.

이렇게 국가는 고향의 이미지로, 목숨으로 지켜낸 피의 냄새로, 영원히 지속될 숭고한 그 무엇으로, 역사 너머 어딘가에 항상 존재하는 피안의 세계로 상징되고, 또

32] 임지현, "희생자의식 민족주의", 휴머니스트, 2021년, 115쪽

그렇게 믿어진다. 국가는 종교가 된다. 그리고 주기적 의식(儀式, Ritual) 속에서 폭력 기구인 국가는 이미 정당하며 또 반복적으로 정당화된다. 내용이 다를 뿐, 종교적 형식은 유지된다. 민주주의는 바로 그 국가를 구성하고 운영한다. 민주주의는 문명의 언어를 들이대지만 그것이 해야할 일은 예전과 다르지 않다. 이를테면, 민주주의는 종교의 영역에서 활동하는 불신자다.

"'신을 위해 죽는다'는 가톨릭의 순교 정신이 '조국을 위해 죽는다'는 순국의 정치적 도덕률로 바뀌면서 전사자 숭배는 근대 국민국가의 정치 종교적 양상을 띠기 시작했다. … 나라에 대한 충성으로 목숨 걸고 싸운 말단 병사들이 순교자와 같은 반열에 오를 때, 애국적 순교자의 지배가 시작되고 조국과 민족을 신성화하고 숭배하는 정치 종교는 한껏 고양된다."[33] 국가를 둘러싼 역사의 시계는, 신을 위한 죽음이 국가를 위한 죽음으로, 신에 대한 복종이 국가에 대한 애국심으로, 신 앞의 평등이 법 앞의 평등으로 흘러갔음을 확인하고 있다.

국가는 불안을 물리칠 집단적 정체성의 믿음을 제공한다. 국가의 존재가 의식儀式의 반복으로 확인되는 현장

33] 같은 책, 129쪽

에서 그 믿음은 종교의 모습을 갖게 된다. 그렇게 "군중의 모든 믿음은 종교적 형태를 띤다."[34] 국가라는 제사공동체는 순교자의 피를 뒤집어 씀으로 군중을 국민으로 승화한다. 국민들은 국가가 준비한 성스런 무덤의 상징 속에서 나의 자리를 발견하고 영원히 지속될 국가의 신성을 "나보다 큰, 또 다른 나"로 확인한다. 나는 죽지만 국가는 영원하다. 과거의 죽음은 영원한 미래의 확신이 된다.

"모든 국가에는 국민들에게 국가를 위해 필요하다면 죽을 수도 있는 마음 자세를 종용하는 표어가 있다. 영국에서는 '국왕과 조국을 위하여', 스페인에서는 '신과 에스파냐를 위하여'라는 식이다. 이러한 정신은 16세기 아즈텍의 전사들에게도 있었다. '전쟁터에서 죽는 것보다 나은 것은 없고 생명을 주시는 신에게 이 꽃다운 죽음보다 귀중한 것은 없도다. 멀리 나의 죽음이 보이나니, 내 마음은 죽음을 갈망하노라!'"[35] 국가는 순교자들의 피로 세례를 받아 영원히 지속될 성스러운 몸이다. 국가는 선택의 결과가 아니라 우연히 다가온 것이다. 우연은 운명으로 해석된다. 우연은 이성을 이긴다.

34] 귀스타브 르 봉, 강주헌 옮김, "군중심리", 현대지성, 1895~2021년, 88쪽

35] 재레드 다이아몬드, "총, 균, 쇠", 문학사상사, 1997~2016년, 407쪽

우연의 공동체

이민과 같은 특별한 경험을 하는 경우는 매우 드물다. 국적은 우연히 태어나 선택 없이 받아든 운명이다. 국가는 우연히 만난 공동체다. 인간의 지성은 범주와 패턴을 다루는 영역이다. 우리는 만나는 모든 것을 묶어 범주화하고 이것을 개념으로 부른다. 우리가 "사과"라고 부르는 것들을 자세히 관찰해 보면 그것들은 각기 모양과 크기가 다르다. 그 차이들은 인간의 사고과정에서 "사과"라는 단일한 범주로 묶인다. 우리가 "사과"를 떠올릴 때마다 사실은 동일하지 않은 무엇들이 "사과"라는 원형의 이미지로 상상된다. "사과"의 개념이 완성된다.

세계의 작동은 차이와 반복을 통해 패턴으로 해석된다. "사과"라는 개념이 작동되고, 올해의 "사과" 작황은 과거의 결과들 속에서 일정한 패턴을 형성한다. 그 패턴은 인간에게 일정한 인과법칙을 산정할 수 있도록 한다. 개념과 패턴을 통해 과거를 들여다 보고, 일정한 법칙성을 발견하고, 미래를 예측하는 행위는 이성의 선물이다. 그리고 그 이성이 포기한 영역을 우연이라 부른다. 이성주의자들에게 우연은 악마의 간교이며 신비한 것이며 때로는 주술적이다. 국가는 우연의 공동체다. 국가와 국민의 관계는 이성으로 시작하지 않는다. 인간에게 있어 국가는 아직 그 개념을 배우지 못한 아이의 울음과 함께 우연히 다가온 것이다.

국가 공동체는 두 개의 신을 허락하지 않는다. 동시에 두 개의 신에게 제사를 지낼 수는 없다. 이중 국적자도 어느 순간 마음 속 조국은 하나다. 국가대표들이 맞붙은 스포츠 경기에서 상대국 대표팀을 열성적으로 응원하는 친구를 두고 볼 수 있을까? 그럴 수도 있을 것이다. 그런데 스포츠 경기가 아니라 실제 전쟁이라면 이야기는 달라질 것이다. 국가의 전쟁은 어떻게든 성스러운 싸움으로 해석되어야 한다. 국민들의 피와 육체를 국가의 신전에 바쳐야 하기 때문이다. 그렇게 전쟁은 국가의 신들이 싸우는 성스런 전쟁이다.

전쟁 중인 국가의 광장에서 적국의 정당성을 외치는 행위는, 양심의 자유와 같은 근대적 인권의 영역에서는 받아들여질지 모른다. 그러나 그는 인권선언의 목록을 확인하기도 전에 이미 어머니 조국을 배신한 죄로 누군가의 손에 응징을 당할 것이다. 중요한 일들은 이성의 작동 이전에 정의되거나 마무리되기도 한다. 이성의 합리성에 앞서는 것들은 어디에나 있다. 국가에 대한 이야기는 이성에 엮이지 않는다. 민주주의를 이성으로만 바라본 후, 그것을 국가 운영의 원리로 삼는 것은 일종의 영역착오일지도 모른다.

많은 경우, 이성은 우연에 패배한다. 국가가 허락한 공동체의 성스러운 정체성은 우연히 결정되었지만 다른 모든 정체성을 거부한다. 개인들은 다양한 범주로 묶일 수 있고 그에 따른 각각의 정체성을 지닌다. 성별, 인종, 종교, 계급 등 집단 정체성은 나름의 모양으로 유지된다. 모든 정체성들은 배타성을 지닌다. 국가는 이 모든 정체성들을 통제하려 한다. 하나의 국가 안에서 국민들은 다수가 아니라 하나의 국민이다. 국가 앞에서 다른 정체성을 강조하는 자는 배교자다.

1989년 "역사의 종말과 마지막 인간The end of history and the lastman"을 쓴 프랜시스 후쿠야마는 2018년 "정체성Identity"이라는 제목의 책으로 돌아왔다. 이것은 일종의 반성문으로 읽을 수도 있을 것이다. 그는 "역사의 종말"에서 냉전 종식으로 인한 민주주의의 최종 승리를 주장했으나, 이제는 민주주의의 위기를 말한다. 후쿠야마는 집단정체성과 배타성을 기반으로 하는 정체성 정치

Identity Politics를 민주주의의 위기로 진단한다.

정체성 정치는 미국의 트럼프 집권과 영국의 브렉시트 이후 민주주의 위기를 말하는 주장에서 빠지지 않는 소재다. 정체성 정치의 위험을 주장하는 자들은 "인정받지 못한 자들의 존엄"에 대한 욕구가 인종, 종교, 민족 등과 같은 정체성 집단의 분노의 정치를 불러왔다고 주장한다. 이와 같은 정체성 정치는 포퓰리즘으로 연결되어 민주주의를 위험에 빠뜨리고 있다는 것이다. 그러나, 민주주의를 국가와 국민이 등장하는 종교적 개념으로 바라본다면, 다르게 해석할 수 있다.

국가를 종교 공동체로 바라보는 관점에서는, 민주주의를 이성의 눈으로 바라볼 때 이해할 수 없다고 주장하는 상황들이 어떤 의미에서는 당연한 현상들이다. 국가는 정당성 확보를 위해 종교적 의식을 반복하고, 국민들은 국가가 제공하는 정체성의 우물 안에서 존재 불안의 갈증을 해소한다. 반복되는 종교 행위를 통해 우연히 만난 국가와 국민들은 자신의 정체성을 서로가 서로에게서 확인한다. 이러한 과정은 논리의 언어로 해석될 수 없다.

후쿠야마는 그의 책 "정체성Identity"에서 "잘못된 주소"라는 은유를 사용한다. "빈부격차가 극단적으로 심화되고 있는 현재 상황에서, 사람들은 이러한 심각한 불평등은 좌파가 부활할 수 있는 토양이 될 것이라고 예상할 것이다. 좌파들은 국가권력을 부의 재분배에 집중함으로써 경제적 평등을 실현할 수 있는 세력으로 자신들을 정의하기 때문이다. 그러나, 세계경제위기의 파장은 정반대의 결과를 불러왔다. 오히려 여러나라에서 '우파 국가주의자들'이 세력을 얻었다. … 1914년 유럽의 노동계급은 국적을 불문하고 사회주의 인터내셔널에 가담했다. 그러나 1차 세계대전이 발발하자 당황스럽게도 그들은 '조국을 위해' 서로에게 총을 들었다. … 어네스트 겔너를 인용하면 이것은 말도 안되는 배달사고다. 계급의식이 고양될 상황이 오히려 국민의식 강화라는 잘못된 주소로 배달되었다."[36] 이성과 합리의 언어로만 본다면 잘못된 주소라는 은유는 적절해 보인다.

그러나, 국가와 국민은 종교적 공동체에 가깝다. 애초에 이것은 우연의 공동체다. 이성이 무시하는 영역의 일이다. 국가로서는 국민들이 국가 공동체 이외의 정체성을 받아들여 배교하는 상황을 받아들일 수 없다. 중요

36] Francis Fukuyama, "Identity", Farrar, Straus and Giroux, 2018년, 79쪽

한 것은 이와 같은 교리의 설파는 강제적으로 이루어지는 것이 아니라는 점이다. 모든 국민은 자발적 애국심으로 조국을 바라본다. 위기의 원인이 경제든 전쟁이든 위기가 극단적일수록 종교적 갈망은 증폭된다. "국가는 곧 나다." 집단과의 완벽한 일치를 구원이라 부른다.

전시 국가는 국민의 몸을 원하고, 국민들은 국가의 신전에 몸을 봉헌한다. 전쟁은 국가의 종교성이 가장 빛나는 순간이다. 죽음은 순교가 되고, 순교자의 시신은 다시 국가의 제단에서 종교의 대상이 되어 타오른다. 위기 상황에서 사람들은 가장 순수한 공동체에게 의존한다. 이러한 상황을 이성의 눈으로 분석할 수는 없다. 민주주의는 국가와 국민 사이에서 작동하는 무엇이다. 종교성 가득한 국가와 국민들의 일을 이성의 눈으로만 보려는 노력은 무용하다.

후쿠야마에게는 미안한 이야기지만, 그가 은유적으로 표현한 "잘못된 주소"는 이미 베네딕트 앤더슨의 "올바른 주소"였다. "'자연적'인 모든 것에는 언제나 선택하지 않은 무엇이 있다. … 피부색과 성별, 부모, 태어난 시대 등 사람의 힘으로는 어쩔 도리가 없는 저 모든 것들에 동화된다. 그리고 이러한 '자연적 유대'에서는 '게마

인샤프트(공동사회)의 아름다움'이라 부를 만한 것이 감지된다. 다른 방식으로 이야기하자면, 그러한 유대들은 선택된 것이 아니라는 바로 그 이유로 사심 없음의 후광을 띈다. … 궁극적 희생이라는 관념은 숙명을 통해, 오로지 순수성이라는 관념과 더불어 온다. 누군가가 나라, 보통은 자신이 선택한 것이 아닌 나라를 위해 죽는 것에는 노동당이나 미국의사협회를 위해 죽는 것, 아마 국제엠네스티를 위해 죽는 것조차도 비길 수 없는 도덕적 장엄함이 있다. 이런 단체들은 전부 의지에 따라 쉽게 가입했다가 떠날 수 있는 것들이기 때문이다."[37]

민족과 국가와 같은 공동체는 선택하지 않았다는 그 이유로, 즉 우연의 공동체라는 이유만으로, 그 순수한 운명적 후광을 두른다. 인간이 선택한 것들은 유한하며 이해득실에 따라 변하지만 조국은 영원하다. 선택하지 않은 것은, 선택하지 않았다는 바로 그 이유로, 운명적이다. 운명적인 것은 스스로 의미를 확보하며 가치를 확인한다. 운명적인 것은 우연적이며, 그것은 바로 그 의지 없이 주어짐으로 인해 성스러움이 드러난다.

자유의지의 존재 여부는 끝임없는 논란의 대상이다.

37] 베네딕트 앤더슨, 서지원 옮김, "상상된 공동체", 도서출판 길, 2006~2018년, 217쪽

"인간은 자유롭게 생각하며 자유롭게 선택하는가?" 자유의지가 존재하는지에 대하여 묻는 이들에게 이렇게 반문해야 한다. "그런데 그 자유의지에 의한 선택이 할 수 있는 일이란 것이 오늘 점심 메뉴 정도 이외에 무엇이 있나? 자유의지라는 것이 할 수 있는 위대한 일이 있기는 한가?". 이것은 인간이 처해 있는 상황에 대한 근본적 질문이다. 우리가 묻고 있는 인간에 대한 궁극적 질문은 애초에 그 질문을 "잘못된 주소"로 배달한 것일 수도 있다.

선택 가능한 것들은 선택할 수 없는 것 앞에서 가치를 잃는다. 바로 이러한 이유로 "사회계약론"과 같은 민주주의의 교리는 그 가치에 있어 의문이다. 종교적 인간에게 때때로 우연은 성스러운 것이며 선택은 속된 것이기 때문이다. 운명은 성스러움으로 빛난다. 가족과 국가는 우연히 계시된 성스러운 공동체다. 위대한 것은 우연히 드러난다. 우연히 결정된 나의 조국과 얼굴 모르는 순교자의 무덤은 종교감정으로 빛난다. 이성과 계급의 화려한 논리로 가득한 반란자들의 구호는 속된 세계의 부끄러움이며 성스런 빛을 잃은 인간 본성의 나약함으로 해석될 수 있다. 국민들의 마음 속에서, 국가에 대한 반란을 평정하는 것은 군대가 아니라 자발적 종교감정이다.

모든 "계약"에는 "선택" 또는 "선택 가능성"이 전제된다. 먼저 그것이 민주주의든 또는 국가공동체든 아무도 그것을 선택한 적이 없으므로, 국가와 민주주의의 교실에서 선택의 가능성이 전제되는 "계약"과 같은 사고실험은 애초에 무의미하다. 그런 방식의 사고 실험과 가정들은 인간 앞에서 무용하다. 선택하지 않은 국가의 종교성은 바로 그 선택하지 않았음을 이유로, 선택된 다른 정체성과의 싸움에서 승리한다. 선택이 국가의 종교성 앞에 의미 없으므로 애초에 사회계약론의 가정은 필요없는 노력일 것이다. 국가와 국민의 발견과정에서 인간의 자유로운 선택은 의미가 없다. 국가는 우연히, 그리고 그 이유로, 숭고하다.

국민의 발견

민주주의에 대한 다양한 정의에도 불구하고, 국민(인민)주권 또는 국민주권과 유사한 의미의 문장들은 민주주의의 교과서에서 항상 발견된다. 대한민국 헌법의 앞줄에는 "대한민국의 주권은 국민에게 있고, 모든 권력은 국민으로부터 나온다"라고 쓰여 있다. 주권이 국민에게 있는 국가를 민주주의 국가라고 부른다. 주권이 국민에게 있다는 명제를 확인하기 위해서는 쉽지 않는 문제를 만나야만 한다. 국가를 구성하는 국민은 누구인가?

"우리가 스스로 우리를 다스린다"는 자치의 욕망 속에 "우리"는 지방자치단체의 주민이 되기도 하고, 학교 운영에 참여하는 시민이 되기도 한다. 그러나 우리(Demos)가 "국민"이 되어, 우리가 국민으로서, 국가의 최종적 결정권자가 된다는 국민주권의 표어는 언제나 민주주의에서 가장 먼저 말해지는 문장이다. 국가라는 종교성 가득한 집단의 구성원. 국가라는 집단에서 나는 누구인가라는 질문의 답을 찾아가는 국민은 무엇인가?

민주주의 정치체제에서, 우리(Demos)는 국민이 되고, 국민은 국가의 주권자가 되어, 우리는 국민이 된 우리에 관한 최종결정권자가 된다. 즉 우리는 우리를 스스로 다스린다(Cracy). "우리가 곧 국가다". 사실 그 말이 어떤 의미인지 또는 어떻게 작동하는지는 모두가 자신의 입장에서 해석하므로 어떤 의미로 해석해도 옳을 수 있고, 바로 그 이유로 언제나 틀릴 수도 있다. 다만 이것은 민주주의를 가르치는 모든 교실에서 읽혀졌을 문장들이다. 익숙한 것이 항상 정답은 아니다. 우리가 국민이 되어 국가의 결정권자가 된다는 논리 속에는 많은 가정들과 허구의 개념들이 작동한다.

민주주의(Demos + cracy)의 많은 모순은 "Demos"가 "국민(인민)"이 되는 과정에서 시작된 것이거나, "Demos"를 "국민(인민)"으로 해석해야 하는 상황에서 비롯된 것이다. 다수의 인간들이 모여 우리가 되는 순간, 그들이 자연스럽게 국민이 되는 것은 아니다. 개인으로서의 우리는 만나서 밥 먹고 이야기 하는 현실 속의 존재다. 인간은 볼 수 있지만 국민은 볼 수 없는 무엇이다. 민주주의의 "국민"은 상상 속에서만 존재한다. 각각의 인간들이 하나의 집단. 즉 국민으로 불리게 되는 과정, 즉 현실과 상상이 만나는 과정에는 많은 것들이 필요하다.

개인이 국민으로 만들어지는 과정을 쫓기 위해 우선 "국민"이 무엇인지에 대한 확인과정이 필요하다. 민주주의의 원천이며 모든 정치인들이 영혼을 팔아 구하려는 "국민의 뜻"의 주인, 바로 그 "국민"은 국적법에서 말하는 국민이 아니다. 국적법은 일정한 자격을 규정하고 있다. 국적법상 국민은 특정국가에 입국하거나 직업을 구할 때 필요한 현실적 법률개념이다. 그러나 민주주의에서 관심을 가져야 하는 국민은 매 순간 변화되는 국적자의 수도 아니고 선거권자의 총합도 아니다.

먼저 정치학 교수들은 "국민"의 의미에 대하여 어떻게 설명하는지 확인해 보자. "국민의 뜻의 주체가 되는 '국민'은 한결같은 목소리를 내는 획일적인 집합체가 아니다. 다양한 가치와 이해관계가 복잡하게 얽혀있는 현대사회에서 온전한 국민의 뜻은 없다. 우리의 뜻과 그들의 뜻이 있을 뿐이다. 정치인들이 국민의 뜻이 이러저러하다고 내세울 때는 여론조사 결과를 말한다. 그렇지만 여론은 국민의 일부가 일시적으로 갖는 생각이다. 우리 정치인들이 말하는 국민의 뜻은 프랑스 철학자 루소의 '일반의지general will'와 다르지 않으며, 이는 곧 공동체 전체를 이롭게 하는 '공동선common good'을 의미한다. 루소는 시민 개개인의 뜻이 모여 일반의지를 형성하지만, 시민들은 일반의지가 무엇인지 파악하기 어렵다 했다."[38]

"역사가 에드먼드 모르간Edmund S. Morgan이 보기에, 주권이 왕에게 있다는 말만큼이나 주권이 국민에게 있다는 말도 허구이다. 국민 주권이라는 허구로 인해서, 사

38] 윤성이, 국민일보 2022.10. 6.

람들은 자신이 통치 받는 게 아니라 대리인을 통해 통치를 하고 있다고 믿는다. … 허구와 더불어 사는 또 하나의 방법은 허구를 사실로 혼동하지 않는 것이다. '주권은 국민에게 있고, 모든 권력은 국민으로부터 나온다'지만, 국민 각자의 입지는 다르다. 국민주권설은 국민 개개인 모두를 통치자로 만들기 위한 마법이 아니라, 소수의 통치자가 국민 전체로부터 권력을 위임 받았다고 자임하기 위한 허구이다. 에드먼드 모르간이 역설 했듯이, 국민 주권이라는 픽션은 다수가 다수를 다스릴 때나, 다수가 소수를 다스릴 때 필요한 것이 아니라, 소수가 다수를 다스리려 할 때 필요하다."[39]

이쯤 되면 이제 민주주의에서 말하는 "국민"이 무엇인지 모호해진다. "국민"은 정확한 의미를 나타내는 고정된 기호가 아니라 가치, 관계, 이념 등에 가까운 상징적 표현일지도 모르겠다. 이 모호한 국민을 정의하기 위해 다시 한 번 민주주의의 "국민"이 하는 역할에 집중해 본다면, "국민"은 국가를 정당한 집단으로 만드는 개념이라는 점에서 실마리를 찾을 수 있다. 국민을 배신한 국가라면 최소한 민주주의 국가는 아닐 것이다.

39] 김영민, 중앙일보 2020. 6. 25.

그렇다면 민주주의 국가에서 "국민"은 다시 한번 어떠한 가치나 이념 또는 이상향에 가까울 것이라고 추측된다. 과거부터 승인된 국민적 이상 그리고 미래의 국민들 전체에 대한 가치까지 포함한 개념이며, 국가의 행위를 정당하다고 인정해 줄 수 있는 국민. 물론 그러한 국민을 현실에서 만날 수는 없다. 그러나 이런 식으로만 정의하고 넘어간다면 허망하다. 보이지 않는 국민을 조금이라도 볼 수 있도록 하는 방안은 국민을 국민이 아닌 것과 비교해 보는 작업이다. 국민이 아닌 것은 무엇인가?

국민과 국민이 아닌 이들 사이를 가르는 경계는 어떻게 그어지는가? 보이지 않는 것을 다른 것들과 구별할 수 있는 방법은 그것이 작동하는 순간을 관찰하는 것이다. 보이지 않는 국민은 국민의 보이는 행위 속에서 발견될 수 있다. 국민은 국민들이 진행하는 의식 속에서 발견된다. 즉, 국민은 국가의 의식儀式, Ritual 속에서 "나는 누구인가?"라는 정체성의 해답을 발견하는 자들이다. 이미 죽은 자들 또는 아직 태어나지 않은 자들, 실정법상의 국적이 다른 자들일지라도, 동일한 국가공동체로서의 정체성으로 묶인다면 그들을 국민이 아니라고 할 수는 없을 것이다. 그들은 나의 국민으로서의 정체성 확보 과정에서 서로 바라보는 자들이다. 국민이란 국민으로서 관계 맺는 자들이다.

국민이란 국가의 의식을 성스러운 것으로 받아들이고, 그 의식 속에서 국가를 "나 보다 큰, 또 다른 나"로 받아들이는 자들이다. 이런 의미에서 국민주권설의 "국민"과 국민들의 "국가"라는 개념은 종교성 가득한 개념이다. 국민에게 이 세계의 모든 국가들은 두 종류다. 국민은 세상을 거룩한 조국과 조국이 아닌 것들로 구분할 수 있는 자들이다. 그들에게 조국은 성스러운 것이며, 종교성 가득한 정체성의 집단이다. 그들은 조국 이외의 국가로부터는 어떠한 성스러움도 발견할 수 없는 자들이다.

근대 민주주의는 계몽과 이성의 언어로 시작되었다. 그러나 그 민주주의의 두 주체, 즉 "국민"과 "국가"는 종교적 믿음과 주술적 언어로 가득하다. 이것이 민주주의의 첫번째 모순이다. 가만히 생각해 보면 민주주의란, "국가의 구성원"과 "국가의 결정권자"와 "국가의 피치자"가 동일하다는 수수께끼 같은 이야기다. 그런 의미에서 민주주의란 국가와 국민 사이에 어떠한 신비한 관계의 가능성을 긍정하는 태도다. 신비한 관계는 이성과 합리의 언어로 자신을 드러내지 않는다.

우리가 무엇을 민주주의라고 부르는 순간, 민주주의는 주문을 외운다. 국민은 국가의 구성원이며, 동시에 국가의 결정권자이며, 동시에 국가의 피치자가 된다. 민주주의의 신비한 삼위일체라고 부를 만하다. 국민은 단순한 군중이기도 하고, 조직된 선거권자이기도 하며, 권력의 대상이며, 최종 결정권자다. 동시에 국민은 특정한 가치의 공동체이기도 하고, 공동의 신화를 고백하는 세속의 신자들이기도 하다. 그리고 동시에 이 모든 것들이다. 신비는 설명되지 않는다. 신비는 경험된다. 국가와 국민의 역동성을 경험하는 장소는 정치다. 그렇게 정치는 종교적이다.

종교의 시대

"국가란, 역사적으로 그에 앞서 존재했던 정치적 결사체들이 모두 그러했듯이, 정당한(혹은 정당하다고 간주되는) 폭력/강권력이라는 수단에 의존해 성립되는, 인간의 인간에 대한 권위의 관계에 기초하고 있다. 따라서 국가가 존속하려면 피지배자는 지배 집단이 주장하는 권위를 받아들이지 않으면 안 된다. 피지배자들은 어느 경우에 그리고 무엇 때문에 권위를 받아들이게 될까?"[40] 국가의 과제, 정당성 확보를 좀 더 확인해 본다.

불안과 염려로 가득한 삶 속에서 인간에게 가장 필요한 것은 자기 긍정이다. 인간은 우연히 태어나 매순간 "살아지는 삶을 살아가는 삶으로 착각하는 과정"을 삶이라고 부른다. 자기긍정이 없다면 인간은 그저 털 없는 원숭이일 뿐이다. "이러한 자기 긍정은 자기 자신을 있는 그대로 받아들이는 것을 의미하지 않는다. 이것은 자신의 우연한 개인성을 정당화하는 일이 아니다. 이것은 스스로 존재함을 받아들이는 실존주의적 용기가 아니다. 자기긍정이란 자기 자신을 초월하고 있는 영원한 그무엇이 존재함을 인정하고, 그것이 자신을 받아들이고 있음을 긍정하는 자기 모순이다."[41]

국가는 개별적 삶들의 합을 초월한다. 인간은 참여할 용기를 통해 자신을 긍정한다. 인간의 집단 중 가장 힘이 강한 것은 국가다. 정당성을 찾아야 하는 국가와 자

40] 막스 베버, 박상훈 옮김, "소명으로서의 정치", 후마니타스, 1919~2021년, 14~15쪽
41] Paul Tillich, "The courage to be", Yale University Press, 2014년, 152쪽

신을 초월하는 그 무엇을 찾아야만 하는 인간은 그렇게 국가의 종교적 시공간에서 만난다. 시간의 흐름은 모든 것을 변화시킨다. 다만 본질에 가까운 것들은 형태를 달리하며 지속된다. 국가 지배집단들의 정당성 확보 과제와 인간이 국가집단 속에서 자기 자신을 찾아가는 과정은 본질적으로 유사하게 유지되어왔다.

국가권력의 입장에서 본다면, 고대국가의 종교성이 세속화의 시대를 맞이하는 방법은 종교의 역할을 우리가 민주적 제도라고 여기는 다양한 방식에게 부여하는 것이었다. 이미 중세시절부터 국가는 교회와의 관계 속에서 국가에 대한 다양한 생각을 키워갔다. "우리가 지금 이해하는 국가의 여러가지 특징들은 어떤 세속국가보다도 교황정치에 더 큰 빚을 진 바 있다. 중세유럽에서 세속국가의 발전은 적어도 일정 부분은 교회 통치의 발전에 대한 대응이었다."[42] 근대 이전 세계를 지배하고 있던 국가와 교회는 서로가 경쟁하며 모방하며 통치의 방법과 통치의 정당성 확보방안을 습득하였다.

"16세기 말 프랑스에서 '세속화secularization'라는 새로운 단어가 만들어졌을 때, 이 말은 원래 '교회의 물자를

42] 앨런 라이언, 남경태·이광일 옮김, "정치사상사", 문학동네, 2012~2017년, 533쪽

세상saeculum 소유로 이전하는 것'을 가리켰다. 교회의 소관이었던 입법과 사법 권력은 점차 새로운 주권 국가로 이전되었다."[43] 그리고 근대와 더불어 주권 국가들은 종교가 주술적으로 진행하였던 권력의 정당화 업무를 위해 민주주의를 불러낸다. 종교적 복종과 물리적 폭력에 기반한 국가의 권력은 이제 민주주의의 이름으로 국민들의 자발적 참여에 기반한다고 선전된다.

복종의 이유가 신의 진리에서 다수의 참여와 동의로 바뀐 것이다. 국가의 정당성과 지배집단의 권위는 그 기반을 신에게서 민주주의로 옮겼다. 민주주의는 실제로 그러하든 아니든, 또는 그것이 반론 가능하든 아니든, 국민들에게 국민들이 스스로를 다스리는 방법으로 국가권력을 창조하고 통제하고 있다고 상상하도록 강제한다. 이제 신이 입증해주던 진리는 자리에 없다. (피지배자를 포함한) 우리가 우리 자신을 다스린다. 우리를 초월하는 집단으로서의 국가는, 이제 외부의 진리가 아니라 우리 스스로를 통해 정당화된다. 우리 내부에서 나온 무엇이 외부의 진리를 대신한다. 혼돈의 시작이다.

권력에 대한 자발적인 긍정적 태도는 민주주의만의

43] 카렌 암스트롱, 정영목 옮김, "신의 전쟁", 교양인, 2014~2021년, 392쪽

특성이 아니라 모든 권력의 동일한 정당화 과정이다. "권력에 복종하는 자는 권력자의 의지 내용을 안 그래도 자기가 하려던 것이라고 내세우고, 권력자에게 공감하는 '네'를 통해 수행한다. 그렇게 되면 동일한 행위 내용은 권력의 매개 속에서 다른 형식을 얻는다. 곧 권력자가 하려는 것이 권력에 복종하는 자에 의해 그 자신이 하려는 것으로 긍정되거나 내면화되는 것이다. 따라서 권력은 형식의 현상이다. 중요한 것은 한 행동이 어떻게 동기를 부여 받느냐 하는 점이다. '내가 해야만 한다'가 아니라 '내가 할 것이다'라는 말에는 더 강한 권력이 작용하고 있다. 마음 속으로 '아니요'라고 하는 것보다 권력자에게 공감하는 '네'가 더 강한 권력에 대한 응답이다."[44]

개인은 국가에 대한 내면화된 복종을 통해 국가의 물리적 폭력을 자발적으로 정당화한다. 그 결과로 국가는 일정한 신성을 부여받는다. 반드시 죽을 개인들은 영원히 살아 있을 국가를 통해 자기 긍정의 구원을 갈망한다. 국가는 영원한 존재다. 그렇게 국가는 신성하다. 이성적 인간들이 창조한 민주주의는 종교성 가득한 국가의 구

44] 한병철, 김남시 옮김, "권력이란 무엇인가", 문학과 지성사, 17쪽

성 원리가 된다. 모순이다. 민주주의는 모순을 운명으로 받아들여야 한다. 민주주의가 처한 운명은, "인류는 끊임없이 새로운 신과 종교를 만들어야 한다는 사실과 고대의 신들은 모두 죽고 병들었으나, 아직 다른 신들은 태어나지 않은 상황"[45] 으로 요약할 수 있을 것이다.

역사의 어디에서나, 정치적 권력은 항상 성스러움의 본질과 함께 있었다. 절대 권력이란 성스러운 어떤 것의 근본적인 속성이다. 고전적 의미의 종교에서 벗어난 근대국가조차 절대적 복종을 불러오는 신비로운 실재와 매혹적인 경외심의 대상으로 자신을 드러낼 수 있다. 근대 이후에도 전쟁은 성스러운 폭력으로 인식될 수 있으며, 그러한 방식으로 국가, 민족, 인종과 같은 세속적인 정체성들을 향한 종교적 믿음의 체계들은 실행된다.[46]

별빛이 영혼의 불꽃과 다르지 않던 시절, 절대 권력에 대한 복종은 진리의 축복이었다. 진리는 곧 자연이었고, 가족이었으며, 국가였다. 신이 확증해준 완전 명제였다. 진리 속에 숨는 일이야 말로 완전한 자기 긍정이며, 동시에 국가에 대한 맹세였다. 이제 신은 없고 진리는

45] Emilio Gentile, Translated by George Staunton, "Politics as Religion", Princeton University Press, 2001~2006년, 12쪽

46] 같은 책, 10쪽

상대적 의견들의 충돌 과정일 뿐이다. 민주주의는 다수와 소수, 지배자와 피지배자들의 전쟁터에서 그 진리의 대체재를 찾을 수 있다고 주장한다. 그러하므로 민주주의의 모든 언어는 종교적이며, 그 문법은 언제나 가정형이다.

3장
세속의 종교인

"근대는 무신론의 시대라 생각했는데, 놀랍게도 실제로는 다신론의 시대였다."

– 피터 버거

"군중의 확신이 결국 취하게 되는 종교적 형태를 파악해야만 역사적으로 중요한 사건들을 제대로 이해할 수 있다"

– 귀스타브 르 봉

볼 수 없는 국가를 보여주는 것은 왕의 얼굴과 궁전이었다. 국가는 사제의 주문과 신비로운 신전의 장식품들로 질서를 계시했다. 여전히 우리는 국가를 만날 수 없다. 그렇게 보여지지 않는 것은 어떤 식으로든 보이는 것 속에서 자신의 있음을 전시展示해야만 한다. 국가를 만질 수 없지만 국가대표 선수들의 유니폼에서 태극기를 만날 수는 있다. 태극기의 물질성은 국가의 무엇을 드러낸다. 그렇다면 민주주의는 언제 보여지는가? 이것은 민주주의의 물질성에 대한 이야기다.

낯선 선거홍보물을 우편함에서 꺼낼 때, 누군가 투표소의 위치를 물을 때, 우리는 민주주의라는 것이 우리를 필요로 함을 알게 된다. 선거 다음날 새벽, 당선자의 손에 들린 꽃다발을 볼 때, 그 때 우리는 그 당선자의 얼굴에서 "내 손으로 뽑았기 때문에, 또는 뽑지 않았기 때문에" 누군가의 운명이 바뀐 것이라는 생각을 하게 된다. 나의 가슴은 웅장해진다. 나를 결정권자로 만든 것은 민주주의임을 알고 있다.

다수와 소수를 분리하는 그 순간 민주주의는 확실히 효능감이 있다. 이렇게 선거(투표)는 매우 낯익은, 그리고 크게 어렵지 않은, 방식과 절차에 따라 민주주의라는 볼 수 없는 무엇을 열심히 보여준다(또는 그렇게 믿어진다). 민주주의는 우리 모두가 동일하다고 소리치지만 어느 순간 우리를 다수의 우리와 소수의 너희로 나누어 쉼 없는 편가름의 무용한 쟁투(爭鬪)를 반복하게 한다. 다수 집단과 소수 집단의 구성원들은 각자의 집단 속으로 투항해 들어간다.

다수결은 민주주의와 동의어처럼 사용된다. 예배당의 크기와 신의 능력을 동일하다고 생각하거나, 성직자의 인격과 신의 정의로움을 혼동하는 것은, 이성적 반론에도 불구하고, 많은 경우 감정적으로 쉽게 인정된다. 그리고 많은 경우, 이성은 감정이 정한 결정에 따라 증거를 수집할 뿐이다. 사람들은 보이는 것은 확실하다고 생각하는 버릇이 있다. 민주주의는 모호하지만 수시로 발표되는 여론조사 결과는 명쾌하다.

　민주주의는 국가의 신전을 차지했지만, 진리의 계시는 이제 멈췄다. 민주주의는 신이 부어주던 진리를 우리 내부의 이성과 합의 속에서 찾겠다고 나선 모험가다. 51과 49로 잘려진 "우리"의 극단적 분열을 주기적으로 확인하는 일은 구성원들에게 국가가 아닌 다른 집단에서 의미와 가치를 찾아보라고 권한다. "분열"은 "성스러움"의 반대말이기 때문이다. 민주주의를 볼 수 있는 곳에서, 국가는 더 이상 빛나지 않는다. 민주주의는 국가 아닌 다른 곳에서 성스러움을 찾아야 하는, 빛 없이 길 나선 군중의 소란이다.

민주주의 - 두 개의 가정

민주주의를 다른 것과 구분되게 하는, 즉 민주주의를 민주주의가 될 수 있도록 하는, 민주주의만의 뾰족한 특징을 이야기해 보려 한다. 이것은 민주주의라고 불리우는 정치구조, 사회시스템, 가치관 등 모든 영역에서 작동하는 것이며 동시에 민주주의가 아닌 다른 것들과는 전혀 어울리지 않는다. 민주주의는 검증이 불가능한 추론과 추정을 현실에서 작동하도록 하는 믿음의 체계다. 민주주의는 "무지에 기반한 추론"과 "동등한 가치의 추정"을 통해 공동체의 신성함을 끌어낸다. 민주주의는 국가의 정당성과 인간의 자기 승인을 외부의 신이 아닌 우리 내부의 믿음으로 대신하려는 대담한 용기다.

첫째, 무지에 기반한 추론이다. "대부분의 공적인 결정 사항과 관련하여 그 결과가 어떻게 될지 미리 알 길은 없다. 지식을 가지지 않은 상태에서 합리적으로 판단하는 일이 잘 이루어질 수도 있고 그렇지 않을 수도 있다. 그것이 잘 이루어지기 위해서는 열린 논의와 토론이 필요하다. … (고대 그리스의) 민주주의 연설가들은 지식이 없는 상태에서 합리적으로 추론하여 판단을 내리는 일이 '가장 이치에 맞는 믿음'에 기초한다고 가르쳤다. '가장 이치에 맞는 믿음'이란 서로 다른 견해를 가진 여러 부류의 사람들이 벌이는 숱한 논쟁 속에서도 끝내 살아남는 견해를 말한다."[47] 그것은 어떠한 견해에 대한 믿음이며 그 믿음은 수 없는 논쟁을 기반으로 한다.

47] 폴 우드러프, 이윤철 옮김, "최초의 민주주의 : 오래된 이상과 도전", 돌베개, 2005~2012년, 287쪽

"신들은 미래를 내다볼 수 있을지 모르나 인간은 그럴 수 없다. 신들이 인간에게 어떤 메시지를 보내줄 수도 있겠으나, 그럼에도 인간이 그것을 완벽하게 해석하기는 힘들 것이다. … 민주주의는 **틀릴 수도 있는 추론**에 의존하여 작동되도록 고안된 정치제도다. … 지식과 달리, 정치를 위해 사용하는 추론이란 언제나 논박 가능하며 다소간의 불확실한 결과를 낳는다."[48] 민주주의는 미래의 예측 불가능성을 현재의 지식으로 돌파하려 하지 않는다. 민주주의는 끝없는 논쟁으로 실현되는 다양한 추론의 가능성을 가정한다. "무엇보다도 민주적 방식이란 지식이 없는 상태에서 가장 좋은 결정을 내리기 위해 필요한 모든 종류의 추론을 촉진시키고 진행시키는 방식을 말한다."[49]

민주주의는 무지에 기반한다. "무지에 기반한" 추론은 우리의 논쟁이 무용할 수도 있다는 고백이다. 미래는 무지의 영역이다. 알 수 없음의 객관적 상황을 끝임 없는 논쟁, 즉 우리 내부의 과정이라는 주관으로 극복해 보려는 믿음이다. 아테네 민주주의의 교과서라고 불리는 페

48] 같은 책, 292~294쪽, 필자 강조
49] 같은 책, 294쪽

리클레스의 연설문은 이렇게 말한다. "우리 아테네인들은 공적인 문제들을 우리 스스로 결정하거나 적어도 그 문제들에 대한 건전한 이해에 도달하려고 노력합니다. 행위에 걸림돌이 되는 것은 토론이 아니라, 오히려 행위를 할 때가 오기 전에 토론을 통해 가르침을 얻지 못하는 것이라는 믿음에서 말이지요."[50] 따라서 그것은 언제나 하나의 가정이다. "토론은 언제나 옳은 결론을 보장한다"라고 주장하는 것은, 비상식적 주장이며, 동시에 민주적이지 않다. 토론을 통한 "결론"의 정당성이 아닌 "토론을 통한" 결론 자체에 정당성의 믿음을 둔다.

그러나, 믿음과 추론에는 치명적 문제가 있다. 이것들은 자주 비현실적이다. 정치는 현실적인 문제를 다룬다. 현실은 인식의 대상일 뿐 믿음의 대상이 아니다. 지구의 온도가 올라가고, 팬데믹이 주기적으로 발생하며, 연금개혁이 급박하게 진행되어야 하는 상황은 현실의 문제다. 환경과 팬데믹과 연금문제는 알 수 없는 미래의 영역이다. 이러한 공적 문제에 대하여 누가, 언제까지 토론을 진행하고 다양한 추론을 진행하여야 하는가? 열린 논의를 통해 얻은 합의점이 과학자와 통계학자의 주

50] 존 던, 강철웅·문지영 옮김, "민주주의의 수수께끼", 후마니타스, 2005~2014년, 41쪽

장과 충돌한다면 우리는 여전히 틀릴 수도 있는 추론에 의지하여 우리 내부로부터 어떤 정당성을 끄집어낼 수 있는가? 흔히 민주주의의 위기라고 주장하는 것들은 이미 민주주의가 선포되는 순간 따라 나오는 민주주의의 모순이다. 민주주의의 성공 여부는 모순의 극복 가능성이다.

둘째, 동등한 가치의 추정이다. "민주주의적 지배의 원리는 평등, 즉 공동체를 형성하고 권력을 행사하는 일에 관해서라면 모든 사람의 판단이 다른 모든 사람의 판단과 똑같은 값어치를 갖는다는 추정이다."[51] 여기까지만 읽고 지나간다면 편안하다. 문제는 바로 그 다음 구절이다. "그 추정은 다시, 민주주의적 공동체에 지속적인 형태란 아예 있을 수 없고, 권력이 그 공동체 안에서 행사되는 방식에도 신뢰할만한 것이 전혀 없음을 함축한다. 이것이 의미하는 바는, 2천년 후에 홉스가 지적했듯이, 민주주의적 공동체에는 순전히 요행으로 인한 것을 제외하면 어떤 사람이나 사물에게도 진정한 안정성이란 전혀 있을 수 없다는 점이다."[52]

51] 같은 책, 76쪽
52] 같은 책, 76쪽

"민주주의는 무엇보다도 우리, 즉 인민이라는 정치적 동일시를 위해 우리가 사용하는 용어다. 그 용어가 의미하는 바는 인민이(즉 우리가) 권력을 갖고 지배를 행한다는 것이다. 그런 주장이 진실과 일말의 연계를 가졌던 아테네에서 그 용어가 뜻하던 바가 바로 그것이었다. 그런 주장이 그야말로 터무니 없는 허위, 즉 뻔뻔스런 거짓말로 보이는 오늘날 그 용어가 뜻하는 바도 바로 그것이다. 근대 정치사의 많은 부분은 이 명백한 허위에 대한 오래고 느리며 분개에 찬 화해이자, 민주주의가 정치적 동일시를 위해 선호되는 용어와는 거리가 멀다는 것이 곧잘 입증되는 과정이었다."[53]

모든 이의 판단이 동등한 가치를 갖는다는 가정은 모호하며 위험하다. 민주주의를 정치적 평등의 동의어로 읽는 한, 민주주의는 비현실적이며 파괴적이다. 민주주의는 이러한 비현실성을 받아들이기로 하는 담대하며 무모한 믿음이다. 모든 실험실과 병원과 법정에는 진리에 대한 유사한 가정이 통용된다. 그것은 훈련된 지성에 대한 존중이다. 민주주의는 인간의 상식적인 논리구조에 대한 거부선언이다. 민주주의의 시장에서는 민주주

53] 같은 책, 87~88쪽

의라는 단어를 읽을 줄 모르는 이와 평생 민주주의를 가르쳐 온 정치학 교수의 민주주의에 대한 생각이 동등한 가치로 거래된다. 쓰레기 소각장에 대하여 아무런 관심 없는 이와 그 소각장으로 인해 치명적인 병이 발생할 수 있는 자의 발언은 그 가치에 있어 동등하다.

이와 같이 단 하나의 검증가능성도 거부하는 두 개의 가정법은 어떠한 이유로 진리의 대체물이 될 수 있는가? 서양 근대사의 어느 시점에서 우연히 발견한 고대 그리스의 유물을 지금 우리 공동체의 운명을 묻는 신전에 모셔야 하는 까닭은 무엇인가? 그것은 민주주의의 내용 자체에서 답을 찾을 수 없다. 오히려 민주주의가 하는 일에서 답을 물어야 한다. 민주주의는 민주주의 이전까지 종교가 하던 일을 물려받은 것뿐이다. 왕의 지배와 신의 개입이 검증과 지식의 힘으로 국가와 인간을 돌 본 것이 아니듯, 민주주의는 동일한 방식으로, 즉 이성과 합리의 나약한 능력이 아닌, 죽은 자들과의 합일과 우연의 신성을 발견하는 위대한 종교 감정과 관계 맺어야 한다. 국가와 국민의 영혼에 거주해야 한다.

그런 의미에서 정치종교 민주주의는 실패했다. 이제 민주주의는 "무지에 기반한 추론"과 "정치적 평등의 추정"이라는 담대한 신앙고백에 몸을 의지하지 않는다. 민주주의는 하나의 모순과 또 하나의 우상으로 그 육체를 유지한다. 민주주의는 허황된 수사법(대표 제도)과 상대적 다수 찾기의 숫자 놀음(다수결 제도)으로 진리를 대체하려 한다. 민주주의의 예배는 투표(선거)다. 투표소에서는 이제 성스러움을 발견할 수 없다. 그곳은 이제 다수와 소수로 찢겨진 국가의 사체 보관소다. 빨간색과 파란색으로 뜯겨진 국민 영혼의 주기적 부검 작업. 이것은 어떠한 신성함도 거부한다. 부서진 몸은 좀비의 것이다.

국가와 국민의 영혼은 다른 곳에서 안락을 찾으려 한다. 국가 아닌 다른 공동체가 뿜어내는 빛이 인간 영혼의 불과 만난다. 인간과 국가는 오히려 민주주의로 인해 그 관계가 파괴된다. 민주주의의 우상에게 일정한 책임을 물어야 한다. 먼저 다수결 민주주의에 대한 이야기다.

우상과 광신자들

나는 그 사람, 곧 신이 번제의 향을 원한다고 생각하였던 옛날의 정직한 종을 멸시할 수 없다. 그는 어리석게도 그러나 꿋꿋하게 사람은 신에게 드릴 수 있으며 또 드려야 한다는 것을 알고 있었던 것이다. 그런데 자기의 작은 의지를 신에게 제물로 바치고 큰 의지 가운데서 신을 만나는 사람이라면 또한 누구나 이것을 알고 있다. 그는 "당신의 뜻이 이루어지이다"라는 말밖에 하지 않는다. 그러나 진리는 그를 대신하여 계속 말한다. "당신이 필요로 하는 이 나를 통해서"라고. 희생과 기도가 모든 마술과 다른 점은 무엇일까? 마술은 관계에 들어서지 않고 작용하려 하며, 허공에서 재주를 부린다. 그러나 희생과 기도는 '신 앞에' 서며 상호 작용을 뜻하는 거룩한 근본어의 완성에 들어선다. 희생과 기도는 '너'라고 말하고 또 듣는다. 순수한 관계를 의존으로 이해하려는 것은 관계의 한쪽을, 따라서 관계 자체를 비실재화entwirklichen하려는 것이다.[54]

민주주의는 다수결 제도와 동의어로 사용된다. 많은 경우 사람들은 민주주의를 다수의 의견에 따라 집단을 운영하는 것이라고 읽는다. 사람들의 상식 속에서 민주주의는 복잡하지 않다. 우리 편의 생각을 다수의 의견으로 만드는 작업이 곧 민주주의의 과정이다. 민주주의는

54] 마르틴 부버, 표재명 옮김, "나와 너", 문예출판사, 1923~1977년, 121쪽

국민들을 가만두지 않는다. 민주주의는 다양한 의견들을 다수와 소수의 이분법으로 획일적으로 나누고, 사람들에게 다수를 향한 싸움을 시작하도록 부추긴다. 그 싸움의 규칙을 민주주의의 절차라고 부른다. 민주주의에서 다수와 소수라는 단순한 덧셈의 결과물은 성聖과 속俗을 나누는 기준이 된다. 우리와 너희는 다수라는 승리의 결과물을 차지하기 위한 전쟁터에서 마주한다. 민주주의에서 다수는 진리처럼 활동한다. "다수 되기"는 "진리 되기"의 열망으로 빛난다. 몇 년에 한 번씩 국가 전체를 정서적 전쟁터로 만든다. 민주주의라는 정치 종교는 다수결의 우상을 통해 활동한다. 이것은 어떻게 가능한가?

정치종교의 출현, 세속종교로서의 정치 등은 많은 이들의 관심사였다. 근대 민주주의의 발명가 중 한 명인 루소는, "원래 사람들은 오직 신만을 왕으로 삼았으며, 정부는 오직 신정정부뿐이었다"[55] 고 언급한다. 루소는 충직한 신민臣民이 되기 위한 불가결한 사회성의 신조를 주권자가 결정한다고 보고 이와 같은 조항들을 순수하게 정치적인 신앙고백으로 표현한다. 그것을 믿지 않는

55] 장 자크 루소, 김영욱 옮김, "사회계약론", 후마니타스, 2018년, 158쪽

자는 필요한 경우 의무를 위해 생명을 희생하지 못하는 자라는 이유로 추방당할 수 있다.[56] 루소는 관용적이며 단순하고 분명한 교의의 정치종교(시민종교, religion civile)를 요청한다.[57]

자끄 엘륄은 정치종교의 출현을 설명한다. "레이몽 아롱이 '세속종교'라는 말을 만들었을 때, 이는 본질적으로 정치종교를 염두에 두고서였다. … 정치종교는 현대인의 종교적 삶에서 중심적이고, 결정적이며, 전형적인 형태로 남아있다. … 큰 정치적 흐름과 정치가 기독교의 종교적 유산을 지녔다"[58]고 쓴다. 로버트 벨라는 "미국의 시민종교Civil Religion in America"라는 논문에서 시민종교를 의례와 상징으로 유지되는 공적 종교라는 개념으로 설명한다. 그는 미국 정치에서 나타나는 정치 권력의 종교적 성화聖化를 이야기한다.[59]

신은 죽었으나, 종교는 확대된다. 근대는 "종교의 세속화"와 "정치의 종교화"가 만나는 지점에서 발원했다.

56] 같은 책, 170쪽

57] 같은 책, 170~171쪽

58] 자끄 엘륄, 박동열 옮김, "새로운 신화에 사로잡힌 사람들", 도서출판 대장간, 2003~2021년, 273쪽

59] Robert N. Bellah, "Civil Religion in America", 1967

"어떤 체제들이 종교적이 되는 동안, 국가의 세속화 과정은 어디에서든 일어났다. 두 가지 현상의 만남으로 현재의 상황이 야기된다. 정치는 종교가 되었는데, 그것은 나치주의와 마르크스주의 정치종교가 조금씩 모든 정치적 형태들을 획득했기 때문이 아니다. 그것은 정치형태가 정치의 대상 즉 국가 권력이 그 자체로 신성하게 되는 경우에 한해서만 이런 변화를 할 수 있었기 때문이다. 세속종교로 귀결되는 작용과 반작용 전체는 이러하다."[60] 문제는, 정치가 종교화했다는 사실이 아니다. 문제는, 종교가 필연적으로 우상을 만든다는 사실에 있다. 우상은 무엇인가?

일상적으로 종교는 종교 "감정"과 구분되지 않는다. 그리고 감정은 경험을 통해 만들어진다. 예를 들어 기독교의 삼위일체 교리나 불교의 공空사상은 해당 종교의 근원적 내용이지만, 이것은 이해하기 매우 어려운 종교철학적 논의를 바탕으로 한다. 대부분의 사람들은 종교를 복잡하게 받아들이지 않는다. 오히려 성당 안에서 울려 퍼지는 찬송가와 십자가에서 성스러움을 느끼고, 대

60] 자끄 엘륄, 박동열 옮김, "새로운 신화에 사로잡힌 사람들", 도서출판 대장간, 2003~2021년, 278쪽

웅전 안에서 굽어보는 부처상의 은은한 미소에서 깨달음을 찾는다. 보이지 않는 진리는 오감五感을 통한 경험을 매개할 때 성스러움으로 경험된다. 루돌프 오토가 지적했듯이, "종교는 성스러움에 대한 체험"을 요청한다. 그리고 성스러움의 체험은 감정의 영역이다. 따라서 종교 감정은 자주 "종교적 카타르시스"를 일상에서 경험할 수 있는 매개물과 혼동된다. 기독교의 구원론은 십자가상 속에 응고되어 있는 어떤 감정과 동일시되어 십자가를 드는 행위는 단순히 어떠한 물건을 들어올리는 행위로 받아들여지지 않고 종교 감정의 매개가 된다. 십자가는 바로 성스러움을 획득한다.

유대교의 종교적 카타르시스가 "세상에서 유배 중인 선택 받은 백성"[61] 이라면 기독교의 경우는 "십자가에 메달린 메시아" 정도가 될 것이다. 민주주의의 종교적 카타르시스는 "거리를 가득 메운 민중들의 함성" 정도가 되지 않을까? 대중들이 거리로 뛰쳐나가 민주주의를 외치는 광경은 어떠한 설명 없이도 민주주의 자체로 경험된다. 그러나 군중이 거리를 가득 메우는 일은 드물다. 일상의 평온함 속에서 민주주의의 종교 감정을 충족시

61] 슐로모 산드, 김승완 옮김, "만들어진 유대인", 사월의책, 2009~2022년, 256쪽

켜주는 것은 거리를 가득 메울 수 있는 "다수多數"다. 성스러운 민주주의의 종교 감정은 주기적으로 다수의 선택을 숫자로 보여주는 일을 통해 체험된다. 이것을 우리는 다수결 민주주의라고 부른다. 종교 감정의 매개물이 자주 종교 자체와 혼동되듯이, 다수의 결정은 그대로 민주주의와 동일한 것으로 받아들여진다. 십자가상과 예수의 복음이 종교 체험의 경험 속에서 혼동되듯이 "다수"는 민주주의와 동일한 것처럼 작동된다. 그렇게 "다수성多數性"은 "종교성宗敎性"을 획득한다. 다수는 민주주의 안에서 성스러운 것이 된다.

그런데 여기에서 문제가 발생한다. 십자가는 종교 감정의 매개물이지만 그것의 의미는 그 매개물이 어디에 놓여 있는가에 따라 전혀 다르다. 아픈 아이의 몸을 붙들고 눈물로 기도하는 병실에 매달린 십자가와 칼을 휘두르고 있는 정복군이 들고 있는 십자가는 전혀 다른 의미다. 즉 의미와 가치는 사물화된 상징 자체가 아니라 그것이 다른 것과 맺고 있는 관계 속에서만 발견된다. 병실의 십자가와 정복군의 십자가는 동일한 나뭇조각의 물성物性을 가지고 있지만, 십자가상이 어디에서 누구와 관계를 맺고 있는가에 따라, 즉 어떤 상황 속에서 배치되고 있는지에 따라 전혀 다른 의미를 갖게 된다. 이와 같이 모든 것의 의미와 가치는 관계 속에서만 발견된다. 관계 속에 머물지 않으려는 상징 또는 변화되는 관계의 유동성流動性을 부정하고 일방적으로 관계를 맺으려는 관계의 방식을 "우상"이라고 한다. 우상에 대하여 가장 많은 진술을 하고 있는 책은 성서일 것이다. 성서에 의하면, 우상이란 어떤 대상의 본질이 아니라 대상과 관계 맺는 어떤 방식이다. 신의 능력을 대신하던 모세의 지팡이와 이스라엘의 놋뱀은 어느 순간 우상이 된다.[62] 이것은 지팡이와 놋뱀의 본질이 아니라 신과 관계 맺는 방식의 이야기다.

그것의 의미와 가치는 어디에서 발견되는가? 그것은 여름날 창창하던 몸매의 나뭇가지였으며, 그것은 겨울날 누군가의 고립을 걷어낸 땔감이었으며, 그것은 엄한 아비의 회초리가 되기도 했다. 그것은 그것이 기댈 만한 나뭇가지에 붙어있을 때와 나그네의 무릎에서 군불을 기다리고 있을 때와 아비에게 잘못을 고하는 아이의 그렁진 눈물 앞에 있을 때, 그때마다 그 의미와 가치를 달리한다. 그것은 오로지 그것이 놓여진 시간과 장소에서

62] 출애굽기 4장 2절, 민수기 20장 7절, 민수기 21장 8절, 열왕기하 18장 4절

그것 앞에서 손을 내밀고 있는 다른 의미와 가치를 품음으로서야, 그때 거기에서 비로소 하나의 의미와 가치가 되어 그것과 관계 맺는 인간에게 일말의 존재가 된다. 그나마 그것은 "나뭇가지"로 "땔감"으로 "회초리"로 변화된 이름을 갖게 되나, 많은 경우 이름마저 구별의 이유가 되지 못한다. "사랑"을 보라. 쓰이는 맥락마다 다른 의미와 가치를 하나의 이름으로 거두고 있다.

십자가가 놓여 있는 배치를 바꿀 때마다 그 의미가 달라지듯, "다수多數"의 의미와 가치 역시 그것이 무엇과 관계 맺는가에 따라 전혀 다른 모습이 된다. "다수"는 군사독재와 싸우는 거리의 함성과 관계 맺기도 하고, 소수민족을 향한 군중의 테러 현장에 배치되기도 한다. 두 개의 "다수"는 전혀 다른 의미다. 전혀 다른 의미의 "다수"를 구분하지 않고 "다수"에게 변하지 않는 고정된 의미를 부여하는 일, 관계와 배치의 변화를 고려하지 않고 "다수"를 단단한 사물처럼 바라보는 일, "다수"에게 공중의 주술처럼 마법을 부리게 하는 일, 그리하여 "다수"에게 다수가 아닌 다른 모든 것들과의 관계를 무너뜨릴 "무의미의 신성함"을 부여하는 일이 다수결의 우상이 하는 일이다. "다수성多數性"이 그것만으로, 다른 것과의 관계 맺음 없이도, 어떤 의미와 가치를 가질 수 있다는 생각. 다수결 제도다. 다수결 제도는 "다수"의 이유와 "다수"로 산정된 원인과 "다수"가 다수 아닌 것들과 어떤 관계인지에 대하여 묻지 않는다. 다수는, 그 어떤 것과의 관계 맺음 없이도, 그저 다수이므로 마술처럼 의미와 가치를 생산한다. 그것이 다수결 민주주의의 우상이다. 다수결 제도의 옳고 그름을 이야기 하는 것이 아니다. 중요한 것은 다수결의 우상이, 다른 우상과 동일하게, 헛된 종교적 열정으로 작동된다는 사실이다.

다수결의 방법으로 국가 공동체의 운명을 결정한 예로는 2016년 영국의 브렉시트 투표를 생각해 볼 수 있다. 영국은 국민투표를 통해 영국이 유럽연합에 남을 것인지 아니면 탈퇴할 것인지를 결정했다. 국가의 중요한 운명에 대하여 주권자인 국민 다수는 유럽연합 탈퇴를 결정했다. 그러나, 최근 여론조사와 각종 리서치 결과에 의하면, 대다수의 영국국민들은 영국이 유럽연합을 탈퇴하기로 결정한 것에 대하여 후회하고 있다. 이러한 변화의 원인 중에는 인구 구성의 변화를 빼놓을 수 없다. 일반적으로 고령층은 유럽연합 탈퇴를 지지하고, 젊은층은 유럽연합 잔류를 지지한다. 시간은 흘렀고, 2016년에는 투표할 수 없었던 젊은이들은 이제 목소리를 낼 수 있는 나이가 되었다.[63] 이것이야말로 다수결 제도의 본질을 현실에서 증명해주는 사건이다. 시간은 흐르고 생각은 변한다. 사실은 다른 사실을 만들고, 모든 것이 놓여진 자리를 바꾼다. 어느 한 시점에, 하나의 질문으로, 다양한 의견을 객관식 문항의 응답으로 범주화하는 것은 가능한가? 인간의 유동적 사고를 정지해 있는 대상처럼 숫자로 셈한 후, 그 숫자들의 단순한 덧셈으로 무엇인가를 결정할 수 있을까? 그와 같은 결정으로 미래 세대까지 포함한 전체 국민들을 구속할 수 있다는 발상은 어떻게 가능한가?

우상은 광신자들의 종교감정으로 확장된다. 우상은 언제나 사물화되므로 광신자들은 그 사물들을 몸으로 경험하며 종교감정에 육체를 던진다. 광신자들은 조용히 앉아 신의 음성을 묵상하지 않는다. "종교란 나의 고독과 마주하는 일(화이트헤드)"임을 부정한다. 광신자들은 십자가를 바라볼 때, 예수의 신성을 소유한다고 느낀다. 그들은 고대 문서를 성스런 책聖書이라 부르고, 어떤

63] 2023. 6. 27. The Economist, "As Britons grow more unhappy with Brexit, what happens next?"

장소聖地에서 성스러움을 경험한다. 그들은 성서와 신을 혼동하며, 성지와 신성함을 구분하지 못한다. 광신자들은 상징의 매개물(다수)에서 상징이 가리키는 관념(민주주의)을 획득한다고 착각한다. 그들은 달을 가리키는 손가락과 달을 구분하지 않는다. 따라서 성지를 지키기 위해 칼을 드는 일은 현실의 종교감정으로 충만하다. 우상을 향한 종교 감정은 역사의 동력이었다. 성서를 들고 십자군이 살육을 시작할 때, 중동의 전쟁터에서 성지를 탈환하기 위해 포를 조준할 때, 그들의 우상은 종교감정으로 울렁인다. 그것이야 말로 인간이 만든 역사의 궤도다. "다수"의 우상은 민주주의의 광신자들에게 동일하게 작동한다. 민주주의 광신자들은 "다수"의 우상을 탈환하고, 우리가 "다수"임을 확인하기 위한 종교전쟁을 민주주의라고 생각하는 자들이다. 그들에게 민주주의란 언제나 성스러운 전쟁이다.

우상은 의미와 가치를 생성하는 모든 관계를 거부한다. 우상은 스스로 인간에게 성스러운 진리를 새겨 넣는다. 가슴팍에 새겨진 진리는 보여지며 기동하며 진리의 영광, 즉 폭력을 허락한다. 진리는 어디에서나 누구에게나 진리이어야 하므로 그것은 어떠한 거부도 거부한다.

우상은 관계를 거부하므로 그것은 상상을 매개하지 않고 인간 앞에서 고정된다. 무엇인가가 "다수"라고 불리는 순간. 그것은 더 이상 어떠한 맥락에서, 특정한 질문 앞에 서있는, 찰나의 감정들의 묘사. 즉 흘러가는 시간의 횡단면이었을 뿐임을 잊는다. 그것은 더 이상 추론의 고된 진리의 길을 찾지 않는다. 다수결은 다른 생각들과 관계 맺기를 거부한다. 나약한 토론의 방법은 다수로 확정되기 전까지 숫자 불리기를 위한 전술이었을 뿐이다. 많은 이들은 민주주의가 극단적 정치투쟁으로 변화하고 있다고 염려한다. 아니다. 그것은 어쩌면 다수결의 당연한 결과일 뿐이다. 성스러운 전쟁은 언제나 모든 것을 걸기 때문이다.

다수결 제도의 정반대 방향에는 민주주의가 있다. 민주주의는 무지에 기반한 추론으로 존재한다. 그것은 서로 다른 의견과 충돌하는 생각의 맥락 속에 놓인다. 그것은 그 다름과 관계 맺고 그 충돌을 품어 그것만의 의미와 가치를 만들어 간다. 그것은 스스로 무지를 인정하며 틀릴 수 있는 추론을 진행하므로, 즉 그것은 자신이 진리임을 거부하는 방식을 방법으로 가지고 있으므로, 모든 것의 변화 속에서도 그 변화의 의미와 가치를 품는다. 그것은 참여자 구성과 토론의 시간, 장소와 논의의 순서와 같은 모든 것들이 변화될 때마다, 그때마다 다른 결론에 다다를 수 있음을 알고 있다. 따라서 그것은 진리의 보편성과 절대성을 가장 거부하는 진리다. 그렇게 민주주의는 진리의 의미와 가치를 민주주의의 의미와 가치로 새롭게 그리고 다르게 변화시킨다. "무지에 기반한 추론"을 통해 우리가 얻으려는 것은 절대 진리가 아니다. 무지에 기반한 추론의 시간은 국가 폭력이 정당하다는 믿음의 근거가 되고, 나는 무지에 기반한 추론의 시간에 참여하는 동안 국가의 구성원인 나로서, 즉 나보다 큰 나라는, 정체성을 용납할 수 있다. 그렇게 민주주의는 신이 자신의 질서를 진리로 계시하고 강요하던 방식과는 전혀 다른 방식으로 신이 하던 일을 하려는 담대함이다.

다수결 제도는 어느 한 시점을 기준으로, 일정한 사람들의 의견을 평면으로 옮겨 숫자로 환산한 후, 상대적 다수를 계산해 내고는, 그것에게 어떠한 절대적 힘을 부여한다. 시간의 흐름과 앞뒤 사건의 맥락 속에서 하루에도 몇 번씩 바뀔 수 있는 생각의 무더기들, 유동하며 흩어지는 사고의 편린들, 최소한의 언어로도 잡을 수 없는 변덕스런 취향들에 이름표를 붙인다. 국민의 뜻이라고 부른다. 신성한 가치를 부여한다. 이것은 어떤 가공할만한 농담인가? 일말의 숭고함도 찾을 수 없다. 집단의 꿈은 몰락한다.

신성함의 붕괴

"성과 속을 구분하고 가능한 한 성에 가까이 있고자 한다는 것, 인간 조건의 한계를 느끼고 막연하지만 구원을 갈망한다는 점이다. … 일반적으로 구원의 일차적 의미는 병이나 자연적 혹은 사회적 재난에서 벗어나는 것을 뜻한다. … 그러면 그 모든 재난은 왜 생기는 것일까? 그것은 동양 사상에서처럼 자연의 부조화나 혹은 성에서 속이 분리된 데서 온다고 믿는다. 완전성으로부터의 분열이 모든 재난의 원인이라고 믿는 것이다. 위기crisis라는 말의 그리스어 krisis(krinein)가 분열을 뜻하고, 라틴어 cernere도 역시 분열을 뜻하는 데서 많은 암시를 받을 수 있다."[64] 성스러움은 분열됨의 현장에서는 발견되지 않는다. 다수결 제도는 우리의 분열을 주기적으로 확인시

64] 미르체아 엘리아데, 이은봉 옮김, "성(聖)과 속(俗)", 한길사, 1957~1998년, 22쪽

키고 우리를 다시 분열시키는 우상이다.

"성을 뜻하는 holy는 앵글로색슨어의 hal이 어근인데, 이 말은 건강한, 온전한 혹은 전체의 의미를 지니고 있다. 동일한 어근에서 나온 hale이란 단어도 강건한이란 의미를 지닌 것에서 짐작된다. … 즉 고대의 인간들은 병이나 재난의 원인을 성 혹은 완전성(전체성)에서 분리된 결과라고 보고 있다. 이것은 낙원에서 쫓겨난 인간의 운명을 상징한다고 볼 수도 있다. 그렇다면 구원이란 속에서 성으로, 분열에서 전체성으로 회귀하는 것을 뜻한다고 할 수 있을 것이다. 원래부터 있었던 완전성에서 분리되었으므로 그 시원(완전성)으로 복귀하는 것이 구원이 된다는 말이다. 세계 여러 나라에서 볼 수 있는 성의 현상은 대단히 다양하지만 속에서 성을 회복해 내려는 태도는 공통적이다."[65]

인간의 현실은 에덴동산에서 쫓겨난 속(俗)의 현장이다. 우리는 분열되어 있기 때문이다. 인간의 구원은 다시 신과의 합일, 곧 완전성으로 복귀하는 것이다. 다수결 제도는 그 정의상 다수와 소수의 분열을 기반으로 한다. 조금씩 다르고 또 조금씩 비슷한 우리는 다수결 제

65] 같은 책, 22쪽~23쪽

도의 거름망을 거쳐 다수와 소수의 이항대립二項對立으로 맞서게 된다. 둘 중에 어느 쪽인지를 묻는 물음 앞에서 모든 추론은 멈춘다. 놀이하는 인간(호모 루덴스, homo ludens)에게 여론조사 결과 발표는 다수와 소수가 벌이는 도박판의 흥분과 다르지 않다. 다른 생각을 하고 있는 상대방은 "우리"의 완전성聖에 대한 재난俗이다. "과거는 완전했다. 저들은 속되다." 속된 분리주의자들을 섬멸하여 구원에 닿으려는 종교감정으로 흥분한다. 각자가 각자의 에덴동산을 기억한다.

1861년 3월 4일, 미국의 링컨 대통령은 대통령 취임사를 통해 연방의 우월성을 역설한다. 그는 이렇게 말한다. "만장일치란 불가능한 것입니다. 영구적 협정으로서의 소수의 지배는 전적으로 용인될 수 없는 것입니다. 그래서 다수결의 원칙을 배척한다면 남는 것은 어떤 형태든 무정부 상태나 전제주의뿐인 것입니다."[66] 링컨은 다수결 원칙의 반대편에 무정부 상태와 전제주의를 걸어 둔다. 다시 말해 다수결 원칙에 반대한다는 것은 어떤 의미로는 절대악의 편에 선다는 것이다. 다수결 제도를 통해 승리한다는 것, 즉 한 명이라도 더 많은 선거권

66] 로버트 달, 한상정 옮김, "민주주의 이론을 위한 서설", 후마니타스, 2006~2022년, 63쪽

자를 확보한다는 것은, 민주주의를 향한 유일한 길에서 승리하는 것이다.

다수결은 애초에 민주주의가 가졌던 추론과 토론에 대한 신앙고백을 포기한다. 다수결 제도는 다수의 힘이라는 현실에 대한 굴복이거나, 집단 구성원들의 "절대다수의 절대행복"에 대한 현실적 대안이다. 즉, 민주주의와는 아무런 관련이 없다. 민주주의는 추론과 추정이고 다수결은 현실이다. 민주주의의 대용물인 다수결은 더 이상 민주주의의 대역代役이 아니라, 그 자체로 절대 진리가 되어간다. 절대 진리 앞에는 광신자들이 모여든다. 광신자들은 보이지 않는 신과 보이는 신의 대용물(우상)을 구분하지 못한다. 민주주의의 광신자들은 민주주의를 다수의 승리로 해석한다. 다수의, 다수에 의한, 다수를 위한 구원으로 믿는다. 그들에게 민주주의는 상대적 다수가 되려는 집단 간의 처절한 전쟁이다.

대한민국 현직 대통령 윤석열은 대통령 선거에서 2위 후보 이재명에게 0.73%의 표 차이로 승리했다. 0.73%의 차이로 국민의 뜻과 국민의 뜻이 아닌 것이 결정되는 다수결 제도의 효율성, 다수多數의 폭력성, 그 무의미의 신성함을 바라볼 때, 애초에 민주주의가 꿈꾸었던 모든 상상은 흔적 없이 사라진다. 양쪽 기득권 정당들의 후보 선정과정과 선거운동 과정을 차분히 지켜본 후, 선거 다음날 여기 저기 나열된 숫자들을 들여다 볼 때, 이 모든 것들 속에서 어떠한 추론의 과정이나 국가권력의 정당성 확보나 인간의 정체성 집단 같은 단어를 떠 올리는 것은 불가능하다. 이 모든 것들의 천박한 소란이 지나간 후, 누군가는 깨닫는다. 다수결 민주주의에서 투표(선거)란 민주주의의 성스러운 제의가 아니다. 그것은 "정서적 내란 상태"에 대한 주기적인 확인이다. 국가와 정치의 신성함은 어디에도 없다.

무의식의 활동인 꿈도 언어로 해석되어야만 이해할 수 있다. 의미나 가치와 같이 보이지 않는 세계에 대한 표현은 언제나 은유적이다. 달을 보려면 달을 가리키는 손가락이 필요하다. 민주주의를 위해 투표소와 같은 상징들과 다수결에 대한 은유적 표현이 사용된다. 그런데 어떤 은유가 사용되기 시작하면, 그것은 관련된 것을 표현하기 위해 다른 비유들을 바로 작동시킨다. 예를 들어 '심장은 펌프다'라는 펌프은유는 언젠가부터 심장 박동을 펌프질로 은유하기 시작했고, 그러자 자연스럽게 '혈액의 순환'이라는 개념이 발생했다. 혈액의 움직임을 밀물과 썰물로 비유하던 시대에는 없던 은유다.[67] 비유는 다른 비유를 만들고 그렇게 만들어진 비유의 언어들은 하나의 체계가 되어 마치 사실처럼 받아들여진다.

선거 상황을 보도하는 방송에는 "전략의 실패", "접전지 상황", "참모진의 조언", "화력의 집중"과 같은 은유들이 쉬지 않고 화면을 채운다. 이건 분명히 전쟁의 언어다. 다수결은 선거권자를 한 명이라도 더 확보하기 위한 전쟁으로 비유된다. 선거는 전쟁이고, 다수결의 세계에서 우리는 적들보다 다만 한 뼘의 땅이라도 더 얻어야 승리한다. 민주주의의 영토는 우리가 우리를 다스리기 위한 축복의 땅이 아니라, 다수와 소수가 각자의 민주주의를 위해 전쟁을 벌이는 전쟁터다. 더 이상 정치는 국가의 신성함을 불러오는 영혼이 아니다. 국민은 어떠한 가치를 상징하지 않는다. 그것은 숫자들이다. 민주주의는 어렵지 않다. 그것은 단순하게도 수들의 경쟁이다.

쓰레기 소각장 설치에 대하여 찬성표를 던진 주민이라고 해서 그들의 생각이 같은 것은 아니다. 오히려 각각의 이유로 모두 다른 생각을 하며 투표소를 방문한 것

67] 다우어 드라이스마, 정준형 옮김, "은유로 본 기억의 역사 : 플라톤의 밀랍판에서 컴퓨터까지", 에코리브르, 1995~2015년, 36쪽

이다. 아무런 관심이 없다는 이유로 찬성한 자의 찬성은 다른 모든 찬성들과 함께 상대적 다수를 만든다. 많은 이들은 자신의 먹고 사는 문제에 직접 관련된 일 이외에는 관심 없다. 그것은 비난의 대상이 아니다. 다수결 제도는 그 제도의 본질에 있어, 대답의 진정성이 아니라 질문의 기술에 집착하게 한다. 쓰레기 소각장에 대한 질문의 문장을 누가 그리고 어떻게 만들지, 쓰레기 처리에 대한 대안과 비교의 대상이 주어진 상태에서 묻는 것인지 아닌지, 쓰레기 소각장에 대한 투표의 시기가 다른 마을에서 쓰레기 소각장 화재가 발생한 직후인지 아닌지 등등. 갑자기 우연은 결정권자가 되기도 한다.

다수결 제도가 운용되는 곳에서 참여자들은 다수의 의견에 따라 결정하는 것이 얼마나 속俗 된 일인지 정확히 알고 있다. "다수"가 어떻게 만들어지는 것인지 알고 있다. "다수"는, 공동체의 문제에 대해 아무런 관심이 없어서, 질문의 방식이 바뀌면 답이 바뀔 것임을 알면서, 투표 전날 어떤 뉴스를 봤다는 이유로, 친구의 부탁으로, 그렇게 만들어진 어떤 이들의 특정한 순간의 생각들임을 알고 있다. 49:51의 숫자들 속에서 민주주의의 신성함을 발견해 보려는 시도는 주기적으로 실패한다. 다수결 제도의 문제점을 말하려는 것이 아니다. 다수결로 인한 신성함과 정당성의 붕괴를 이야기하는 것이다. 다수결 제도가 민주주의의 동의어처럼 받아들여지는 곳에서, 민주주의는 어떠한 가정이나 믿음이 필요 없는, 따라서 단 하나의 신성함도 없는, 인간의 속됨을 당당히 드러내는, 그리하여 우리의 분열에 대한 주기적 확인으로, 다시 우리를 분열시키는 속된 작업이다.

신에게는 얼굴이 없다. 다만 스쳐가는 뒷모습으로 관계 속에서 경험된다.[68] 우상은 당당하게 홀로 형태를 지닌다.[69] 우상은 관계 맺음 없이 다만 자신을 드러낸다. 다수결 민주주의는 다수라는 이유로 스스로 정당하다. 다수의 의지는 복종을 강요한다. "민주주의는 그 자체가 의지에 직접 가해지는 압박이다. 즉, 대다수 동료 시민이 내린 선택을 받아들이고, 따르고, 종국에는 심지어 거기에 굴복하라는 요구다. 그 요구에 매력적인 요소는 전혀 없으며, 그걸 받아들인다고 해서 두려운 결과를 피할 수 있다거나 끔찍한 모의에 연루되지 않으리라는 보장도 도무지 없다. 여러 면에서 그리고 서로 다른 여러

68] 출애굽기 33장 22~23절
69] 출애굽기 32장 4절

관점에서 볼 때, 널리 퍼진 이 단어가 획득한 권위는 그야말로 기이하다."[70]

민주주의에서 투표의 정당성을 물을 수 있는 상급심은 존재할 수 없다. 많은 국가들은 다양한 방식으로 선거제도와 선거결과에 대한 사법심사제도를 두고 있다. 그러나, 그러한 제도를 만들고 운용하고 사법적 심사를 하는 자들은 모두 선거를 통해 선출된 자들이거나 선거를 통해 선출된 자들이 임명한 자들이다. 즉 다수의 활동 범위다. 그렇게 투표(선거)제도의 정당성 또는 그것의 현실적인 결과의 정당성을 심사하는 방법은 또 다시 다른 투표(선거)의 정당성을 받아들이는 것이다. 어떤 이들은 소수의 보호를 통한 다수결의 정당성 확보를 이야기한다. 그러나 "다수가 허락한 소수"의 보호 또는 "다수가 용납하는 소수"의 주장은 애초에 소수의 보호가 아닌 다수결 제도의 타당성 확보가 목적인 방법론일 뿐이다.

만약 소수를 진정 보호하고 싶다면, 또는 소수가 자신의 진리를 확신한다면 어떻게 해야 하는가? 다수결 민주주의 안에서 소수가 성공할 수 있는 방법은 최대한 다수의 지지를 받는 것이다. 그 결과로 선거에서 승리하

70] 존 던, 강철웅·문지영 옮김, "민주주의의 수수께끼", 후마니타스, 2005~2014년, 34쪽

기만 하면 된다. 그렇게 다수결의 승자가 되면, 원하는 대로 국가기관에 대한 지배력을 확보할 수 있다. 어떤 주장을 하던, 무슨 말을 하던, 다수의 지지를 받기만 하면 된다. 다수결의 승자가 되면 소수를 보호하거나 소수의 의지를 실현할 수 있다. 이상한가? 선거 때마다 각 당은 자신의 순수한 지지자가 아닌 부동표浮動票에 집착한다. 투표일 하루 다수가 되기 위해서다. 선거일 단 하루, 한 표차의 다수는, 다른 모든 날, 소수의 정치를 할 수 있다. 그 소수의 신념이 인종차별이든, 유럽연합 탈퇴이든, 우리를 적폐積弊로 몰았던 이들이 사실은 진짜 적폐였다는 주장이든, 내용은 묻지 않는다.

이번에 확인된 다수 의지에 대한 심판의 방법은 다음 번 선거다. 말장난 같지만, 이번 다수는 다음 번 다수까지 절대적이고, 다음 번 다수를 깨는 방법은 그 다음 다수 뿐이다. 인생은 유한하지만 다수결은 무한하다. "과거의 다수결로 만들어진, 현재의 다수결 제도(선거제도, 투표제도)로, 미래의 모든 일을 결정"하는 제도에 대한 무한한 믿음. 다수성으로 진리성을 확보하겠다는 폭력성에 대한 복종. 무의미의 신성함에 대한 집착. 다수결 민주주의는 민주주의가 품으려한 일체의 의미와 가치를 거부한다. 국가권력의 정당성은 붕괴되고 국가 안에서 정체성을 찾아 나선 이들은 배반을 경험한다.

하나의 국가, 두 개의 종교

민주주의는 언제나 보이지 않는 가치를 찾아가는 과정 속에 있을 뿐이다. 민주주의를 어떤 고정된 의미로 확정하여 사용할 때마다, 그것은 민주주의와 멀어진다. 왜냐하면 "'민주주의'는 발견되는 것이 아니라 구성되는 것이며, 나아가서 민주주의는 우리가 가치를 부여하기 때문에 가치 있는 것이지, 민주주의가 가지고 있는 본질적이거나 영속적인 속성 때문이 아니라는 점"[71] 때문이다. 가치 있는 것들은 보이지 않는 것들이다. 그것들은 관계 속에서 드러나며 상징을 통해 묘사된다. 민주주의도 그렇다. 민주주의의 우상, 다수결 제도는 일정한 범주에 속한 사람들 수의 합산이라는 무의미한 사실에서 종교적 흥분을 이끌어낸다. 성실한 종교인들을 먹이는 일은 예나 지금이나 성직자의 몫이다.

71] 마이클 사워드, 강정인·이석희 옮김, "민주주의란 무엇인가", 까치, 2003~2018년, 68쪽. 주 20참조.

"모든 종교는 성직자를 내포한다. 성직자는 신과의 중개자이고, 메시아의 표현이며, 결정의 집행자이고, 신도들의 지도자이며, 종교를 지속시키는 조직자이다. 세속 종교에서 진정한 성직자는 정당인데, 이 성직자는 전통 종교에서 성직자의 기능과 역할을 모든 관점에서 정확하게 수행한다. 이점을 강조해야 한다. 그것은 가볍고 피상적인 비교가 아니다. 전통적인 성직자의 모든 기능들은 정당 속에 다시 존재한다. 역으로 정당의 모든 기능들은 이미 성직자 속에 있었다. 완벽한 일치가 있다."[72] 다수와 소수로 국민들을 나누고, 그 나누어짐과 그 다름을 강조하여, 그 속에서 종교적 흥분을 발굴해 내는 것은 정당의 일이다. 그들은 자신들이 민주주의 또는 국가권력이라는 신성한 것들과 국민 사이에서 중개인의 역할을 한다고 주장한다. 그러나, 다수결 민주주의에서 정당은 우리의 성스러움과 너희의 속됨을 명확히 구분해 주는 성직자다.

많은 국가의 민주주의 현장에서는 두 개의 집단이 전면전을 치르고 있다. 양당제다. "'양당제'란 무엇인가?

72] 자끄 엘륄, 박동열 옮김, "새로운 신화에 사로잡힌 사람들", 도서출판 대장간, 2003~2021년, 299~300쪽

분명한 것은 오직 2개 정당만이 존재한다는 의미가 아니다. … 양당제는 2개의 주요정당major parties과 다수의 군소정당minor parties으로 정치가 조직화된 것이다. 권력은 주요 정당이 독점한다."[73] 양쪽에서 대치하고 있는 두 개의 거대정당들은 자신의 정체성을 나타내기 위해 보수와 진보 또는 우파와 좌파 등의 용어를 상투적으로 사용한다. 극단적이며 명확한 이원론이다. 양자택일의 이항대립은 명확한 성聖과 속俗의 대결 구도를 스스로 상상하고 선언한다. 중요한 것은 명확한 구분이다. 내용은 의미 없다. 신의 이름은 바뀐다. 다만 신이 필요한 이유는 동일하다. 우리 편과 너희 편을 정확히 구분할 수 있어야 한다.

진보는 "이성적인 것은 현실적인 것이다"라고 주장하고, 보수는 "현실적인 것은 이성적인 것이다"라고 주장한다.[74] 진보는 인간의 이성 또는 역사의 목적을 현실 속에서 실현하려 한다. 반면에 보수는 현재를 구성하고 있는 모든 것들 속에 숨어 있는 이성적 질서를 인정한

73] E.E. 샤츠슈나이더, 이철희 옮김, "민주주의의 정치적 기초", 페이퍼로드, 1964~2010년, 49쪽

74] 누가 가장 먼저 사용한 정의인지는 알 수 없으나, 헤겔의 말에서 응용한 것임은 분명해 보인다. 헤겔은 "이성적인 것은 현실적이며, 현실적인 것은 이성적이다"라고 말한다. (G.W.F. 헤겔, 임석진 옮김, "법철학", 한길사, 2008년, 48쪽)

다. 그러나 이성의 시대는 지나갔다. 단일한 이성과 계몽은 더 이상 명확한 역사의 방향을 설정해주지 않는다. 하나의 방향으로 늘어선 세계의 직진성을 신뢰할 수 없다. 이제 인류에게는 단일한 방향의 설정이 전제된 진보의 "앞으로 나아감"이 중요한 것이 아니라, 우리가 어디에 있는지에 대한 열린 사고가 요구된다. 직진하는 역사의 미학을 찬양하던 시절, 자주 역사의 진보는 절대 폭력의 시작이었다. 인간은 언제나 나를 중심에 놓고 방향을 정하기 때문이다. 역사의 일관된 진보를 이야기하는 이들은 많은 이들의 죽음을 대단치 않게 생각하기 마련이다.

보수는 일관된 목적에 따른 방향 설정을 거부하고 현실에 가라 앉아 일상의 깊이 속에서 길을 찾아가는 일이다. 현실은 언제나 다양한 것들의 관계 속에서만 파악될 수 있으며, 현실의 관계망은 쉬지 않고 변하고 있다. 따라서 진정한 보수는 끊임없이 변화하는 현실의 바다에서 지도 없는 항해를 시작해야 하는 이들이다. 보수는 변화에 민감하며 변화를 두려워하지 않아야 한다. 그런 의미에서 보수는 "협소한 획일성과 평등주의 그리고 모든 급진적 체계가 가진 공리주의적 목적이 아니라 다양성의 확산과 인간 존재의 신비에 느끼는 애정"[75] 을 사상의 목록에 놓는 입장이다. 이렇게 본다면, 진보와 보수는 양극단에서 서로를 용납하지 않는 고정된 생각의 저장소가 아니다. 오히려 진보와 보수는 누구나 어느 시점에서 선택할 수 있고, 다시 그 선택을 바꿀 수 있는 생각의 흐름들일 뿐이다.

좌파와 우파라는 개념은 역사적 경험의 언어다. 좌측과 우측이라는 기호의 언어는 역사적 사건을 거치며 일정한 의미를 유지해 왔다. 따라서 마음대로 그 의미를 변동시켜 사용할 수는 없는 개념이다. 그것은 프랑스혁명과 소비에트의 등장과 마르크스의 저작들을 해석하는 현재의 잠망경에 가깝다. 모호한 보수-진보의 이분법에 좌파-우파라는 문법을 혼합하면 미로에 빠진다. 오히려 중요한 것은 왜 이러한 역사적 사상의 언어가 현실 정치에서 사용되고 있는가라는 물음이다. 정치의 호흡이 최선을 다해 닿아야만 할 문제들. 예를 들어, 연금개혁, 고령화 대책, 출산율 문제 등과 같은 공동체의 핵심적 문제를 해결하기 위해 보수-진보 또는 좌파-우파와 같은

75] 러셀 커크, 이재학 옮김, "보수의 정신 : 버크에서 엘리엇까지", 지식노마드, 1953~2018년, 65쪽

개념이 할 수 있는 일은 무엇인가? 그와 같은 이분법의 세계관은 너희와 우리 사이에 명확한 구분을 설정하고, 그 사이에서 표를 채취하려는 정치인들의 의미 없는 말버릇일 뿐이다.

하늘과 땅 그리고 천국과 지옥 같은 식의 극단적 흑과 백의 세계관은 매력적이다. 그러한 생각의 문제점은 현실에서 이분법을 적용하는 것이 불가능하다는 것뿐이다. 그 불가능의 현실을 집어 삼켜 자신의 성스러운 존재 의의를 찾는 것이 다수결 민주주의라는 우상을 제단에 모신 정당의 주요 업무다. 자칭 한국 보수우파의 정당은 박정희, 박근혜라는 이름에서 종교 감정을 느끼는 자들이다. 박정희는 국가주도 경제정책과 국가의료보험 제도와 그린벨트 제도 등의 사회주의적 제도를 실행한 대통령이었다. 자칭 한국 진보좌파의 정당은 수시로 배타적 민족주의를 자신의 정체성으로 드러내는 자들이다. "토착 왜구"와 같은 인종적 혐오 표현은 극단적 우파들이 말하는 방식이다.

한국의 자칭 보수우파와 자칭 진보좌파의 정당들은 극단적 이분법의 세계관과 그를 통한 다수 획득이라는 동일한 목적을 향해 움직이는 쌍생아들이다. 전쟁은 승리하고 볼 일이다. 두 집단은 헌법상의 정당제도를 붕괴시키는 위성 정당을 만들거나, 승리 이후 전리품을 챙기기 위해 적폐 청산을 외치는 일에는 동일한 속도로 움직인다. 선거라는 성스러운 전쟁을 이기기 위해서라면 모든 것은 도구가 된다. 집권 전에는 주한미군이 배치한 사드 미사일 기지에서 치명적 전자파가 나오지만 집권 후에는 잘 모른다. 선거권자 확보 전쟁을 위해 전광훈이라는 유사종교인과도 거리낌 없이 손을 잡는다. 세속의 종교인들은 이들의 주술 앞에서 또 다른 나를 느끼며 종교감정으로 삶의 불안을 잠시나마 위로받는다.

성직자들은 성스러운 것과 그렇지 않은 것을 구별할 수 있다고 주장한다. 그들의 주장에 의하면 자신들만 진정한 국가의 국민이며 자신들의 집단이 바로 성스러운 국가다. 우리 편과 너희 편의 이분법은 우리 올바름과 너희 올바르지 않음의 사실상 유일한 이유다. 하나의 국가 안에는 두 개의 성스러움이 싸운다. 하나의 국가 안에서, 두 개의 종교 감정이 일렁인다. 민주주의는 자신의 임무에서 실패했다. 하나의 몸 안에서 두 개의 영혼이 충돌한다. 국가는 성스러움을 다른 집단에게 빼앗긴다. 다수결 제도의 성직자들과 그들의 주술에 중독

된 세속의 종교인들은 자신들만의 성스러운 집단을 위해 국가 종교의 일을 그대로 따라한다. 그들은 언제나 상대방을 향해 "우리가 국가다"라고 외치는 자들이므로 그들은 스스로 그들만의 제사 공동체를 만들고 우연의 공동체를 꿈꾼다.

민주주의 – 첫 번째 실패

"한마디로 신이 있고 종교가 있는 것은 사람들 사이에 신뢰와 단결을 다지기 위한 집단 차원의 적응이라는 이야기다. … 애초 이러한 신과 종교는 사회의 구성원들이 만들어내지만, 시간이 흐른 후에는 그것들이 인간의 활동 양식을 규정한다. … 제아무리 종교를 거부하는 사람이라도 종교의 기본 심리, 즉 행위는 믿음과 연관되고 믿음은 소속감과 연관된다는 그 도식까지 뒤흔들지는 못할 것이다. 사람들에게 신성하게 여겨지는 모든 형태의 소속감을 버리고 순전히 '이성적인' 믿음에만 의거해 살라고 하는 것은, 마치 이 지구를 떠나 달의 궤도를 따라 도는 식민 도시에서 살라고 하는 것과 마찬가지일 것이다."[76]

76] 조너선 하이트, 왕수민 옮김, "바른마음", 웅진지식하우스, 2012~2014년, 468~469쪽

"깊은 신앙심이 상보적이면서도 서로 구별되는 세 가지 요소, 즉 **믿음, 행위, 소속감**[77]으로 이루어진다는 것은 현재 많은 학자가 주장하고 있다. … 종교적 믿음과 관습이 궁극적으로 공동체를 만들어 내는 기능을 한다."[78] 언론사 "시사IN"과 데이터 기반 전략 컨설팅 기업 "아르스 프락시아"는 2017년 촛불 집회에 반대하는 탄핵 반대 집회를 분석했다. 이들은 JTBC의 태블릿 PC보도가 나온 2016년 10월 24일부터 헌법재판소의 탄핵 인용 열흘 후인 2017년 3월 20일까지 148일 동안 박사모(박근혜를 사랑하는 모임)에 올라온 모든 글과 일간 베스트 저장소(일베)에 올라온 정치관련 내용 중 추천을 많이 받은 글을 수집했다. 수집된 데이터에서 연결축 지수가 유독 높은 키워드는 "애국"이었다. 애국을 중심으로 의미망 지도를 그리자, "애국의 삼각형"이 드러났다. 대한민국이라는 "믿음"의 대상, 태극기 집회라는 집단 "행동", 국민이라는 "소속감"이다. 이들의 행위는 정확히 종교적이다.[79]

분석결과가 보여주는 또 하나의 중요한 사실은 "내

77] 강조 표시는 필자가 삽입함.

78] 조너선 하이트, 왕수민 옮김, "바른마음", 웅진지식하우스, 2012~2014년, 445쪽

79] 2021. 11. 25. 시사IN "태극기 집회의 비결 '애국의 삼각형'"

용 없음"이다. 분석을 총괄한 담당 팀장은 이렇게 말한다. "지도에서 자유민주주의는 텅 빈 단어다. 이 단어가 등장하는 순간 담론은 어김없이 절벽으로 떨어진다. 애국은 대한민국, 대한민국은 자유민주주의, 그리고 끝이다"라고 말했다.[80] 민주주의의 내용은 나와 다른 생각을 지닌 이들과의 관계다. 그들과 함께 우리 모두의 무지에 기반한 추론을 시작하는 일이다. 다수결 제도는 무엇과도 관계하지 않고 진리를 확언한다. 다수는 추론하지 않고 행동한다. 그리고, 우리 편은 언제나 다수이어야만 한다. 그렇게 믿어진다. 다수결의 우상은 무지가 아닌 확신을 선포한다. 다수를 쟁취하려는 집단적 종교 감정은 다른 종교 감정과 동일한 방식으로 활동한다. 제단 뒤에 무엇이 있는지는 관심의 대상이 아니다 오로지 같은 제단을 오르는 이들간의 동지애로 들끓는다. 내용에 대한 깊이 있는 성찰은 애초에 다수결 제도에서는 필요 없는 일이다.

다수결 민주주의에서 다수가 곧 국민이고 국가의 주인이다. 다수의 종교성은 국가의 종교성을 그대로 모방한다. 즉, 양당제의 양끝에 있는 집단은 "제사 공동체"이

80] 같은 기사

며 "우연의 공동체"다. 먼저 우연의 공동체를 생각해 본다. "갱단 갈등을 비롯해 다른 분쟁과 마찬가지로, 정치적 선호 역시 생각보다 훨씬 더 제멋대로인 경우가 많다. 대다수의 미국인은 자신의 정치적 신념을 '선택'하지 않는다. 대신 부모의 정치적 신념을 그대로 따르는 경우가 대부분이다. 정치에 관한 모든 대안을 오랫동안 검토하여 합리적인 선택을 하는 법은 거의 없다. 모든 종교를 일일이 검토하는 사람이 거의 없듯이 말이다. 그야말로 우연에 맡기는 셈이지만, 그들은 그렇게 생각하지 않는다."[81]

우연히 타고나거나 우연히 가족으로부터 물려 받은 인종, 종교, 계급 등은 우연히 정치적 지지기반으로 작동한다. 우연히 적이 된 세속의 종교인들은 서로에게 분노하고 우연은 우연이라는 이유로 신성함의 후광을 두른다. 종교적 흥분의 이유가 된다. 한국은 인종, 종교와 같은 갈등에서 상대적으로 자유롭다. 이로 인해 한국에서 세속의 종교인들은 자신의 정치적 판단이 이성과 숙고에 의한 선택인 것으로 착각한다. 아니다. 한국에서 양당제의 극단적 이분법은 동일한 방식으로 삶을 뒤돌

81] 아만다 리플리, 김동규 옮김, "극한갈등", 세종, 2021~2022년, 211쪽

아보는 이들에 의해 유지된다. 이들은 젊은 시절에 듣던 음악을 평생 들으며 다른 이의 음악을 비난하는 이들이다. 빛나던 젊음의 한 시절, 감성의 눈으로 바라본 세상의 찬란함과 비참함, 선과 악을 나누던 경계선의 간결함, 그 추억을 함께 했던 이들에 대한 연대감과 부채 의식. 끝도 없이 채굴되는 한국정치의 종교적 자원이다.

젊음의 한때를 공유한 우연의 공동체 속에서 자신의 소속감을 발견한다. 우연히 산업화 시기에 태어나 전쟁과 가난 그리고 박정희 정권의 경제성장을 경험한 세대와, 우연히 민주화 시대에 태어나 학생운동을 경험하거나 그 자장磁場 안에서 머물렀던 세대는 각자의 기억 속 포로들이다. 서로가 서로에게 타국인들이다. 우연히 만들어진 소속감은 믿음의 근거가 되고, 믿음은 행위를 요청한다. 그리고, 소속감은 분노를 공유하며 폭발한다. 이들은 서로가 서로에게 분노한다. 정확하지 않은 개념으로, 이쪽은 저쪽을 보수우파라 부르고, 이해할 수 없는 이유로, 저쪽은 이쪽을 진보좌파라 부르며, 알 수 없는 이름표를 붙인다. 현재를 끝없는 무의미로 채운다. 한국에서 과거는 국가 공동체의 현재를 잡아먹는다. 한국의 정치 성직자들은 그 우연과 무의미를 다양한 의미로 색칠하고는 그 대가로 받은 투표용지로 살아가는 이들이다.

"우리는 큰 집단의 일원이 됨으로써 그 어떤 개인보다 큰 그물망에 연결되어 있다는 기분을 느끼게 된다. 그로 인해 얻게 되는 혜택은 분명하다. 다수의 힘이 우리를 지켜주며, 우리는 보다 확실한 정체성을 갖게 된다. … 그렇게 다수 집단의 일원이 되는 것은 자기통제감을 선사하며, 그러한 기분은 집단의 힘이 커짐에 따라 동반 상승한다. … 우리는 사회적 결정에 대한 입장이 충돌할 때, 많은 경우 겨우 두 개에 지나지 않음에도 불구하고, 각각의 입장을 지닌 이들이 자신이야말로 다수의 관점이라고 주장하는 모습을 보게 된다."[82] 나는 더 큰 나의 안에서 자아의 안락함을 누린다. 다수결의 미궁 속에서 소속감은 오로지 자신이 우연히 속한 집단의 다수성에 대한 믿음이다. 자칭 보수우파 정당과 자칭 진보좌파 정당, 그리고 세속의 종교인들은 자신들이 다수라고 확신한다.[83] 자신들이 정당하다는 의미다. 그리고 적들

82] 토드 로즈, 노정태 옮김, "집단착각", 21세기북스, 2023~2023년, 127~128쪽

83] 그들의 종교감정에서는 자신들의 다수성이 거절되는 경우, 당연히 투표제도의 문제이거나 선거부정이 있었던 것이다. 선거 불복은 자연스런 일이다.
   2020. 5. 8. 서울신문, "민경욱 '조작선거 빼박 증거 있다, 세상 뒤집어질 것",
   2020. 4. 21. 조선일보, "2012 대선 文 패배 때 … 김어준, 통계치 거론하며 투표조작 의혹 제기"
   2020. 12. 27. 연합뉴스, "대선 불복 트럼프, 공화당 비난하고 법무부 대법원까지 압박"

은 성스러운 과거를 파괴한 소수의 악일 뿐이다.

"우연의 공동체"는 그 우연이 빛났던 순간을 잊지 못하는 "과거의 공동체"다. 과거의 완전함을 그리워한다. 에덴동산으로의 회귀는 구원이다. 정치는 미래를 향한 발걸음이 아니라, 과거의 완전성을 회복하려는 애씀이다. "우리의 개인적 정체성은 사회적 정체성과 밀접하게 결부되어 있으며, 사실 우리의 뇌는 양자 사이에 엄밀한 구분선을 긋지 않는다. 게다가 이러한 편향성은 우리의 집단 순응성을 지금 당장 발현시키는 데서 멈추지 않는다. 과거의 집단들이 오늘날 우리에게 영향을 미치도록 하며, 우리가 전혀 눈치채지도 못한 사이에 무덤 속 망령들이 우리에게 손을 뻗어 오게끔 하는 힘이 되어 주는 것이다."[84] 과거를 우리의 성스러운 이상향으로 상상한다. 현재를 적들이 망쳐놓은 속됨의 현장으로 대치시킨다. 무덤 속 영혼에서 우리의 정당성을 끌어온다. 다수를 놓고 싸우는 전쟁터에서는 자주 볼 수 있는 풍경이다.

과거에 대한 집착과 순수한 에덴동산에 대한 신화는 미국이나 영국의 정치종교에도 동일하게 드러난다. 몰

84] 토드 로즈, 노정태 옮김, "집단착각", 21세기북스, 2023~2023년, 195쪽

락한 미국의 러스트벨트 지역 백인들이 과거를 떠올리며 트럼프에 열광하는 이유일 것이다. 이들은 정치 성직자들의 먹이가 된다. 선거권자들이 경제위기 속에서 지난 시절의 풍요를 그리워할 때, 정치인들은 이들의 추억을 에덴동산의 신화로 채색한다. 다시, 순수했던 그 시절, 그 영광의 회복을 정치 선전물의 가장 앞에 둔다. 이렇게 경제 위기 등으로 인해 세속적 진보의 전망이 불투명해 질 때, 정치종교의 성직자들은 "다시" 예전의 순수한 상태로의 "회복"을 주술처럼 외워댄다. "Great Again"은 트럼프의 구호였고, 브렉시트의 선동자들은 "Take back control"을 외쳤다. 다시 생각해 보면, 트럼프와 브렉시트는 민주주의의 위기가 아니다. 다수결 제도라는 민주주의의 우상이 정상적으로 작동하고 있는 현장이다.

한국 정치에서 과거는 책갈피 어디에나 지폐를 숨겨놓은 성서와 같다. 그것은 겉으로 보기엔 숭고한 역사인데, 읽을 때마다 투표용지가 쌓인다. 건국절 제정 논란, 이승만 국부 논쟁, 식민지 시대와 한국전쟁에 대한 해석 등등 한국에서 근현대사 전공자들의 연구 목록은 연구실 책장이 아니라, 정치집단들의 예배당에 걸려 있다.

그들이 난해한 역사 해석에 매달리는 유일한 이유는, 그것이 우리 편과 너희 편을 나누는 소중한 인화지이기 때문이다. 미래의 설계나 통합의 비전은 이성과 논리의 언어가 필요하다. 이것은 종교 감정에 호소하지 못한다. 집단을 만들고 다수를 형성하는 유일한 힘은 군중의 종교 감정을 자극하는 일이다.

"우연의 공동체"는 "과거 공동체"를 지나, 결국 "제사 공동체"가 되려 한다. 애초에 제사 공동체는 국가의 독점적 지위였다. 국가는 제사 공동체로서 죽음의 기억을 공유하는 자들의 가치 공동체였다. 이제 다수결 민주주의의 성직자들과 세속의 종교인들은 자기 집단의 영생과 부활을 노래한다. 그것은 자신들만의 순교자를 지정하는 작업에서 시작된다. 순교자들은 공동의 기억 속에서 부활하여 우리를 운명적 공동체로 만들고 적들에 대한 적개심을 끌어 올린다. 무덤을 바라보며 절대로 화해할 수 없음을 선언한다. 따라서 두 개의 제사 공동체는 두 개의 종교, 두 개의 국가다. 각각의 무덤을 바라보고 있을 때 대화와 토론은 비겁한 자들의 변명일 뿐이다. 복수심을 끌어안고 폭발하는 분노의 아들들은 민주주의의 진정한 의미를 고민하지 않는다.

한국은 이미 두 개의 제사 공동체가 상대방을 공격하는 영혼들의 전쟁터다. 한 쪽은 이승만, 박정희 등의 전직 대통령 묘역에서,[85] 다른 쪽은 김대중, 노무현 등의 전직 대통령 묘역에서[86] 동일한 방법으로 자신들 공동체의 과거를 신성화하고 영원히 사는 종교적 신비를 이야기한다. 이들은 전혀 다른 곳에서 순교자의 이름을 부른다. 영혼에 대한 기억은 화해되지 않는다. 화해 불가능의 선언은 집단 내부의 종교 감정을 증폭시킨다. 다수와 소수의 전쟁터는 극단으로 달려간다. 세속의 종교인들은 자신들의 집단에 참여함으로써 집단의 영혼을 뒤집어쓴다. 민주주의의 우상. 다수결은 종교감정으로 충만하다. 개인들은 집단 안에서 살지 않는다. 개인들 안에서 집단이 살고 있다. 세속의 종교인에게 이제 삶은 의미들로 충만하고, 민주주의는 실패한다.

85] 2022. 10. 26. 한겨레신문, "윤대통령, 10 26 전날 박정희 묘소참배 … 보수 결집 노렸나", 2023. 1. 16. 국민일보, "이승만 박정희 YS묘역 참배 나경원 '영원히 사는 정치할 것'"

86] 2022. 7. 23. 중앙일보, "두 달 만에 또 봉하마을 찾은 이재명, 참배 후 방명록 남긴 글", 2023. 1. 1. 조선일보, "DJ ∘ 노무현 묘역 참배한 이재명 "민주주의 지켜낼 것", 2022. 2. 9. 아시아경제, "너도나도 '노무현 정신 잇겠다'"… '노 계승자' 자처하는 대선판

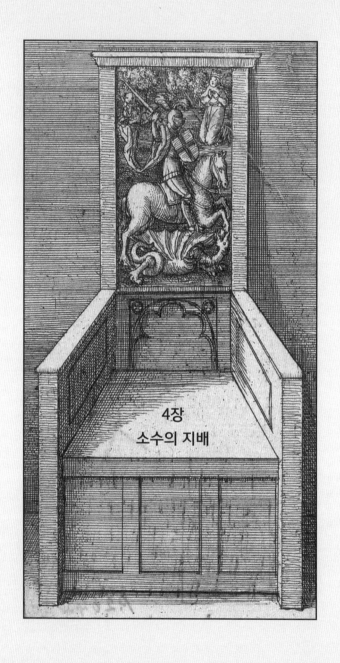

4장

소수의 지배

"대표는 사회 상태의 어디에나 존재한다. 대표제가 있기 전에는 오로지 약탈, 미신, 우매함만 있었다."

- 에마뉘엘 시에예스

"내가 말하고자 하는 바는, 추첨을 통해 집정관을 지명하는 것은 민주적인 것이고, 선거에 의한 것은 과두적이라는 것이다."

- 아리스토텔레스

인간은 단수로 생존할 수 없다. 모여서 복수가 된다. 집단을 만든다. 집단은 인간이 아니다. 어떤 집단도 생각하거나 행동할 수 없다. 생각하고 행동하는 것은 집단 안의 개인들이다. 당연한 이야기다. 어떤 경우 집단은 결정을 하고, 싸움도 한다. 그 집단이 국가인 경우에는 문제가 복잡해진다. 국가가 싸움을 하는 동안 개인들의 삶은 다양하게 붕괴된다. 국가가 전쟁을 하는 동안, 현실에서 생각하고 행동하는 개인들의 삶은, 생각도 행동도 할 수 없는 국가에 의해 결정된다. 이상하지 않은가?

국가는 개인들의 집단이다. 집단이 있는 곳 어디에나 대표가 있다. 집단은 언제나 대표된다. 집단은 대표되는 방식으로 존재한다. 집단이 먼저인가? 대표됨이 먼저인가? 대표가 계약서에 사인을 하면 집단 속 개인들은 그 계약에 따라 움직일 것이라고 믿어진다. 왕이 하던 대표를 대통령이나 국회의원들이 하고 있지만 신비는 그대로다. 민주주의는 통치자와 피통치자를 대표자와 피대표자라고 부르기로 했다. 통치자는 국민을 대표하고 국민은 통치자에 의해 대표된다.

민주주의는 대의민주주의와 동의어가 되었다. 민주주의가 작동한다는 의미는 대표 제도가 문제없이 운영되고 있다는 의미다. 대의민주주의는 대표 제도와 민주주의를 결합해보려 하지만 만만치 않다. 민주주의 국가에서 대표들은 무엇을 대표하는가? 국민 다수의 현실적 이익을 대표하는가? 아니면 공동체 전체가 추구할 가치를 대표하는가? 그런데 이런 일들이 가능한 것인가? 모두가 평등하게 결정에 참여한다는 민주주의와 대표 제도는 다른 곳을 바라본다.

다수결 민주주의가 보이지 않는 민주주의를 보이게 하려는 민주주의의 우상이라면, 대의민주주의는 검은색 백마白馬와 같은 형용 모순에 가깝다. 대표 제도의 원리는 우월성 원칙이다. 대표는 언제나 대표되는 것 전체의 이익을 대표한다. 대표는 각각의 구성원보다 멀리 보기를 원한다. 민주주의는 정치적 평등을 추정하며 공동체 구성원 전체의 동일성을 생명선으로 한다. 모두는 동일하다. 우월함과 동일함 사이를 메꾸려는 고된 작업은 민주주의가 시끄러운 이유 중 하나다.

하나의 선거구에서 한 명의 국회의원을 선출했을 때, 선거구의 주민들은 한 명의 대표를 통해 대표되는 하나의 정치적 집단이다. 현실의 그들은 모두 다른 정치적 입장을 지니지만, 대의민주주의의 신비는 그들을 하나의 인민으로 창조한다. 하나의 인민은 정치적 선언이며 동시에 현실적 허구다. 모두는 모두 다르다. 하나이며 동시에 다름은 모순이다. 민주주의 위기론은 모순을 위기로 혼동한다. 민주주의와 대표 제도가 함께 머무는 것이 모순이다. 모순을 수선할 방법은 없다.

대표 제도의 신비

국가대표 경기에서 선수들은 자신의 나라를 대표한다. TV 앞에 모인 사람들은 처음 보는 선수의 유니폼 어딘가에서 익숙한 국기를 발견하고는 그가 나를 대표한다고 느낀다. 국기國旗는 보이지 않는 국가를 상징한다. 그리고 국기는 나와 국가대표 선수 사이에서 신비한 결속을 만들어 낸다. 얼굴 모르는 선수의 육체가 움직일 때, 보이지 않던 나의 소속감(애국심)은 충만해진다. 국가는 볼 수도 만날 수도 없다. 그러나 그 국가는 언제나 어떤 방식으로 대표된다. 대표될 뿐, 볼 수 없는 육체. 하늘을 바라보는 국기, 운동장에서 울리는 국가國歌, 취임선서 중인 대통령의 손, 발언 중인 국회의원의 입 등등 국가는 언제나 대표된다. 그렇게 믿어진다. 또는 그렇게 상상된다.

상상되는 것들은 현실을 반영한다. 물론 그것이 항상 성공하는 것은 아니다. 선거로 선출된 대통령이 나와 전혀 다른 생각을 한다. 내가 선택한 국회의원의 판단을 나로서는 도저히 받아들일 수 없다. 이 경우에도 그들은 나를 대표하는가? 그들은 정적政敵인 상대편 당 후보도 대표하는가? 국가대표간의 경기에서 선수들은 상대 국가의 선수들과 싸울 뿐, 누구도 나와 직접 부딪치지 않는다. 그러나 통치자들의 이해관계는 피치자들과 자주 어긋난다. 어떤 경우 내가 선택한 나의 대표는 나의 정치적 적이 되기도 한다. 대표 개념에 필요한 요소. 즉, "어떤 사람이 내 '대표자'로서의 자격을 갖추려면, 타자와의 관계에서 나를 위해 행동해야만 하고, 그가 하는 일에 나를 개입시키며, 어떤 의미에서 그 행동의 책임을 내게 지우는 방식으로 행동해야만 한다"[87] 는 가끔 비현실적이다.

작년에 구입한 아이의 게임기가 주말 아침 작동을 하지 않는다고 가정해 보자. 작년에 만났던 게임기 제조사의 대리점 직원과 수리를 위해 방문한 수리 센터의 직원은 게임기를 제조한 회사를 대표한다. 나는 게임기의 사용자인 아이를 대표해서 게임기의 하자를 지적하고 수리를 부탁한다. "대표"가 개인을 대표하는 경우는 본인과 대리인의 관계가 된다. 부모는 아이를 대표(대리)한다. 이 경우 아이와 부모는 서로 대화와 설득이 가능하다. 따라서 고장난 부분을 설명해 주기도 하고 서로간에 오해가 발생한다면 대화로 해결할 수 있다. 상식을 벗어나지 않는다. 그런데 집단을 대표하는 경우에는 전혀 다른 문제가 발생한다.

게임기 제조사의 직원들은 그 회사를 대표한다. 그렇다면 그들은 자신이 대표하는 회사와 대화하며 의견을

87] 모니카 브리투 비에이라, 데이비드 런시먼 공저, 노시내 옮김, "대표 : 역사, 논리, 정치", 후마니타스, 2008~2020년, 233쪽

나눌 수 있나? 회사와 만나서 이야기 하려면 어디로 가야 하는가? 애초에 만날 수도 없는 회사라는 실체는 어떻게 대표를 선임할 수 있었나? 국가라는 집단을 생각해 보자. 국가가 먼저 존재하고 그 국가가 자신의 일을 대리할 대표를 선임한 것인가? 만약 국가에게 아직 대표가 없다면, 국가는 어디에, 아니 어떻게 존재할 수 있는가? 혹시, 회사 그리고 국가와 같은 집단은 대표되는 방식으로만 존재하는 것인가? 마지막 떠오르는 질문은 단순하다. 국가의 존재가 먼저인가? 아니면 국가의 대표가 먼저인가?

정치의 영역에서 "대표" 개념이 모호함으로 가득 차 있는 이유는 애초에 "대표Representative"는 정치와 아무런 관계가 없는 개념이기 때문이다. "대표는 정치 외부에서 유래하는 관념이어서 ─ 원래 예술, 법, 종교 분야에서 유래한다 ─ 정치 이론을 낯선 분과 학문들이 초래할 수 있는 위험과 혼란에 노출시킬 뿐이라고 생각하기 쉽다. 그것은 자칫 정치사상을 문학이나 미학 이론으로 둔갑시키거나, 아니면 형이상학과 인식론의 혼탁한 영역으로 밀어 넣으려고 위협하는 것처럼 보인다. 그 결과 현대 정치 이론가들은 대부분 대표 개념과는 거리를 둔 채

민주주의 문제에만 집중하려는 편을 선호한다."[88] 두 가지를 알 수 있다. 첫째, 대표 개념과 민주주의의 문제는 구별된다. 둘째, 민주주의가 더 쉽다.

대표 개념의 위험한 덫에 빠지지 않는 방법은 그 주변에서 서성이지 않는 것이다. 물론 그렇게 되면, 대표제 민주주의(대의민주주의)에 대한 본격적 논의는 불가능하다. 보이는 인간과 보이지 않는 집단을 엮어서 집단에게 행동의 자유를 허락한 현실이 대표 제도다. 그리고 그것을 민주주의와 혼합한 것이 대의민주주의 국가다. 모호함 가득한 대표 개념은 민주주의 국가라는 보이지 않는 존재를 탐구하기 위해 반드시 넘어야 할 장애물이다. 대의민주주의의 모순들 중 상당수는 "대표"에 대한 오해에서 출발한다. 대표 제도는 국가나 정치와 아무 관련 없이 스스로의 길을 걸어오던 중, 갑자기 근대에 이르러 민주주의와 섞이게 된다.

"배우는 무대에서 등장인물을 대표하고, 변호사는 법정에서 의뢰인을 대표하며, 대리상은 비즈니스 거래에서 고용주를 대표한다. 그러나 이 같은 대표의 형식들은 특별히 근대적이랄 것이 없다. 어떤 상황을 설명하기

88] 같은 책, 32쪽

위해 '대표'라는 단어가 언제나 사용되었던 것은 아니었지만, 이런 대표 형식들은 고대 이래로 사회에서 일정한 역할을 해왔다. 근대 세계와 관련한 독특한 특징은 대표 개념이 근대 정치를 조형하는 데 수행한 역할이었다. 모든 근대국가는 정부가 국민의 이름으로 발언하고 행동할 능력에 토대를 둔다는 점에서 대표제 국가다."[89] 이렇게 본다면, 고대부터 사용되던 대표의 개념을 국가의 영역으로 확대한 것이 근대국가의 시작이다. 그리고 근대국가는 민주주의의 모험을 시작한 자들이다.

대의제 또는 대표제가 민주주의와 충돌하는 현장에 다가가기 전에 근대 국가의 이야기를 시작해야 한다. 근대 국가의 형성은 대표 개념에서 시작한다고 볼 수 있다. 근대 국가와 대표 개념의 비밀은 토머스 홉스에서 시작한다. 어떤 의미에서 "근대는 홉스로부터 시작한다고 볼 수 있다."[90] 홉스 자신의 말에 의하면 "정치학은 '리바이어던'보다 오래되지 않았다." 근대의 시작은 신의 죽음이며 그것은 인간의 자아 찾기다. 이제 국가는 신의 당연한 질서가 아니라 이성에 의한 설명이 필요한

89] 같은 책, 31쪽

90] 엘런 라이언, 남경태·이광일 옮김, "정치사상사 : 헤로도토스에서 현재까지", 문학동네, 2012~2017년, 544쪽

대상이다. 국가는 대표와 함께 현실 세계 속으로 뛰쳐 나온다. 버나드 마넹은 홉스의 "리바이어던" 중 대표와 관련된 부분을 이렇게 정리한다.

> "홉스에 따르면, 개인들로 구성된 한 집단은 한 사람의 대표 또는 집단에게 그들을 대신해서 행동할 수 있는 권위를 부여하고 집단 스스로가 복종할 때 하나의 정치적 실체가 된다. 각자의 인격과는 독립된 대표를 지정하기 이전에는, 사람들의 통합성이란 존재하지 않는다. 그들은 이른바 흩어진 대중multitudo dissoluta이다. 사람들은 대표하는 사람을 통해서만 정치적인 힘과 자기 표현의 능력을 가진다. 그러나 일단 권위가 부여되면, 대표는 전적으로 대표되는 사람들을 대신한다. 사람들은 그의 목소리 외에 어떤 목소리도 가지지 않는다."[91]

흩어진 대중은 대표를 통해서만 하나의 정치적 실체가 된다. 누군가가 집단의 외부에서 집단의 목소리를 듣는다면 그것은 대표의 목소리다. 대표 이외의 모든 목소리는 제거되어야 한다. 홉스의 이야기를 조금 더 따라가

91] 버나드 마넹, 곽준혁 옮김, "선거는 민주적인가", 후마니타스, 1997~2004년, 216쪽~217쪽

보자. 다른 두 명의 전문가들은 이렇게 정리한다.

"주권자에게 '그들 모두의 인격을 드러낼 권리'를 부여하면, 제멋대로인 군중을 자연스럽게 이룰 뿐 그 자체로는 아무 인격도 없던 개인의 합체인 다중이 실제적인 정치적 통일체로 변신한다. 이것이 바로 리바이어던이다. 우리는 이것을 국가라고 부른다. 홉스도 이를 국가로 일컬었다. '그렇게 다수의 사람들이 하나의 인격으로 통일되었을 때 그것을 코먼웰스COMMON-WEALTH 라틴어로는 키비타스CIVITAS 또는 국가STATE라 부른다'. 단순한 개인의 집합으로서의 군중이 정치적인 의미에서 인민이 되려면, 마치 하나의 인격인 것처럼 대표되어야 한다. 홉스의 설명은 '리바이어던'에서 뿐만 아니라 근대 정치사상을 통틀어 가장 중요한 구절에 해당한다. '인간 다중은 한 사람 또는 하나의 인격에 의해 대표될 때 하나의 인격이 된다. … 하나의 인격을 이루는 것은 대표자의 통일성이지 피대표자의 통일성은 아니기 때문이다.'"[92]
그리고 다음과 같이 연결된다.

"이 사상의 중요성은 대표를 하나의 변신의 형식으

92] 모니카 브리투 비에이라, 데이비드 런시먼 공저, 노시내 옮김, "대표 : 역사, 논리, 정치", 후마니타스, 2008~2020년, 63쪽

로 본다는 사실에 있다. 즉 대표됨으로써 국가가 탄생한다는 것이다. 이 같은 창조에는 허구의 요소가 개입한다. 여기서 '허구'fiction란 거짓으로 꾸민다는 뜻의 라틴어 '핑게레'Fignere에서 유래하듯, 형성하고 지어내고, 만든다는 의미도 있지만 — 어차피 국가란 다중 스스로의 창조물이며 부여된 권력 말고 다른 힘은 없다 — 국가가 궁극적으로 어떤 인격을 지니려면 누군가에 의해 대표되어야만 하는 무능력한 행위체(일종의 의제 인격)라는 의미도 지닌다."[93] 개인들의 단순한 집합이었던 군중이 대표의 인격을 통해 대표되는 순간 군중은 마치 하나의 인격을 지닌 정치적 통일체처럼 변신된다. 집단이 대표되는 과정에서 집단의 법인적 정체성이 형성된다.

홉스의 통찰에 의하면, 다수의 사람들이 누군가에 의해 대표될 때, 그 때 비로소 그 다수의 사람들은 하나의 정치적 통일체(리바이어던, 국가)로 변신한다. 즉 대표됨으로써 국가가 탄생한다는 것이다. 국가 또는 국민이 대표되는 것이 아니라 대표가 있어야 국가와 국민이 있을 수 있다. 국민이 대표를 선출한 것이 아니다. 대표 이전에는 국민이라는 정치적 통일체는 없었다. 대표를 뽑는 과

93] 같은 책, 63쪽~64쪽,

정과 대표에 의한 대표됨의 형식을 공유한 사람들이 국민이다. 삼성전자는 어디에서도 만날 수 없지만 삼성전자의 대표이사가 계약서에 서명하는 순간, 보이지 않던 삼성전자는 권리와 의무의 주체로 활동한다. 대한민국과 대화할 방법은 없지만 대한민국의 대통령이 전쟁을 선포하는 순간 대한민국의 국민들은 전쟁을 시작한다.

하나의 인격이 집단을 대표할 때 그 집단은 비로소 하나의 인격이 된다. 대표의 신비다. 대표 제도의 신비는 그 자리에 왕이 있거나 대통령이 있거나 다를 바 없다. 현대 민주주의는 평등하게 대표를 선출하는 일과 그와 관련된 일로 정의할 수 있다. 국민들이 대표를 선출하는 것이 아니다. 대표가 선출됨으로써 국가와 국민이 탄생한다. 그 신비한 순간 어딘가에 국민의 뜻이 존재한다고 믿어진다. 대의민주주의다. 신비한 순간은 받아들이는 것이다. 대표 제도의 신비 어디에서도 민주주의를 찾을 수 없다는 분노가 늘어간다. 신비를 거부하는 자들은 다른 방법을 찾아 떠나야 한다. 대표제 민주주의(대의민주주의)는 본질상 분열을 예고한다.

우월성과 동일성

A는 우편함에서 국회의원 선거 홍보물을 꺼내어 든다. 몇 년에 한 번씩 선거를 통해 대표를 선출한다는 건 귀찮은 일이지만 국민으로서의 의무라고 생각한다. 홍보물들을 살펴보던 A는 잠시 고민에 빠진다. 유명 제약회사의 대표이사 출신 1번 후보는 학벌이나 경력에서 우월하다. 지난번 언론 인터뷰를 보니 경제위기 극복을 위해서는 반드시 1번 후보가 필요할 듯하다. 반면에 A가 거주하는 지역에서 평생을 살아온 2번 후보는 그다지 내세울 만한 경력 등은 없지만 A가 관심 있는 도서관 문제에 대하여 A와 동일한 생각을 하고 있다. 대의민주주의는 A가 어떤 후보를 선택할 것이라고 예상할까? A의 대표는 A보다 우월한 능력으로 국가전체의 비전을 제시하는 자인가(우월성)? 아니면 A가 국회에 가서 하고 싶은 이야기를 대신 해줄 A와 동일한 생각을 가진 자인가(동일성)? 그런데 혹시 A는 스포츠 스타 출신 3번 후보를 선택하지는 않을까?

순수한 민주주의는 모두의 평등한 가치와 동일한 "우리(Demos)"라는 집단의 존재를 가정한다. 그 "우리(Demos)" 안에서는 누구나 동일하다. 통치자와 피치자는 구별되지 않는다. 고대의민주주의가 그러했듯이, 필요하다면 추첨을 통해 전체를 위해 일할 사람을 뽑으면 된다. 뽑힌 자는 다른 이들과 동일한 판단을 하도록 노력한다. 그는 "우리(Demos)"의 생각에 따라야만 한다. 추첨은 공동체 구성원 하나 하나가 서로에게 완전한 대체재이며 서로가 서로에게 다르지 않다는 상상을 실현하는 수단이다. 그러나 대표 제도는 전혀 다른 길을 모색한다. 대표 제도에서 소수의 대표자들은 국민과의 동일성을 유지하면서, 그 수만 축소한 국민의 양적 축소가 아니다.

대표자는 추상적인 집단 전체의 이익을 위해 일하는 자다. 대표는 국가를 위해 죽어간 자들과 태어나지 않은 미래의 국민을 포함한 집단 전체의 가치를 대표한다. 헌법 제46조 제2항은 "국회의원은 국가이익을 우선하여 양심에 따라 직무를 행한다"고 규정한다. 국회의원에 의해 대표되는 것은 현실. 즉, 지역구 주민이나, 그를 뽑아준 지지자나, 그와 동일한 생각을 지닌 자들이 아니라, 국가 전체라는 추상적이며 막연한, 보이지 않는 무엇이다. 따라서 만일 내가 대표자라면, 대표자로서의 나는 현실의 나를 대표하지 않는다. 그것을 일반의지(一般意志, General Will)라고 부르든 공공선公共善이라 칭하든 그 명칭과 관계 없이 대표자로서의 나는, 보이는 내가 아니라, 보이지 않는 전체의 의지에 따라 집단 모두를 대표해야 한다.

직접민주주의는 대표 제도를 실현하는 또 하나의 방법이다. 홉스의 설명을 떠올려 보자, 대표자들이 소수 또는 다수일 뿐, 집단의 가능성은 대표다. "구성원들의 집합적 결정을 통해 집단의 의사를 결정하는 직접민주주의조차도 다수가 전체 집단을 대표한다는 점에서 일종의 대표제로 이해할 수 있다."[94] 대표 제도의 현실적 문제점을 지적하며 직접민주주의의 강화를 주장하는 것은 오해에서 출발한 것일 수도 있다. 만일 구성원 전체가 모여 직접 결정을 한다면, 그들은 보이는 구성원들의 현실적 이익의 총합이 아니라, 보이지 않는 전체의 이익을 대표하는 것이다. 국민 모두가 스마트폰으로 연결된 디지털 아고라에서 직접민주주의를 실행할 수도 있을 것이다. 이 경우 국민 각각은 자신의 현실적 이익에는 반할 수도 있는, 전체 이익을 위해 판단하는 대표자가 된다. 만일 그렇지 않다면, 국민이라는 이름은 사라지고

94] 모니카 브리투 비에이라, 데이비드 런시먼 공저, 노시내 옮김, "대표 : 역사, 논리, 정치", 후마니타스, 2008~2020년, 196쪽

군중의 웅성거림만 확인될 것이다.

다수결을 통해 대표를 선출한 경우, 그 대표는 다수를 대표하는 것이 아니다. 대표는 자신에게 투표한 다수 또는 자신에게 투표하지 않은 소수 어느 쪽도 대표하지 않는다. 대표는 숫자로 표현되는 다수와 소수 또는 전체를 대표하지 않는다. 대표는 언제나 모두를 합한 것보다 더 큰 전체와 현실을 넘어서는 비전을 대표한다. 따라서 이것은 비현실적이다. 어려운 상상이다. 대표자를 선출할 수 있는 선거권의 평등이 대표자가 될 수 있는 권리(피선거권)의 평등과 동일하지 않은 이유 중 하나다. 대표자가 될 수 있는 자는 자기 자신보다 전체의 이익을 떠올릴 수 있는 최소한의 자격이 필요하다. 연령, 몇 년 이상의 거주, 시민권, 일정한 재산 등 다양한 방식의 제한이 있어왔고 지금도 있다. 대표 제도는 민주주의의 동일성 원칙을 그대로 수용할 수 없다.

대표자는 보이지 않는 집단적 이익을 찾아내서 이를 대표할 수 있는 우월한 사람이다. 우월한 사람은 세습된 왕일 수도 있고, 선거로 선출된 대표자일 수도 있다. 선거Election는 엘리트Elite와 어원을 같이한다. 막스 베버는 정치에 대한 가장 높은 차원의 표현인 소명은 정치 지도

자의 개인적 "카리스마(비범한 개인의 천부적 자질)"에 뿌리를 두고 있다고 주장한다.[95] 우리는 카리스마 넘치는 지도자가 우리의 대표로서 국가가 처한 어려움을 헤쳐나가는 모습을 기대한다. 영웅을 기다리며 모두가 평등한 민주주의를 떠올리는 것은 쉽지 않다. 영웅은 대중과 동일하지 않다. 누군가의 말대로 "여론조사를 했다면 모세도 이스라엘 민족을 끌고 갈 수 없었을 것이다." 대표 제도와 민주주의를 혼합한 대의민주주의가 처음부터 시끄러운 이유다. 다른 길로 달려가는 대표 제도와 민주주의를 섞어 놓고는 편안할 수 없다.

자신의 대표를 선출하는 A의 앞에는 대표 제도와 민주주의의 혼합(대의민주주의)에 대한 두 개의 충동이 놓여 있다. 먼저 순수한 민주주의적 열망이다. 민주주의의 숭배자들은 A가 속해 있는 선거구의 선거권자 모두를 하나의 동일성 집단으로 본다. 그들을 "우리(Demos)"라고 부를 수 있다. 이들 선거권자 집단은 자신들을 대신해서 자신들의 생각에 따라 국회에서 일을 할 "우리(Demos)"의 대리인 또는 심부름꾼을 뽑는다. 선거권자 집단은 동일성에 의해 통합된 하나의 정치적 행위자다. 이들 평등한

95] 막스 베버, 박상훈 옮김, "소명으로서의 정치", 후마니타스, 1919~2021년, 17쪽

"우리(Demos)"는 아직 대표가 선출되지 않은 상황에서도 독립적인 하나의 행위자로 상상된다. 칼 슈미트의 말대로 "민주정은 지배하는 사람과 지배 받는 사람, 통치자와 피통치자, 명령하는 사람과 그들에게 복종하는 사람 간의 동일성이다."[96] 동일성의 원칙은 민주주의의 기초다.

반면에, 대표 제도의 대표성 원칙은 선거권자들의 실질적 동일성을 인정하지 않는다. A가 사는 지역 선거권자들의 정치적 통합성은 그 지역의 대표자에 의해 대표되는 방법으로만 나타날 수 있다. 선거권자들의 외부에 존재하는 대표는 선거권자들로부터 독립해 있다. 대표는 대표되는 자들에게 구속되지 않는다.[97] 우월성의 원칙에 의하며 대표는 자신이 대표하는 집단의 의지와는 독립되어 판단한다. 시시각각 발표되는 여론조사 결과는 보이지 않는 전체의 이익을 위한 대표의 결단에 영향을 미치지 않는다. 순수한 민주주의와 대표 제도. 두 개의 충동이 만날 수 있을까? 연혁적으로 그리고 논리적인 일관성을 지키기 위해서라면, 순수한 민주주의 옹호자들은 대의민주주의를 거부해야 할 것이다. 동일한 우

96] 버나드 마넹, 곽준혁 옮김, "선거는 민주적인가", 후마니타스, 1997~2004년, 190쪽
97] 같은 책, 191쪽

리가 스스로 우리를 대표하는 방안은 추첨이다. 모호함 속에 두 개의 질문이 떠오른다.

첫째, "왜 우리는 추첨을 사용하지 않으면서도 우리 스스로를 민주주의자라고 부르는 것일까?"[98]

둘째, 살고 있는 지역(선거구)을 기준으로 동일성 집단을 나누는 것은 오늘날에도 타당한가?

민주주의의 교과서들은 대표 제도를 민주주의 원칙으로 순화시키길 원한다. 주기적이고 반복적인 선거를 통해 국민들의 의사를 대표 제도 속에 불어넣으려 한다. 국민들은 평등한 선거를 통해 자신들의 대표자를 선택하고, 그렇게 뽑힌 대표자들은 다음 선거를 통해 심판을 받는다. 주기적 선거와 선거를 통한 심판의 반복을 강조한다. 언론과 여론조사 등은 수시로 국민들의 뜻을 대표자들에게 드러낸다. 선거권자들의 생각을 무시할 수 없는 대표자들은 국민들의 의사에 따라 통치해야만 한다. 우월성과 동일성, 어느 것도 포기할 생각이 없다. 교과서의 특징은 두 가지다. 첫째, 교과서는 옳다. 둘째, 교과서는 다른 교실에서 사용할 수 없다. 인간의 교실에는 여러가지 교과서가 필요하다. 현실은 교과서

98] 같은 책, 24쪽

와 다르게 움직인다는 말이다.

선택의 이유

A를 민주주의의 모범생이라고 가정한다면, A가 어느 후보를 선택할 지는 민주주의에서 가장 중요한 문제다. 민주주의는 대의제 민주주의와 동의어가 되었기 때문이다. 이제 민주주의의 성공 여부는 대표를 성공적으로 선출하는 일에 달려있는 듯 하다. 1번은 우월하고 2번은 동질감이 있다. 3번은 국민들 모두에게 잘 알려진 친근한 스포츠 스타다. 투표소에 가려는 순간, 여러가지 생각에 혼란하다. 나를 대표하겠다는 후보들은 누가 정한 것인가? 극소수의 무소속 후보를 제외하면, 후보들을 선정한 것은 정당이다. 선거는 막대한 세금이 필요한 일이다. 국민들은 민주주의의 점심값을 낼 뿐이다. 메뉴를 정하는 것은 그들의 몫이 아니다.

현대 민주주의는 대의민주주의다. 정당은 대의제의 주연이다. "간단하게 말해서 정당은 민주주의의 문지기 gatekeeper인 셈이다."[99] 민주주의의 문지기인 정당은 극

99] 스티븐 레비츠키, 대니얼 지블랫 공저, 박세연 옮김, "어떻게 민주주의는 무너지는가", 어크로

단주의자와 같은 민주주의의 파괴자들이 민주주의의 방법으로 민주주의를 망가뜨리는 것을 막아야 한다. 정당은 보이지 않는 민주주의의 가치를 현실로 실현할 수 있는 후보를 찾아내야 한다. 그러나 이러한 일들은 정당의 생존본능에 반한다. 정당은 선거권자들의 표를 먹고 산다. 그리고 "각 정당의 지지자들은 인종, 종교, 지역은 물론 심지어 '삶의 방식'을 기준으로 뚜렷하게 나뉘었다."[100] 49:51로 나뉘어진 정치 상황에서 미세한 차이는 승부를 결정한다. 정당은 현실을 인정하고 무조건 이길 수 있는 후보를 목록에 올려야만 한다. 그런데, 선거는 사람이 사람을 선택하는 문제다. 사람들은 매력 있는 사람을 선택한다. 동일성이나 우월성이 아니라 매력이 중요하다. 3번은 훌륭한 후보다. 조금만 더 생각해 보자.

대표 제도를 민주주의로 순화하기 위해서 국민은 대표를 감시하고 견제해야 한다. 대표자들은 피대표자들의 이야기를 들어야 한다. 주기적인 선거는 이를 위한 수단이다. 합리적 개인은 공동체 전체와 자신의 이익을 이성적으로 판단한다. 그는 투표소에 가기 위해 다양한

스, 2018~2018년, 29쪽

100] 같은 책, 211쪽

이해관계와 국민들의 상황과 국가전체의 미래를 그려본다. 지난 시절 계몽의 언어로 쓰여진 교과서는 대의민주주의의 가능성을 이런 방식으로 설명한다. 여기에는 중요한 문제가 하나 있다. 인간에 대한 오해다. 선거는 사람이 하는 일이다. 이성은 감정의 노예다(데이비드 흄). 투표권은 감정이 가지고 있다. 민주주의는 투표권이 없다. 투표소는 누군가를 선택하는 곳이다. 누군가를 선택하는 일은 감정이 하는 일이다.

"한 사람을 다른 한 사람보다 더 좋아한다는 이유만으로도 누군가를 뽑으려고 마음먹을 수도 있다. 만약 선거가 자유롭다면, 투표자가 개인적 특성에 근거해서 후보를 평가하는 것을 막을 수 없다. 그렇다면 자유 선거에서는 편파적으로 후보자를 평가할 수 있는 가능성을 배제할 수 없다. … 공적 기능이 어떤 임의적이고, 비익명적인 방식에 따라 불가피하게 편파적일 수밖에 없는 상태로 분배되고 있다. … 비밀 투표이기에 시민들은 자신의 선택에 대한 이유를 제시할 필요조차 없다. … 투표자들이 후보자의 행위와 선택을 무시하고 순전히 선천적인 자질에 근거하여 결정하는 것을 막을 수 없다. 되풀이하지만, 이것은 자유로운 선택의 필연적 결과이다."[101]

현실은 이론에게 빚이 없다. 현실은 이론의 조언을 구하지 않는다. A는 자신의 대표가 집단 전체의 일반적 의지를 대표하는 것이 아니라 대표 개인의 이익을 위해 활동할 것임을 이미 알고 있다. A는 각 종 뉴스를 통해 충분히 예측한다. 자신이 자신의 대표로 누구를 선택하더라도 그는 자신의 정치를 할 것이다. 공약은 지켜야 할 의무가 없으며, 정당은 필요에 따라 바꿀 수 있고, 공동체 전체의 이익이란 보이지 않는 상상이다. 이론가들의 논쟁과는 달리, A는 우월성이나 동일성에 관심 없다. A는 3번 후보를 선택했다. 올림픽 금메달리스트인 3번 후보의 균형 잡힌 몸과 매력 있는 미소는 많은 사람들에게 호감을 준다. 현실의 A에게는 대표 제도의 우월성 원칙이나 민주주의의 동일성 원칙 이외의 선택지가 분명히 있다.

A가 3번 후보의 매력에 끌려 자신의 대표로 3번 후보를 선택한 일은 자연스럽다. TV광고에서는 유명 가수

101] 버나드 마넹, 곽준혁 옮김, "선거는 민주적인가 : 현대 민주주의 원칙에 대한 비판적 고찰", 후마니타스, 1997~2004년, 173~175쪽

가 첨단 자동차를 소개한다. 사람들은 30년 경력의 전문가 보고서가 아니라, 30년 친구의 권유로 투자 주식을 결정하기도 한다. A는 TV에서 3번 후보의 소탈한 모습을 자주 보았다. "사람의 뇌는 익숙한 것에 좋다는 딱지를 붙인다. 자이언스가 '단순노출효과mere exposure effect'라고 이름 붙인 이 현상은 광고의 기본 원리이기도 하다."[102] 익숙한 것과 좋은 것은 구별하기 힘들다. 그리고 좋은 것과 옳은 것을 구분하는 것은 매우 어렵다. 인간의 감정선이 활동하는 곳에서, 이것들은 자주 동의어가 된다. 그렇게 정서적 친근함은 올바름의 이유가 된다. A가 보기에 3번 후보의 정치적 입장은 균형 잡혀 있었다.

A가 3번의 주장에 동의한 이유는 무엇일까? 짧은 선거운동 기간에 A와 3번 후보는 충분한 정치적 토론을 한 것일까? 아니면 단순히 친근함이 옳은 것으로 인식된 것일까? 투표용지에는 선택의 이유를 적는 칸이 없다. 정서적 거리는 자주 선악善惡 판단의 이유가 된다. 일단 감정이 결정하고 나면, 이성은 근거를 수집한다. 따라서 선거에서 이겨야 하는 정당은 매력(인지도認知度와 호감도好感度)을 기준으로 후보의 목록을 준비해야 한다. 후

102] 조너선 하이트, 왕수민 옮김, "바른마음", 웅진지식하우스, 2012~2014년, 119쪽

보들은 인지도와 호감도를 높여야 한다. 다른 것들은 그 다음 문제다. 3번 후보는 매력적이다. 3번 후보의 매력은 어떤 정치적 논리보다 우월하며, 감정적 동일성을 허락한다.

"제1차 대전 중 미국의 심리학자 에드워드 손다이크는 상사의 부하 평가방식을 연구했다. 한 연구에서 그는 장교들에게 부하들의 다양한 특성, 예컨대 지능과 체격, 리더십과 성격 등을 평가해 보라고 했다. 그는 결과에 깜짝 놀랐다. '탁월한 군인'이라 생각되는 일부 사병들은 모든 면에서 높게 평가되었고, 평균 이하라 생각되는 사병들은 모든 측면에서 낮게 평가되었다. 평가자들은 미남이고 품행이 바른 군인이 사격실력도 좋고, 전투화도 잘 닦고, 하모니카도 잘 분다고 생각한 듯했다. 이것을 '후광효과Halo Effect'라고 불렀다. … 대부분의 사람들은 구체적인 특성을 독립적으로 측정하기 어렵다. 대체로 특성들을 뭉뚱그리는 경향이 있다. 후광효과는 심리적으로 일관된 그림을 그려내고 유지해 인지부조화cognitive dissonance를 줄이는 방식이다. … 9.11 테러공격이 있은 지 얼마 지나지 않아 조지 W. 부시 대통령의 지지율이 급상승했다. 여기에 이상할 것은 없다. 미국 국민이 대통령을 중심으로 단합했으니까 말이다. 하지만 부시 대통령의 경제운용에 대한 지지율이 47퍼센트에서 60퍼센트로 뛰어오른 것은 뭔가 이상하다. 부시의 경제정책을 좋아하든 그렇지 않든 간에, 그의 경제운용 능력이 9.11 테러 이후에 갑자기 향상되었을 리는 없다. 하지만 이것들을 별도로 생각하기는 어렵다. 대통령에 대한 전반적인 지지가 특정 정책에 대한 지지로 옮겨졌다. 미국 국민은 대통령에게 후광을 공여해 그의 모든 점을 호의적으로 추론했다.”[103]

전체적 매력이라는 후광을 머리에 쓴 후보는 사소한 것들(법 위반, 공약의 모순, 정책의 모호함 등)에 흔들리지 않는다. 인간적 매력과 정서적 호감은 후광이 된다. 후광을 측정하는 도구가 인지도와 호감도다. 상상 속 이성적 인간은 대표 제도의 우월성 원칙과 민주주의의 동일성 원칙 사이에서 혼란하다. 그러나 현실의 인간은 나보다 우월한 “매력” 또는 나와의 정서적 “공감”으로 선거홍보물을 바라본다. 우월한 매력은 TV광고와 같은 각종 자본을 투여할 수 있는 능력에 의해 확보된다. 정서적 공감은 동일한 적에 대한 분노를 통해 강화된다. 둘 다 소수

103] 필 로젠츠바이크, 이주형 옮김, “헤일로이펙트”, 스마트비즈니스, 2007~2007년, 96~97쪽

에게만 허락된 유산이다.

대의민주주의는 더 이상 민주주의의 동일성과 대표 제도의 우월성 사이에서 혼란하지 않다. 이제 민주주의는 후광을 머리에 두른 소수가 지배하는 안정적 통치 체제로 변화된다. 대표 제도의 신비, 그 현실 버전이다. 우월한 매력에는 "비용"이 필요하며 분노를 함께하기 위해서는 우선 "공감"이 필요하다. 대표가 되기 위해서는 능력이 아니라 돈과 공감이 필요하다.

돈과 공감

미국에서 특정 정치인에게 정치자금을 후원하기 위해서는 "정치행동위원회PAC, Political Action Committee"라는 단체를 만들고 선거관리위원회(FEC)에 등록해야 한다. 등록한 PAC이 자금을 모으는 방식과 후원 절차 및 모금액 등에는 제한이 있다. 슈퍼팩Super PAC은 PAC의 일종이지만 조금 다르다. 슈퍼팩은 모금한 자금을 특정 정치인이나 정당에 직접 제공할 수 없다. 그 대신 모금하고 사용할 수 있는 금액에는 아무런 제한이 없다. 슈퍼팩은 주로 특정 정치인이나 정당 또는 정책을 지지하거나 반대하는 광고를 하기 위해 막대한 자금을 사용한다. 광고는 인지도와 호감도 상승을 위해 하는 일이다.

기부자를 공개하지 않아도 되는 면세 비영리 단체 제도는 슈퍼팩을 위해 자주 이용된다. 부자들은 면세 비영리 단체에 익명으로 기부하고 이 단체는 다시 슈퍼팩에 기부한다. 어느 방송인은 "이것과 돈세탁이 다른 게 무엇인가?"라는 질문을 던졌다. 슈퍼팩은 미국 법원들이 표현의 자유를 보호하기 위해 정치광고의 자유를 폭넓게 허용하면서 발전해왔다. 규정상으로는 슈퍼팩과 후보가 서로 협조할 수 없다. 그러나 미국의 슈퍼리치들이 아무 이유없이 막대한 자금을 투자했을 것이라고 믿는 사람은 없다. 슈퍼팩의 대표를 후보자의 전직 보좌관 등이 하는 등 선거캠프는 슈퍼팩 운영자와 긴밀한 관계를 유지한다. 슈퍼팩은 슈퍼리치들이 자신이 원하는 후보자를 선택해 선거를 매수하는 방법으로 변질되었다.[104] "공짜 치즈는 쥐덫에만 놓여있다"는 러시아 속담은 세상살이의 진리다.

104] 문화일보 2020. 2. 24. 〈글로벌 이코노미〉 단 한번의 광고에 1100만달러 '기꺼이' 본선까지 '천문학적 전쟁', The New York Times 2015. 4. 13. 〈Opinion〉 On the Trail of Super PAC Money, 한국일보 2015. 11. 5. 〈LIVE ISSUE 2016 미국 대선의 향방은?〉 150여개 갑부 가문이 좌지우지하는 미대선

2022년 보도에 따르면 대한민국 국회의원 289명 가운데 재산 신고 총액이 500억원을 넘는 전봉민·박덕흠·윤상현 국민의힘 의원을 제외한 286명의 신고 재산액 평균이 23억8254만원이다. 재산이 가장 많은 국회의원은 국민의힘 소속 전봉민(1065억5578만원), 박덕흠(672억3846만원), 윤상현(577억9295만원) 의원과 박정(458억1482만원) 더불어민주당 의원, 백종헌(265억7499만원) 국민의힘 의원 순이었다. 부동산값 상승과 주식 '열풍' 등으로 재산공개 대상 국회의원 289명 가운데 240명은 재산을 늘린 것으로 조사됐다. 10명 중 8명은 재산을 늘린 것이다. 규모별로 보면 재산이 1억~5억원 미만 늘어난 의원이 147명으로 절반(50.9%)을 차지했고, 이어 5000만원~1억원 미만 증가자가 33명, 5억~10억원 미만은 23명(8%)로 나타났다. 10억원 이상 재산을 늘린 의원은 6명이었다.[105]

국민들의 재산과 대표자들의 재산을 비교해 보면 선거는 민주주의의 동일성 원칙과는 관계 없어 보인다. 국민들은 자신들과 동일하거나 유사한 후보를 뽑지 않는다. 그것이 돈이건 경력이건 또는 과거의 어떤 경험이건 간에, "우리 중의 누군가" 보다는 "우리보다 나은 누군

105] 한겨레 신문 2022. 3. 31. "재산 500억 넘는 국회의원, 전봉민 박덕흠 윤상현"

가"가 선출될 가능성이 높아 보인다. "돈이 많아야 대표가 된다"는 사실을 검증하려는 것이 아니다. 더 중요한 것은 국민들이 그렇게 받아들이고 있는 곳에서 동일성 원칙은 자리가 없다는 사실이다. 돈은 광고 등을 통해 이미지를 창조한다. 즉, 돈은 매력을 창조한다. 매력은 표를 부른다. 모두가 알고 있다. 모두가 이 모든 과정을 지켜보면서, "우리(Demos)"의 동일성을 고민하거나 민주주의의 신성함을 입에 올리는 것은 어려운 일이다. 재력으로 만들어낸 매력을 대의제의 문제로 제기하는 것은 쉽다. 눈에 보이기 때문이다. 더 심각할 수 있는 것은 공감으로 만들어낸 매력이다.

언제부터인가 정치면에 자주 등장하는 단어는 "공감共感"이다. "공감의 정치", "국민 공감", "공감의 아이콘", "청년 공감" 등등. 각자도생各自圖生의 길에서 지친 현대인들에게 "공감"이라는 단어는 따뜻한 위로다. "공감의 정치"는 여기 저기서 유행처럼 사용될 만한 정치적 구호다. 그런데, "공감"이란 무엇인가? 정치의 문법에서 "공감"은 어떠한 맥락에서 사용되는가? 공감과 정치가 만났을 때 생각보다 심각한 해악이 발생할 수도 있다. 예일대학교 심리학과 교수 폴 블룸은 공감 전문가다. 그는 공감을 "필요한 곳에만 빛을 비추는 스포트라이트"로 비유한다. 스포트라이트는 아무 곳이나 비추지 않는다. 빛이 향하는 방향을 먼저 정한 후 빛을 쏜다. 그리고 스포트라이트는 매우 좁은 곳에만 빛을 던진다.

"공감은 필요한 곳에 관심과 도움을 비추는 스포트라이트와 같다. 그러나 스포트라이트는 좁은 초점을 향한다. 이것이 바로 공감의 문제점이다. 세상에는 도움이 필요한 사람들이 수 없이 많고, 누군가의 행동은 다양한 방향으로 영향을 미치므로 그 결과를 모두 산정하기도 어렵다. 지금 여기에서 누군가를 돕는 일은 어쩌면 미래의 더 큰 고통의 원인이 될 수도 있다. 더군다나 스포트라이트는 그것이 가리키는 방향에서만 빛난다. 따라서 공감은 우리의 편견을 벗어날 수 없다. … 공감은 우리와 가까운 사람들, 우리와 비슷한 사람들, 우리 눈에 더 매력 있거나 더 취약해 보이는 사람들 그리고 덜 무서워 보이는 사람들 쪽을 향한다. … 공감은 우리의 도덕적 판단을 왜곡함에 있어 편견과 매우 동일하게 작동한다."[106]

공감은 이성적 판단을 거부한다. 공감이라는 이름으

106] Paul Bloom, "Against Empathy", Vintage, 2018년, 31쪽

로 행해진 행동의 원인과 그 결과에 대한 예측은 공감의 몫이 아니다. 공감의 대상은 감정이 정한다. 공감은 공감의 대상이 정해진 후 작동을 시작한다. 그런 의미에서 공감은 이미 정해진 방향으로 소리를 지르는 감정의 확성기다. 우리 편에 대한 공감은 감정과 정서의 연대에서 시작된다. 감정의 공유에서 이성은 자리가 없다. 그렇게 우리 편의 전쟁은 쉽게 성스러운 전쟁聖戰이 된다. 그리고 우리에 대한 강한 공감은 적들에 대한 강한 혐오와 동의어로 활동한다. 어떤 전쟁도 쉽게 합리화 된다. 민주주의의 현장에서 공감을 요청하는 목소리가 커진다면, 어쩌면 그것은 누군가가 대표로 나서기 위해 적과 동지를 나누는 작업을 하고 있음을 나타내는 것이다.

"공감의 스포트라이트를 의지하는 것은 왜곡된 결과를 불러올 수 있다. 그것은 이성적인 사람이라면 생각할 수 없는 것이다."[107] 공감은 합리적 이성을 거부한다. "공감은 특정한 개인에게 초점을 맞춘다. 통계상의 결론에는 눈을 감는다. 예를 들어, 귀여운 8살짜리 소녀 레베카 스미스가 백신을 잘못 맞아 심각한 질병에 걸렸다고 해 보자. 아이와 가족들의 고통을 지켜보는 것은 공감을 불

107] 같은 책, 87쪽

러일으키고 우리는 어떤 행동을 하려 할 것이다. 그런데 당장 백신접종을 중지한다면 이름을 알 수 없는 많은 아이들이 무작위로 죽는다고 가정해 보자. 이 경우 공감은 작동하지 않는다. 통계상의 추상적인 대상에게는 공감이 작동하지 않는다."[108] 공감은 숫자를 읽지 않는다. 공감은 피해자의 눈동자를 바라볼 뿐이다. 공감은 눈에 보이는 특정한 누군가의 것이다. 공감이 정치의 영역에서 활동할 때, 그것은 누구를 바라보는가?

폴 블룸은 기후 변화를 예로 든다. "이 문제와 관련해서 공감은 아무런 행동을 하지 않으려 한다. 만일 당신이 기후 변화를 고민하며 무엇인가를 하려 한다면, 오히려 당신의 행동으로 인해 피해를 볼 수 있는 특정 피해자들에게 공감이 작동할 것이다. 연료비 인상과 엄격한 환경관련 기준으로 인해 폐쇄된 사업장과 환경 관련 부담금과 세금의 인상 등등 피해자들은 모두 실제로 우리가 만나는 이웃들이다. 반대로, 우리가 지금 당장 행동하지 않음으로 인해 알 수 없는 시기에 피해를 입게 될 수 십억의 사람들은 알 수도 없고 만날 수도 없는 통계상의 추상적 숫자일 뿐이다. 우리가 지금 당장 나서야

108] 같은 책, 34쪽

한다고 주장하려면 공감 이외의 다른 것이 작동해야 한다."[109]

정부가 연금개혁과 같은 장기적 정책을 쉽게 실행하지 못하는 이유 중 하나는 연금개혁으로 인해 피해를 입을 수 있는 사람들에 대한 공감 정치의 몫이다. 눈에 보이는 소수의 피해자들에 대한 공감이 눈에 보이지 않는 다수에게 비참한 결과를 만든다.[110] "미래의 문제를 계획하는 경우, 감정에 호소하는 공감이 아니라, 도덕적 의무와 발생 가능한 결과에 대한 이성적이고 공감에 반할 수도 있는 분석에 따라야 한다."[111] 미래의 일을 현재의 공감으로 해결할 수는 없다. 대표자의 선출은 미래의 일을 담당할 자들을 현재 정하는 일이다.

미래의 알 수 없는 이들에게는 공감을 느낄 수 없다. 마찬가지로 현재의 적들은 쉽게 비인간화 되어 공감이 작용할 이유가 없다. 따라서 공감은 언제나 지금 눈에 보이는 우리 편에게만 작동한다. 여기에서도, 민주주의는 대표 제도와 충돌한다. 민주주의는, 현재 평등하다고 추정되는 우리와 너희 모두의 논쟁을 통해서, 미래에 대

109] 같은 책, 126쪽

110] 같은 책, 127쪽

111] 같은 책, 127쪽

한 추론을 시작한다. 대표 제도는, 현재 눈에 보이는 우리 편에 대한 공감을 표로 만들어, 우리 편에게 표를 헌납한다. 공감을 이용해 우리 편을 만드는 효율적 방안은 상대방을 비인간화 하는 것이다. 정치적 대표들은 돈을 이용한 매력 사재기 외에도 공감을 통한 우리 편 만들기에 능한 자들이다.

"정서적 공감과 정서적 공감이 만드는 부족 본능은 갈등의 치료제보다는 폭력의 증폭제로 작용하기 쉽다. … 외집단에 속한 인간 존재를 인간 이하로 지각하는 현상을 심리학에서는 '비인간화'라고 부른다. 비인간화 심리는 인간의 역사와 함께 작동해 왔고 현재에도 광범위하게 퍼져 있다. 인종 학살의 가해자는 희생자를 '해충'이라고 불렀다. 노예는 길들여진 짐승이었다. … 트럼프 미국 전 대통령은 선거 기간에 자신을 반대하는 흑인들을 향해 '저능아'나 '개'라는 표현을 쓴 적이 있지만 당시 민주당의 대선 후보였던 힐러리 클린턴도 트럼프 지지자를 향해 '머저리'라고 부르기도 했다. 비인간화에 관한 최근 연구가 말해주는 바는 분명하다. 그것은 비인간화가 전쟁이나 학살 같은 노골적 분쟁 상황뿐만 아니라 일상에서 광범위하게 진행된다는 사실이다."[112]

　　정치의 현장에서 공감은 누군가에게 전체적인 매력의 후광을 씌워주는 주요한 이유다. 같은 사람(김종인)이 돌아가며 과두제 정당의 결정권자(비상대책위원장)였고, 차례대로 당선된 대통령들의 킹메이커로 불린다는 사실을 생각해 보면,[113] 양당의 구체적인 정책이나 미래에 대한 비전에서 어떤 차이를 발견하는 것은 쉽지 않다. 대표자와 피대표자들은 다만 "누가 누구에게 공감하고, 누가 누구를 혐오하는가"라는 감정의 눈길로 서로가 서로를 바라볼 뿐이다. 정책의 내용이 아니라, 그 정책을 말하는 자가 공감의 감정선 안에 있는지 아닌지에 따라 찬성과 반대가 결정된다. 이들은 주로 과거의 추억과 그 속에 묻어 있는 상처를 공감하는 관계다. 한 쪽은 가난과 전쟁의 언어로 공감을 지불한다. 다른 쪽은 민주화 운동의 기억으로 공감을 매수한다. 과거의 공감을 읊조리며 스스로 기억의 대표자가 된 그들은 그 대가로 선거권자들의 표를 거두어 들인다. 대표 제도의 현장이다.

112] 장대익, "공감의 반경", 바다출판사, 2022년, 49~54쪽

113] 중앙일보, 2021.11.22. "선거 승리로 '킹메이커' 별명, 그 뒤엔 갈등도 ⋯ 김종인 선거사", 이데일리 2023. 1. 1. "정당 위기때마다 등판한 구원투수 ⋯ '진짜 킹메이커' 김종인. [신년인터뷰] 전 국민의힘 비대위원장. 현 거대양당 뿌리인 여야 비대위원장 모두 역임. 대통령 3명 당선 도와 ⋯ 국회의원의 정치 스승.

기억의 정치는 공감을 자원으로 한다. 특정 집단의 기억 속 상징으로 남아 있는 자들은 대표가 될 수 있는 자격증을 얻은 셈이다. 정치인들은 기억의 연대를 호소한다. 기억은 바로 공감으로 연결되어 공감은 투표소에서 표를 수집한다. "과거를 지배하는 자가 미래를 지배한다(조지 오웰)"[114]의 현실정치 버전이다. 대의민주주의의 교과서들은 각각의 기억공동체들이 자신들이 공감하는 특정인을, 그 공감을 이유로, 집단 전체의 대표로 만들려는 현상을 이해할 수 없을 것이다. 예를 들어 한국의 박근혜 전대통령과 문재인 전대통령의 경우, 박정희 전대통령과 노무현 전대통령에 대한 신화를 품고 사는 기억의 공동체들이 공감의 눈으로 그들을 바라보지 않았다면 대표가 될 수 있었을까?

미국 민주당의 대선 후보로 나선 로버트 F. 케네디 주니어는 코로나 백신 음모론자임에도 불구하고 무시할 수 없는 수의 미국 민주당원들이 그를 지지한다. 만일 그가 미국 전대통령 존 F. 케네디의 조카가 아니었다면 이러한 일이 가능할까? 기억이 만든 정체성과 그것

114] 조지 오웰의 소설 "1984"에서 위 문장은 과거의 역사와 기억을 조작하는 빅브라더의 통치 기술을 묘사한다.

을 기반으로 하는 공감은 충분히 아름다워서, 현실 문제에 대한 구체적 정책이나 공동체의 통합과 같은 비전에는 별 관심이 없다. 마음이 시켜서 지지하는 그 공감의 정치인이 주장한 어떤 정책이 국가 전체의 대표로서 설득력이 있는지는 묻지 않는다. 문제는 그 공감의 대표성은 우리 중 누구가 아니라 "우리 중 특별한 누구"에게만 허락된 우연의 결과라는 점이다. 돈이 만든 대표성과 동일한 방식이다.

민주주의의 순수한 동일성 원칙과 대표 제도의 우월성 원칙은 화해하기 어려운 개념이다. 그러나 대의민주주의의 현실은 두 개의 원칙 사이에서 고민하는 것을 포기했다. 우월한 매력 찾기의 현장이다. 재력과 공감은 정치적 매력의 재료다. 대표들은 매력의 귀족들이다.

민주주의 - 두 번째 실패

"아리스토텔레스, 몽테스키외, 루소 모두 선거는 본질적으로 귀족주의적이라고 말했다. 그들은 귀족주의적 결과가 선거에 사용되는 환경과 조건에서 파생된 것이 아니라, 선거 그 자체의 속성에 기인한 것이라고 믿었다."[115] 인지도와 호감도를 갖춘 자들이 현대의 귀족들이다. 정서적 친밀감은 그들 주변에 후광을 두른다. 후광은 매력이다. 후광은 표를 부른다. 그것은 소수만의 것이다. 대표 제도는 이제 새로운 우월성 원칙으로 작동된다. 선거는 귀족주의적이다. 선거를 통해 선출된 우월한 소수가 통치를 한다. 우리는 왜 이런 제도를 운영하면서 민주주의라고 부르는가?

귀족이라는 단어가 비현실적인가? 현대의 귀족은 이름 앞에 붙는 호칭의 세습을 거부했을 뿐이다. 예나 지금이나 귀족은 우연을 자격과 혼동하면서 태어난다. 우연을 이유로 어떤 잉여를 수여받은 자들이다. 현대의 귀족은 혈연과 기억을 통해 세습된다. 돈의 잉여는 대부분 핏줄을 통해 세습되며, 공감의 연대는 기억으로 세습된다. 돈은 매력을 창조하고, 공감은 적들에 대한 분노의 원인이 되어 스스로 매력이 된다. 매력은 선거권자들을 불러 모은다. 우연히 특정시기에 태어나 민주화 운동을 했던 과거의 기억은 현재의 대표가 될 수 있는 우월성 원칙에 호응한다. 귀족들은 자신의 자격이 노력의 결과

115] 버나드 마넹, 곽준혁 옮김, "선거는 민주적인가 : 현대 민주주의 원칙에 대한 비판적 고찰", 후마니타스, 1997~2004년, 171쪽

라고 생각한다. 돈을 사용하거나 기억의 공감을 부르짖는 것이 그들의 유일한 노력이다.

중세의 세습이 현대적 방식으로 바뀌었을 뿐이다. 왕위 계승식의 관람석이 투표소에 늘어선 줄로 바뀐 것뿐, 이름 없고 재산 없는 자들이 통치의 장소에서 할 수 있는 일은 변한 것이 없다. 대의민주주의의 귀족적 성격을 매일 확인하면서도 우리가 우리 스스로를 다스리고 있다고 주장하는 이 괴이한 습성은 어디에서 시작된 것일까?

"대의제도는 인구증가에 대처하기 위해 만들어진 제도는 결코 아니라고 할 수 있다. 그것은 근대 사회 또는 방대한 영토에 맞춰 변형된 민주주의의 한 형태가 아닌 것이다. 대의제는 공공영역을 담당할 권한을 가진 소수가 전체를 대표하는 것이어서, 이의의 여지 없이 과두제의 형태를 갖게 된다. 대의제의 역사를 살펴보게 되면 항상 신분, 계급, 재력 등이 우선적으로 대표성의 기초가 되고 있다는 점을 발견할 수 있다."[116]

문제는 대의민주주의가 본질적으로 귀족정이라는

116] 자크 랑시에르, 허경 옮김, "민주주의는 왜 증오의 대상인가", 인간사랑, 2005~2011년, 118쪽

사실이 아니다. 문제는 민주주의의 모험, 즉 우리 스스로가 신의 계시에 의존하지 않고, 국가의 정당성과 삶의 정체성을 찾으려 떠난 근대의 모험이 대의민주주의로 인해 좌절된다는 점이다. 그렇게 우리의 마지막 동일성까지 훼손된다. "정치과정의 민주화 — 선거권 확대, 개인 권리의 확립, 여론의 중요성 증가 — 는 대중들이 대표제 정부의 각종 제도 내에서 좀 더 중요하고 적극적인 역할을 수행할 수 있도록 했다. 그러나 대중의 역할이 확대되면서 대중의 통일성(동일성)은 점점 더 분열된다. 대중이 자신을 대표하는 행위에 더욱 활발히 개입하면 할수록, 개별 구성원들 사이의 균열과 어긋남이 더욱 선명하게 드러나기 때문이다. 이런 의미에서 민주주의는 인민 전체를 대표하는 일을 더욱 어렵게 한다."[117] 대표제도 안에서는 참여가 분열의 원인이 된다. 모순을 좀 더 들여다보자.

민주주의는 국민(인민)에 의한 통치라고 정의할 수 있다. 민주주의의 실현 가능성은 별개로, 민주주의가 무슨 말인지 이해하는 것은 어렵지 않다. 그러나 대표는 그

117] 모니카 브리투 비에이라, 데이비드 런시먼 공저, 노시내 옮김, "대표 : 역사, 논리, 정치", 후마니타스, 2008~2020년, 217쪽

정의부터 모호하다. "대표는 순수하게 그 단어만 보더라도 본질적으로 애매해 보인다. 이 단어는 현존과 부재를 동시에 암시한다. 재-**현**re-presented이라는 점에서 현존하고, **재**-현re-presented이라는 점에서 부재한다."[118] 재현(대표)은 존재하며 동시에 존재하지 않는 상황이다. 3번 후보가 A의 지역구에서 선출되었다. 3번 후보가 국회에 출석할 때, A는 어디에 있는가? 3번 후보의 어딘가에는 A가 존재하는가? 존재와 존재하지 않는 것 사이에는 항상 어떠한 간격이 유지된다. 만날 수 없는 거리가 있다. 이러한 간격을 이해하는 것이 대의제 민주주의의 시작이다. 대의민주주의는 두 개의 간격으로 설명할 수 있다. 모두가 민주주의를 말하지만 대의민주주의를 이해하기는 어려워 보인다.

대표의 모호함을 조금이라도 이해하기 위해서 대표(재현)에 대한 미학적 설명에서 이야기를 시작해 본다. 미학적 측면에서 대표(재현)는 항상 무엇을 보여줌과 동시에 다른 무엇을 창조한다. 대표(재현)는 단순한 묘사와 다르다. "풍경화는 절대로 풍경의 단순 복제가 될 수 없다. 풍경화는 풍경을 재현(대표)하는 행위 속에서 그 풍경의

118] 같은 책, 32쪽

새로운 버전을 창조한다. 마찬가지로 연극배우는 등장 인물을 무대 밖에서 실존할 법한 모습 그대로 재현하는 것이 아니다. 배우는 인물을 재현하는 행위 속에서 그 인물에 생명을 불어넣는다. 따라서 대상과 그 대상을 재현한 것 사이에는 항상 '**간격**'[119] 이 존재하며, 이는 정치에서도 마찬가지다. 정치 대표자는 인민이 피대표자가 되기 전 상태 그대로 그들의 견해나 이익을 단순히 대신 발언할 수만은 없다. 오히려 인민을 대표하는 행위가 인민과 그들의 이해관계를 그야말로 새로운 버전으로 창조해 내며, 이 같은 창조성이야말로 우리의 정치적 대표제를 역동적인 형태의 정치로 특징짓는 요소다."[120]

대상과 그것을 재현한 것 사이에는 항상 간격이 존재한다. 애초에 모든 재현은 어떤 대상을 재현하는 것이 아니라, 어떤 대상에 대하여 재현하는 것이다. 국민의 뜻과 국민의 대표 사이에는 항상 간격이 존재한다. 그 간격을, 순수한 의미의 민주주의는 받아들이기 어렵다. 그러나, 대표자와 피대표자간의 간격 없는 통일성은 대표 개념에서 벗어난다. 누군가는 국민의 뜻을 외치며,

---

119] 필자 강조

120] 모니카 브리투 비에이라, 데이비드 런시먼 공저, 노시내 옮김, "대표 : 역사, 논리, 정치", 후마니타스, 2008~2020년, 215쪽

대표의 말과 국민의 뜻 사이의 동일성을 주장할 것이다. 선거 캠페인의 구호로는 효과적이다. 그러나 이것은 민주주의의 이름으로 대표제를 거부하는 일이다. 대표제를 거부한다면 단일한 정치적 집단(국가)은 성립할 수 없다. 단일한 정치집단이 없다면 우리를 다스리는 우리(국민)는 존재할 수 없다. 이것이 대의민주주의의 첫 번째 분열分裂이다. 대표자와 피대표자 사이에는 언제나 다름이 존재해야 한다. 대통령의 뜻은 국민의 뜻과 다르다. 그리고, 달라야 한다.

그리고 또 하나의 분열이 존재한다. 대의민주주의에서 대표되는 자들(국민, 인민)은, 하나이며 동시에 둘이다. 대표를 통해 대표되는 순간 그들은 하나의 통일된 정치적 집단으로, 개념적으로, 그리고 수동적으로 드러난다. 동시에 현실에서 대표되는 자들은 대표자를 선임하고 해임할 수 있는 능력자들이다. 3번 후보가 A지역 주민을 대표함으로써 A지역은 하나의 정치적 통일체로 드러난다. 동시에 현실의 영역에서 A지역 선거권자들은 3번 후보를 결정한 능동적 선택자들이다. 선거 다음날 3번 후보에게 꽃다발을 안겨준 것은 A지역 선거권자들의 힘으로 보인다. 선거권자들은 자주 대표를 통해 대표되는

"수동적 개념으로서의 국민"과 스스로 대표자를 선택하는 "능동적 현실의 개인들"로 분열되는 혼란 속에 놓여진다.

"대표 행위를 통해 그 모습이 드러나는 '인민'과 대표자를 선임하고 해임하는 '인민'이 동일하지 않다. … 인민은 어떤 의미에서는 허구일 수 있다. 그러나 또 다른 의미에서, 특히 정치인의 입장에서 볼 때, 인민이 가진 힘은 너무나도 현실적인 것이기도 하다."[121] "유권자가 대표제 정부 체계에서 하나 이상의 역할을 하게 된다. 즉 피대표자인 동시에 그 대표 행위의 최종 심판자라는 역할이다."[122] 최종 심판자로서 현실에서 만나는 인민은 자신의 입으로 말하는 자다. 그들은 투표소에서 투표를 통해 말할 수 있으나, 투표소에서만 말하지는 않는다. 그들은 카페에서도 거리에서도, 혼자 또는 여럿이 모여 말하는 자들이다. 그들의 입을 투표소의 기표 방법으로 막을 수는 없다. 그들의 목소리는 정당들이 정한 후보 목록의 방식으로만 소리지르지 않는다. 심지어 그들은 투표소에서 한 말을 언제든 뒤집을 수도 있다. 선거권자

121] 같은 책, 221쪽

122] 같은 책, 220쪽

들의 변심에는 정치적 책임이 없다.

대표되는 자들은 피대표자라는 "관념상의 지위"와 스스로 활동하는 "현실적인 존재"의 간격을 유지한다. 대표제도에서 현실과 관념은 자주 대립된다. 대의민주주의의 두 번째 분열이다. 피대표자들은 국회와 같은 대의기관에서 대표를 통해 말한 것으로 간주된다. 동시에 그들은 스스로 현실의 언어로 자신의 입으로 말하는 자들이다. 국민들이 하는 말은 대표가 대신 말한 것으로 간주되기도 하며, 현실 속에서 수 많은 말들로 모이기도 한다. "여론의 자유는 대표되는 사람들이 언제나 그들의 목소리를 낼 수 있는 가능성을 항상 열어 놓는다. 따라서 대의 정부는 대표들이 전적인 확신과 분명함을 가지고 '우리 인민We the people'이라고 말할 수 없는 체제이다." [123]

대의민주주의에서 대표자들은 어떤 경우에도 "국민의 뜻"이라는 단어를 쉽게 사용해서는 안된다. 대표의 방식으로 재현되는 국민의 뜻과 현실 국민들의 입에 걸려 있는 국민의 뜻은 언제나 다를 수 있으며, "달라야 한

123] 버나드 마넹, 곽준혁 옮김, "선거는 민주적인가 : 현대 민주주의 원칙에 대한 비판적 고찰", 후마니타스, 1997~2004년, 217쪽

다". 그 다름을 거부한 것이 바로 전체주의다. 다름을 거부하는 자들을 포퓰리스트라고 부르기도 한다. 그런 의미에서 포퓰리즘은 대의민주주의의 오해에서 출발한 자연스런 현상이다. 국민이 스스로 다스린다고 주장하는 순수한 민주주의의 열망은 대의민주주의에서 따라 나오는 다름들을 쉽게 받아들일 수 없기 때문이다.

"대중적 자치와 절대적 대표성 모두는 통치자와 피통치자 사이의 간극을 없애는 결과를 가져왔다. 전자는 피통치자를 통치자로 만든다는 이유에서, 그리고 후자는 대표가 대표되는 사람을 대신한다는 이유에서 그러하다. 한편 대의 정부는 이 '간극',[124] 을 유지한다."[125] 대의민주주의는 민주주의와 다르다. 대의민주주의는 순수한 의미의 대표제와도 다르다. 대의민주주의는 통치자와 피통치자 사이의 간격을 유지한다. 그 차이로 유지된다. 그러나 순수한 민주주의에 사로잡힌 자들은 우리가 스스로 다스린다고 외치며 통치자와 피통치자 사이의 간격을 허문다. 순수한 의미의 대표 개념을 떠올리는 자들은 대표자 속에 피대표자가 존재한다고 오해한다. 하

124] 필자 강조

125] 버나드 마넹, 곽준혁 옮김, "선거는 민주적인가 : 현대 민주주의 원칙에 대한 비판적 고찰", 후마니타스, 1997~2004년, 217쪽

지만 대의민주주의는 언제나 이 모든 것을 거부한다.

대의민주주의에서 대표자와 피대표자는 같지 않으므로 서로의 존재를 인정해야 한다. 대표자와 피대표자는 달라야 한다. 국민의 뜻을 정확히 대변하고 있다고 주장하는 대표자는 대의민주주의의 적이다. 3번 후보는 A의 지역구 주민을 대표한다. 그러나 3번 후보는 A지역구 주민들의 뜻을 대신하는 것이 아니며, 둘의 뜻은 동일할 수 없다. 달리 보면, A지역구의 개인들은 하나의 뜻을 가질 수 없다. 그것은 대표 제도를 통해 상상된 개념일 뿐이다. 둘 간에는 통치자와 피통치자의 간극이 유지된다. 그것을 인정하는 것이 대의민주주의다. 대의민주주의는 민주주의와 대표 제도가 각자의 역사 속에서 걸어온 길을 막아 서는 방법으로 새로운 길을 모색한다.

대표의 방식으로 재현되는 "국민의 뜻"과 현실 국민들의 침묵 속에 숨어 있는 "국민의 뜻"은 언제나 다를 수 있으며, "달라야 한다". "달라야 한다"는 엘리트들의 우월성으로 장식된 대의제를 향해 던지는 민주주의의 마지막 함성 같은 것이다. 여기 "달라야 한다"는 규범規範이나 당위當爲의 의미가 아니다. 다르지 않으면 어떤 대가를 치른다는 의미가 아니다. (대의) 민주주의라는 모호한 길을 가기 위해서는 나와 나의 대표가 다름을 분명히 인정해야 한다는 의미다. 심지어 나는 나의 현실적 선거권 행사의 반대 방향에서도 "우리"를 만날 수 있다. 나는 내가 뽑은 대표의 적이 될 수도 있다는 의미다. 나의 정치적 상대방政敵도 "우리"에 포함될 수 있다는 의미다. 민주주의에서 우리를 다스리는 관념적 "우리"는 단수로 인정받기 위해 통일성이 필요하다. 대표가 필요하다. 대표가 누구이든, 왕이든 독재자든 또는 플라톤의 철인이든, 그가 악마이든 천사이든, 나는 나의 대표와 달라야 하며, 나는 대표되는 나와 달라야 한다.

예를 들어 내가 우리 공동체의 대표가 된다고 가정해 보자. 내가 대표가 되는 순간 나는 하나이면서 둘이다. 현실의 나는 나의 것을 생각하지만, 대표가 된 나는 공공의 것을 고민하는 자다. 하나는 둘로 변한다. 신비의 언어다. 그것이 공공의 것Res Publica[126]과 그렇지 않은 것을 구분하는 공화국Republic의 시작이다. 나의 대표는 "나"의 대표이므로 관념상 나와 동일하며, 동시에 나의 대표는 "우리"의 대표이므로 관념상 나와 다르다. 나와 "달라야 한다"는 민주와 공화와 자유로부터 자라난 민

126] 공공의 것을 뜻하는 라틴어. 공화국, 공화제 등으로 번역되는 Republic의 어원.

주주의의 버릴 수 없는 마지막 깃발이다. 대의 민주주의는 복잡하며 모순적이다. 모순을 가지고 태어난 대의 민주주의로 국가의 정당성과 개인의 의미를 찾아가겠다는 노력은 어쩌면 불가능해 보인다.

입술에 국민의 뜻이 걸려 있는 자들, 국민의 뜻을 정확히 알고 있다고 주장하는 자들, 민주주의를 명확한 개념으로 이해한 자들, "역사가 긋는 선은 항상 주변으로 번진다"[127] 는 역사의 교훈을 거부하는 자들, 이들은 "달라야 한다"를 경멸하는 자들이다. 이들은 민주주의의 혼란함을 못 본 체하는 자들이다. 이들은 진리의 단순함과 명료함을 숭배하며 진리를 실현하려 뛰쳐 나간다. 진리를 말하는 자들은 "달라야 한다"와 함께 머무를 수 없는 자들이다. 진리는 언제나 누구에게나 진리이기 때문이다. 진리는 분열을 허락할 수 없기 때문이다. 어떤 의미에서 진리를 입에 담는 자들은 민주주의의 적이다. 민주주의가 대의민주주의로 나타는 한, 민주주의는 언제나 명료한 선언이 아니라 모호한 가능성의 모습으로 생존하기 때문이다.

127] "자연이 긋는 선은 항상 주변으로 번진다(Nature never draws a line without smudging it)" - 윈스턴 처칠 - 에서 변용함.

대의민주주의의 혼란스런 수사법은 민주주의의 가능성을 논하기도 전에 도대체 민주주의가 무엇인지에 대한 답변을 흔들리게 한다. 모호함 속에서 살아 남은 것은 오로지 소수의 지배와 세련된 귀족정이다. 그럼에도 불구하고 다수는 떠나지 못한다. 다수와 소수로 찢겨지고(다수결 제도), 소수 귀족의 지배(대표 제도)로 모욕당한 국민들이 국민으로 남아 있는 이유는, 사회 계약과 같은 이성적 선택이 아니다. 다른 방법을 찾을 수 없는 현실의 아우성이다. 국가를 떠나서는 단 하루도 살 수 없기 때문이다. 현대의 국가주의는 자유와 평등을 부르며 달려온다.

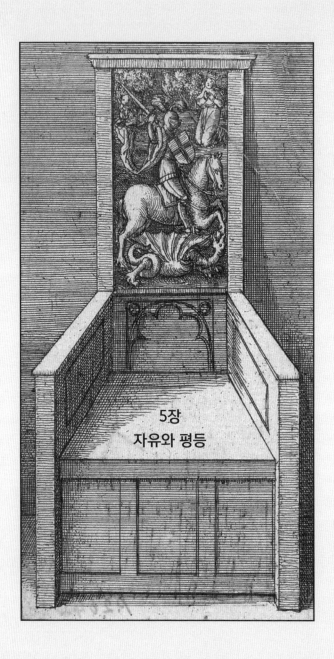

5장
자유와 평등

"국민국가 체계에서 소위 신성하고 양도불가능한 인권은 어느 한 국가의 시민권이라는 형태를 더 이상 띠지 못하게 되자마자 모든 후견인을 상실한다."

– 조르조 아감벤

"뭔가 불순한 의도를 가진 자들만이 세상을 쉽게 설명하려고 한다. 그들은 한 줄 또는 두 줄로 세상을 정의하고자 한다. 예컨대, 다음과 같은 명제가 그런 것이다. 법 앞에서 만인은 평등하다."

– 천명관, 소설 "고래" 중

자유와 평등은 언제나 민주주의의 목표이며 민주주의의 방향이었다. 민주주의의 절차와 형식은 모호할 수 있지만, 그 목표는 흔들리지 않는 듯 했다. 자유와 평등을 향해 사람들은 기꺼이 삶을 역사 속에 밀어 넣었다. 민주주의는 언제나 자유와 평등을 앞세우고 다가온다. 민주주의의 내용은 명확해 보인다. 다만, 언제나 그렇듯, 질문을 시작하기 전까지만 그렇다.

민주주의를 이야기할 때, "자유"는 거리끼는 무엇이다. "다수의 지배"가 현실에서 실행되면 "개인의 자유"는 소멸하기 때문이다. 다수는 "개인"과 다르고, 지배는 "자유"를 증오하기 때문이다. 민주주의는 다수가 하나의 의지로 통일됨을 상상하고, 자유주의는 다수에 굴복하지 않는 하나를 소리친다. 인간이 만든 수 많은 조어^{造語} 중에 "자유민주주의"는 가장 무거운 거짓말일지도 모른 다.

민주주의의 교과서에 "자유민주주의"를 써놓을 때 마다, 현실 속 어떤 자유는 민주주의에 묻어 있는 전체 주의의 흔적을 의심한다. 헌법 어딘가에 써 있는 "자유 민주주의"만으로는 통치의 힘과 통치로부터 벗어날 힘 이 함께 있을 자리를 만들지 못한다. 자유민주주의라는 동그란 삼각형은 공산주의와 같은 공통의 적을 상대하 는 과정에서 우연히 하나의 선을 그려왔다.

낯선 나라의 광장에 "쓰레기를 버리지 맙시다"라는 현수막이 여기 저기 붙어있다면, 우리가 그 나라에 대 해 분명히 알 수 있는 것이 하나 있다. 그곳에서는 쓰레 기 무단 투기가 사회문제라는 사실. 즉, 그 나라의 사람 들이 쓰레기를 아무 곳에나 버리고 있다는 사실이다. 외 계인이 지구에 잠깐 들려 인간의 역사와 이런 저런 규정 을 확인해 본다면, 인간들이 있는 곳에서는 항상 평등이 문제라는 사실. 즉, 인간들은 불평등하다는 사실을 알게 될 것이다.

어느 시대나 어디에서나 평등은 사회문제였고, 혁명

의 노래였다. 여전히 그렇다. 많은 경우 민주주의란 모두가 선거권을 가지고 모두가 한 표씩 투표할 수 있는 정치적 평등의 다른 이름일 수도 있다. 보통 선거와 평등 선거가 일반화된 이후에도 여전히 민주주의에서 평등은 문제로 남아 있다.

어쩌면 평등이란 인간이 다다를 수 없는 초월의 문제다. 애초에 평등은 "신 앞의" 평등이 "법 앞의" 평등으로 이전된 역사다. 평등에 있어서 인간은 평등을 실현하는 주체가 아니라 외부의 강제에 의해 평등을 강요당하는 존재일지도 모른다. 그렇게 본다면 평등은 어떤 상태에 대한 설명이 아니라 권력의 작동을 통해 이루려는 이상향에 가까울 것이며, 따라서 권력이 힘을 발휘하는 명분일 것이다.

평등의 의미와 방법은 제각각이지만 현실에서 평등은 국가권력에 의한 평등이며, 국가권력을 향한 평등이다. 따라서 현실 속 인간의 존엄들은 그들의 국적에 따라 색이 다르다. 국경을 넘어가는 순간 평등은 없다. 국경선은 불평등선이다. 어떻게 보면, 평등주의는 처음부터 국가주의를 환영하는 손짓이었다.

선택 가능성이 없는 상황에서의 자유는 자유에 대

한 회의감일 뿐이다. 민주주의 옹호자들은 언제나 국민들의 선택과 동의를 민주주의의 영혼으로 여긴다. 소수와 다수로 찢기고, 대표제 귀족들의 통치에 분노를 숨길 수 없지만, 국가는 포기할 수 없다. 선택이나 동의가 아니다. 경제와 국가가 동거하고 삶과 국경이 맞붙어 있는 현실의 승리다.

자유와 다른 자유

"오늘날 정치 형태로서 '자유-민주' 국가라든가 '민주-자유' 국가 따위를 이야기하는 우리들은 자유주의와 민주주의라는 것이 상호 의존적인 개념이겠거니 생각하게 된다. 그러나 그 실제에 있어서 이 둘 사이의 관계는 아주 복잡할 뿐만 아니라, 어떤 의미에서도 서로 연결되거나 부합하는 관계이지 않다. 가장 일반적으로 이해되고 있는 두 개념에 대한 정의는 이러하다: 자유주의 liberalism는 국가에 대한 어떤 독특한 태도를 일컫는 개념으로서, 국가의 권력과 기능은 제한적이라고 보는 신조이다. 따라서 자유주의는 절대국가나 오늘날 이야기되고 있는 사회국가social state와는 상반되는 것이다. 민주주의democracy는 통치 형식의 하나로서, 통치의 힘, 즉 통치권이 한 개인이나 몇몇 소수의 수중에 장악되어서는 안 된다고 믿는 신조이다. 민주주의는 권력이 모든 사람들의 혹은 다수의 사람들의 수중에 놓여 있어야 한다는 것이다."[128]

문자적으로만 접근하면 둘은 다른 범주에서 다른 이야기를 하고 있다. 자유주의가 (국가를 포함한) 권력에 대한 태도에 관한 이야기라면, 민주주의는 통치의 방법에 대한 이야기다. 자유가 개인과 권력 간의 배치문제라면, 민주는 다수가 권력을 획득하고 행사하는 문제다. 둘은 주어가 다르고 그 주어가 관계 맺는 상대가 다르다. 고전적 의미의 자유를 극단으로 밀어 부치면, 민주가 획득하려는 국가의 권력은 무시된다. 민주는 권력을 획득하려 하며, 자유는 권력으로부터 벗어나려 한다. 그렇게 자유와 민주는 함께 부르기에 어색하다.

개념은 관념의 활동이다. 관념은 현실의 경험을 이기지 못한다. 민주와 자유는 역사 속에서 동맹관계를 유지했으며 가끔은 동의어처럼 사용되기도 했다. 우리는 관념이 아니라 현실의 세계 속에서 삶을 꾸린다. 따라서

128] 노르베르토 보비오, 황주홍 옮김, "자유주의와 민주주의", 문학과지성사, 1990~1992년, 11쪽

자유민주주의의 문제는 그것이 개념적으로 가능한가에 대한 관념의 문제가 아니라 그것의 경험적 쓰임의 문제로 접근하는 것이 옳다. 우선 자유와 민주의 개념상 문제에 대한 이야기를 정리하고 역사 속의 흔적으로 넘어간다.

자유의 의미는 다양하다. 그 다양함이 오해의 원인이다. 자유를 이야기할 때 우리는 무엇을 상상하는가? "고대 공화국의 시민들에게 자유는 자신의 주권을 가지는 문제였다. 그것은 기본적으로 공적이고 정치적인 자유였다. … 그와 달리 근대적 자유는 기본적으로 개인적이었다. … 정치 영역 내의 자유라기보다는 정치 영역으로부터의 자유였다."[129] 자유는 시대에 따라 다른 자유를 의미한다. "자유"에 대한 개념적 혼란이 "자유민주주의"에 대한 헛된 망상의 원인이 된다.

두 개념의 강렬한 대비는 뱅자맹 콩스탕의 연설을 인용한 앨버트 허시먼의 설명을 예로 들 수 있다. "고대적 자유는 그리스 폴리스의 시민들이 공공의 문제에 열심히 참여한 것이고, 반면에 현대적 자유는 시민들이 자

129] 앨런 라이언, 남경태·이광일 옮김, "정치사상사 : 헤로도토스에서 현재까지", 문학동네, 2012~2017년, 16쪽

신의 종교 활동을 수행하고 사상과 활동, 영리의 문제를 추구할 수 있는 넓은 영역에서의 권리였다. … 콩스탕은 상당한 정도로 자신의 두 가지 자유가 상호 배타적인 것으로 보았다. 그렇기 때문에 그는 장자크 루소, 그리고 루소 사상의 영향을 받은 자코뱅파 혁명가들이 고대적 자유를 패러다임으로 채택해 시대착오적이고 유토피아적인 목표를 추구한 결과 파멸에 이르렀다고 비판할 수 있었다."[130]

자유주의와 민주주의가 함께 있는 곳에서 고전적 의미의, 즉 본래적 의미의 자유는 기억 속에서 사라져 간다. "오늘날 두 개의 주장들 중의 하나는 국가 권력은 제한되어야 한다는 것이고, 다른 하나는 국가 권력은 고루 분배되어야 한다는 것이다. … 모든 사람이 직접 결정 과정에 집단적으로 참여하는 곳에서의 개인이란 전체의 권위 아래에 복속되기 마련이어서 사생활의 주체(a private person)로서의 개인적 자유는 상실되어 버린다. … 계속적으로 집단적인 권력에 적극적으로 참여하는 가운데 형성 가능하였던 고대인들의 자유를 오늘날의 우리들이

130] 앨버트 O. 허시먼, 이근영 옮김, "보수는 어떻게 지배하는가", 1991~2010년, 웅진지식하우스, 132~133쪽

누린다는 것은 더는 가능하지 않다."[131]

　민주주의와 자유주의는 그것이 탄생하고 자라난 시대를 달리한다. 사상은 시대의 자식이다. 전혀 다른 성장기를 지낸 두 개념을 하나로 묶기 위해서는 인내가 필요하다. "국가에 대한 하나의 이론으로서의 그리고 역사 해석에 대한 하나의 핵심 이론으로서의 자유주의가 근대적인 반면, 정부 형태로서의 민주주의는 고대적인 것이다."[132] 사실 이것은 민주주의의 근본 모순 중 하나다. 우리가 아는 민주주의란, 그 성장배경을 전혀 달리하는 몇 개의 사상 또는 통치 형태들이 역사의 폭풍을 피해 잠시 정박한 공동의 항구다. 아테네의 민주와 근대의 자유와 로마의 공화가 버무려진 혼합물이다.

　고대의 정부 형태와 근대의 사상이 같은 배를 타게 된 우연의 역사는 공동의 적으로부터 받은 선물이었다. 근대적 개인이 중세의 군주들과 전투를 벌이는 과정에서 자유주의와 민주주의는 하나의 목소리를 찾아냈다. 왕으로부터의 자유는 다수의 지배와 다르지 않은 것으로 보였다. 소비에트 연방과의 결전을 벌이던 냉전의 장막

131] 노르베르토 보비오, 황주홍 옮김, "자유주의와 민주주의", 문학과지성사, 1990~1992년, 12~13쪽

132] 같은 책, 36쪽

은 자유민주주의 세력이라는 하나의 울타리를 획정할 단단한 토양이 되었다. 그렇게 자유와 민주는 적극적 포옹이 아니라 소극적 인내로 서로를 용납하며 견뎌왔다. 냉전을 마치고 돌아서는 역사가 둘 간의 불화를 목격하는 것은 당연한 일이다.

자유민주주의 위기론들은 두 개념이 현실에서 부딪치고 있는 현장을 중계한다. 야스차 뭉크의 책 "위험한 민주주의"가 보여주는 그 현장에는 포퓰리스트들의 "권리보장 없는 민주주의"와 선거제도의 한계와 같은 "민주주의 없는 권리보장"들이 넘쳐난다. "자유주의와 민주주의는 대부분의 시민들(그리고 많은 학자들)이 생각했듯 자연스럽게 하나로 뭉치지 못했다. '국민의 뜻'이 갈수록 '개인의 권리'와 충돌하면서, 자유민주주의는 그 구성요소의 해체를 겪고 있다. 이는 심각한 사태다. 왜냐하면 첫째, 자유주의와 민주주의는 모두 타협이 불가능한 가치들이기 때문이다. 개인의 권리를 포기할까? 국민의 뜻을 외면할까? 그 어떤 선택도 불가능하다. 두 번째로, 반자유주의적 민주주의나 비민주적 자유주의나 안정적인 체제가 아니라는 것이 점점 확인되고 있다."[133]

133] 야스차 뭉크, 함규진 옮김, "위험한 민주주의 : 새로운 위기, 무엇이 민주주의를 파괴하는가", 와이즈베리, 2018년, 129쪽

"반자유주의적 민주주의" 또는 "비민주적 자유주의"라는 위기론적 접근은 그 자체로 자유민주주의에 대한 열망과 그 성공에 대한 염원을 강하게 드러낸다. 민주주의와 자유주의의 반목을 포퓰리즘과 같은 민주주의의 병리적 현상으로 접근하게 된다. 그러나, 근본적 모순은 봉합될 뿐 치유의 대상이 아니다. 자유와 민주의 반목은 치료할 수 있는 현상일까? 아니면 해결 불가능의 모순인가? 답변을 준비하는 동안 문제는 더 어려워진다. 새로운 자유주의의 출현이다. 새로운 것은 예전 것보다 독할 경우가 많다.

　　신자유주의는 이렇게 말한다. "민주주의는 본질적으로 수단이다. 즉, 민주주의는 내적 평화와 개인의 자유를 보호하기 위한 실용적 도구utilitarian device이다. 민주주의 그 자체가 결코 오류에 빠지지 않거나 확실한 것은 아니다. 또한 우리가 잊지 말아야 할 것은 민주체제 아래에서보다도 독재적 지배 아래에서 문화적 자유와 정신적 자유가 더 컸던 적도 자주 있었다는 사실이다. 매우 동질적이면서도 교조주의적인 다수의 지배를 받는 민주정부가 오히려 최악의 독재만큼이나 압제적일 수 있다는 것은 전혀 불가능한 일이 아니다."[134] 민주주의의 이상을 다수에 의한 지배라고 주장하며 길을 나서는 순간 누군가는 그것을 다수의 독재라고 의심할 것이다.

"하이예크는 경제적인 자유와 개인적인 자유 사이에는 분리시킬 수 없는 상관성이 있다는 것을 집요하게 역설한다. 그 같은 논리의 연장선상에서 그가 강조하는 것은 자유주의와 민주주의의 명확한 분리, 다시 말하면 자유주의의 사상적 출발점이었던 경제 이론으로서의 자유주의와 정치 이론으로서의 민주주의의 확실한 구분의 중요성에 대해서이다. 하이예크는 경제적인 자유가 개인의 자유의 첫째 조건이라고 생각하는데 그는 이 개인의 자유는 그 자체로서 본질적인 가치를 지니는 것이라고 보는 반면, 민주주의가 지니는 가치는 오직 수단적일 뿐이라고 보고 있다."[135]

"절대주의에 대한 지난날의 투쟁을 전개할 때의 자유주의와 민주주의는 같은 입장을 가지고 협조적이었거나 서로서로 영향을 주고 받는 혼융의 관계이었을지

134] 프리드리히 A. 하이에크, 김이석 옮김, "노예의 길 : 사회주의 계획경제의 진실", 자유기업원, 1944~2018년, 117~118쪽

135] 노르베르토 보비오, 황주홍 옮김, "자유주의와 민주주의", 문학과지성사, 1990~1992년, 97~98쪽

도 모른다는 사실을 하이예크는 인정한다. 그러나 이제는 그 같은 혼돈의 시기는 지나버렸다고 하이예크는 주장한다. 민주주의화의 과정이 잠재적으로, 그리고 실제적으로 비자유주의illiberalism이기 십상이라는 사실을 통해서뿐만 아니라 그 밖의 다른 사실들을 통해서도 우리들에게 확신시켜주는 바는 자유주의와 민주주의의 신조들은 서로 다른 문제들에 대한 반응이라는 것이라고 그는 주장하는 것이다. 하이예크에 따르면, 자유주의는 정부의 역할과 기능의 문제, 특히 정부의 권한을 제한하는 문제에 관심 갖는 반면, 민주주의는 누가 통치할 것인가 그리고 어떤 절차를 거쳐서 하는 것인가의 문제에 관심을 갖는다."[136]

신자유주의의 사상가 하이예크의 논리는, 경제와 정치의 영역을 엄밀하게 나눌 수 있다는 전제. 그리고, 하나의 국가 시스템을 작동시키는 두 개의 원리가 나누어 분석될 수 있다는 추론을 전제한다. 이것이 현실에서 경제적 자유와 정치적 자유를 구분하는 논리다. 어색하다. 극빈자 급식소에 틀어놓은 선거 참여 독촉 방송 같다. "경제 이론으로서의 자유주의와 정치 이론으로서의 민

136] 같은 책, 98쪽

주주의의 확실한 구분"과 같은 선언은 괴이하다. 개념은 추상적이며 그만큼 현실은 구체적이다. 추상적 논리를 마치 현실의 구체적 물건처럼 취급하는 일은 흔히 빠지는 오류다.

그 추상적 논리가 자유주의나 민주주의와 같은 어떤 ~주의라면, 따라서 이데올로기로서의 성격을 갖는다면, 이데올로기의 최소한은 과거에 대한 해석과 현재에 대한 지식과 미래에 대한 예측의 일관성이므로, 그 일관성을 핑계로 이데올로기를 현실에 적용하려는 이들은 그 생각들과 그 대상인 세계의 망측한 불확정성, 즉 성함과 쇠함의 무질서한 반복을 거부하려 한다. 신자유주의는 그것이 극단의 불평등과 비인간화의 결말을 예상하고 있음에서 비판 받기 전에, 고정된 개념으로 인간사를 설명하고 예측하려는 다른 모든 시도들(공산주의 등)과 함께 그 무력함을 드러낸다.

이데올로기와 같은 일관된 세계관으로 인간의 이야기를 하는 자들을 경계해야 한다. 그들은 세계와 인간을 실험실에 놓여진 대상으로 바꾸어 보고 싶어한다. 인간을 대상으로 하거나 배경으로 하는 이야기에서 엄밀한 측정 도구를 꺼내 들면 이야기는 실패한다. 경제와 정치의 분류는 국가의 관여 영역이 사회 전체로 확대된 현재의 시스템에서는 흐릿한 흔적일 뿐이다. 신자유주의가 대통령 레이건과 수상 대처를 거쳐 전세계를 호령하기 시작했을 때부터, 어쩌면 자유는 새로운 의미로 자리 잡았다. 이제 많은 이들에게 자유란, 공공의 문제와는 관련 없다. 자유는 "시장의 자유", "욕망의 자유", "소비의 자유"가 되었다. 그리고 그것들은 국가로부터의 자유가 아니라 국가에 의한 자유다.

민주주의는 인간과 국가가 관계 맺는 하나의 방법이다. 그리고, 모든 "인간 됨"의 토대에는 "변함"이 있다. 인간과 인간의 집단인 국가, 인간과 국가를 바라보는 인간의 시선, 그리고 관계의 방법을 측정하는 인간의 방법들은, 모두, 항상, 변한다. 작은 정부의 방임과 시장의 자유를 외치는 이들, 신자유주의로 인해 금융자본이 국가를 탈취했다고 주장하는 이들, "자유 없는 진리보다 진리 없는 자유를 택하겠다"고 말하는 어느 시인, "너희가 내 말에 거하면 참 내 제자가 되고, 진리를 알지니, 진리가 너희를 자유케 하리라"에서 마지막 부분만 써 놓은 말뚝. 그 모든 자유들은 인간의 자유로운 의지에 의한 선택의 가능성을 변함 없는 사실로 전제한다. 그 모든 의지와 선택의 주어는 언제나 "개인"이다. "개인"의 발명은 근대 사회의 시작이다. "개인"이란, 존재하는가? 아니면 구성되는가? 그리고 현대의 개인과 근대의 개인은 같은 "개인"인가?

최후의 개인

"자유주의의 철학적 핵심은 개인주의이다. … 개인을 사회와 사회제도 및 사회구조보다 앞서는 것으로 보고, 사회보다 더 현실적이고 더 기본적인 것으로 본다. 그것은 또 사회나 집단보다는 개인에게 더 높은 도덕적 가치를 부여한다. 따라서 개인의 권리와 요구는 사회의 그것보다 도덕적으로 앞선다. … '개인individual'이란 단 한 사람이라는 뜻이다. '단 하나'를 강조할 때 그것은 한 사람이 다른 사람들과 공통된 면보다는 구별되는 면을 강조하게 된다. 그러한 개인관은 한 사람을 각기 떼어내어 생각한다. 따라서 성취와 자아실현의 문제는 어디까지나 독자적인 개인의 책임이라고 생각한다. … 인간과 자연의 관계에 대해서도 인간을 자연의 세계에서 떨어져 있는 존재로 이해한다. 인간과 자연을 떼어서 보는 태도는 근대과학의 정통적 과학관을 그대로 반영한 것(이다)"[137]

근대는 개인의 시간이다. 근대의 신은 개인이다. 개인은 사회보다 앞서고, 개인은 자유롭게 의지하고 선택한다. 개인은 다른 이들과 그리고 자연과 분리된다. 개인은 그렇게 모든 것에게 가치를 부여하는 자다. 모든 것에게 이름을 부여했던 아담의 부활이다. 개인을 신으로 격상한 자유주의가 아테네의 신전 아래 놓인 아고라를 바라볼 이유는 없다. 근대의 개인은 고대의 민주주의에게 빚진 것이 전혀 없다.

오늘날 "개인의 자유"에 대한 답은 쉽지 않다. 한쪽에서는 자유를 개인이 "존재와 의미와 세계와 삶의 신비에 대하여 자기 스스로 정의할 수 있는 권리"[138]로 받아들인다. 나는 나 자신과 나를 둘러싼 세계의 모든 것에 대한 의미와 가치를 홀로 결정할 수 있는 능력을 보유하며 그것은 권리로서 행사할 수 있다. 다른 쪽에서는 개인의 자유의지 자체를 의심한다. 그들은 프로이트의 무의식

137] 노명식, "자유주의의 역사", 책과함께, 2011년, 41~42쪽

138] "At the heart of liberty is the right to define one's own concept of existence, of meaning, of the universe, and of the mystery of human life." [U.S. Supreme Court justice Anthony Kennedy, in the 1992 decision Planned Parenthood v. Casey]

과 심리학의 다양한 실험[139]에 관심을 둔다. 현대 심리학과 뇌과학의 다양한 논의를 지켜보면서 개인의 자유 의지를 확신하는 것은 쉽지 않아 보인다.[140]

문제는 자유가 불러올 삶의 모습이다. 신은 죽었으나, 인간은 신을 놓치 못한다. 인간은 불안하다. 인간은 신의 대용품이 필요하다. 그들은 욕망하고 욕망은 소비를 갈망한다. 욕망은 충족되는 것이 아니라 이리저리 옮겨 다니고 확장될 뿐이다. 소비 외에는 그 인간의 인간됨을 드러낼 다른 방안이 없다. 소비는 삶의 이유가 된다. 그렇게 소비는 신의 대용품이 되고 인간은 자유롭다고 느낀다. 개인은 자유롭게 욕망하는 자다. 개인은 선택의 주체가 아니라 욕망의 주체다. 마이클 샌델의 말대로 "자유는 참여의 자유가 아닌 공정한 소비의 욕망으로 변화되었다." 인간에게 돌볼 목자牧者는 필요 없다.

"돌볼 목자는 없고 가축의 무리가 있을 뿐! 모두가 평등하기를 원하며 실제 평등하다. 어느 누구든 자신이 특별하다고 느끼는 사람은 제발로 정신병원으로 가기 마

139] 대표적인 실험으로는 벤자민 리벳의 실험 등이 있다.

140] 자유의지 회의론자들은 "심리학의 여러 결정론은 우리가 자유의지라고 생각하는 것이 환상이라고 가르친다. 우리는 진화나 조기 배변 훈련, 시냅스에서 이루어지는 화학적 작용 등에 의해 행동하도록 조종된다."라고 주장한다. (하비 콕스, 유강은 옮김, "신이 된 시장 : 시장은 어떻게 신적인 존재가 되었나", 문예출판사, 2016~2018년, 64쪽)

련이다. '옛날에는 세상이 온통 미쳐 있었지.' 더없이 명민한 자들은 이렇게 말하고는 눈을 깜빡인다. 사람들은 총명하여 일어난 일들을 모두 기억하고 있다. 그러니 사람들이 하는 조소에 끝이 없을 수밖에. 사람들도 다투기는 하지만 이내 화해한다. 그렇지 않으면 위에 탈이 나기 때문이다. 사람들은 낮에는 낮대로, 밤에는 밤대로 자신들의 조촐한 환락을 즐긴다. 그러면서도 건강은 끔찍이도 생각한다. '우리는 행복을 찾아냈다.' 인간말종[141]들은 이렇게 말하고는 눈을 깜빡인다.”[142]

최후의 인간은 두 번 눈을 깜빡인다. 미쳐 있던 옛날과 행복을 찾아낸 지금 사이에서 그들은 명민하다. 돌볼 목자 없는 가축들은 행복을 신으로 여긴다. 그들에게 행복은 소비의 동의어다. 소비하는 인간은 소비하기 위해 태어나, 소비하며 삶을 소비한 후, 소비의 기술을 남기고 죽는다. 그들의 새로운 목자는 자유로운 소비다. 그들은 모든 것을 소비하는 방법으로 자신의 모든 자아를 소비한다. 소비는 욕망을 만족시키지 못한다. 욕망은 애

141] 독일어 “der letzte Mensch”의 번역, 영어로는 “the last man”, 한국어로는 “말인(末人)”, “마지막 인간”, “최후의 인간” 등으로도 번역된다.

142] 프리드리히 니체, 정동호 옮김, “차라투스트라는 이렇게 말했다”, 책세상, 1968~2000년, 25~26쪽

초에 만족의 대상이 아니다. 소비는 다만 인간을 소비와 동의어로 만든다. 소비는 욕망의 쉼 없는 채찍질이다. 돌볼 목자가 사라진 인간에 대한 우화는 욕망의 민주주의와 연결된다. 민주주의는 욕망의 자유 시장이 되어 자유와 만난다.

그리스의 민주주의를 경험했던 플라톤은 근대의 개인이 나타나기 전부터 민주주의가 욕망의 자유로 전락할 것임을 예상했다. 그의 민주주의 회의론은 마치 현대 사회에 대한 예언처럼 읽힌다. 민주주의가 자유라는 이름으로 일체의 고귀함을 파괴한다. "(민주 정치체제에서 내세우는 좋은 것이란) 바로 자유라네. 자유에 대한 만족할 줄 모르는 욕망과 그것이 낳은 다른 것들에 대한 무관심이 민주 정치체제를 바꾸어 버리고 참주 정치체제가 필요하도록 만들었다고 할 수 있겠지. … 자유는 개개인의 감정에까지 스며들어 마침내 무정부상태가 만연할 것이네. 예를 들면, 부모는 자식을 두려워하고 자식은 부모 앞에서 부끄러워하지 않으며 거류민은 시민같고 시민은 거류민과 같아진다네, 또 선생은 학생을 무서워해 이들에게 아첨하고 학생들은 선생을 경시하며, 젊은이들은 어른들에게 대드는 반면 노인들은 젊은이들에게 채신머리 없이 군다네. … 속담에서 말하듯이, 개가 주인이 되고 당나귀들이 거리를 활보하면서 거치적거리는 사람을 들이받는다네. 다시 말하면 지나친 자유가 시민들 영혼을 민감하게 만들어 어떤 형태의 굴종에도 참지 못하게 하며 마침내는 법률조차 아랑곳하지 않게 한다네."[143]

플라톤의 "국가"를 조금 더 생각해 볼 필요가 있다. 민주주의에서 모두는 동등한 한 표씩 정답을 만들 수 있다고 믿는다. 각각의 한 표는 그 이유에 있어 자유다. 어떤 공통의 신념, 확고한 상식, 방향의 공유와 같은 것들의 강요 없이 만들어진 한 표다. 모두는 모두로부터 자유롭다. 각각의 독립된 올바름이 모여 좀 더 정답에 가까운 국가를 만들 수 있다고 꿈꾼다. 모두가 옳을 수 있다는 가능성은 어떤 것도 옳지 않다는 맹세를 요구한다. 모두가 정답이므로 정답은 없다. 어떤 욕망도 존중된다. 모든 욕망은 자유롭다.

"민주정치체제의 가장 큰 특징은 모두가 '제멋대로 할 수 있는 자유'를 갖는다는 점이다. … 민주정치체제에서는 욕망은 욕망인 한 모두 평등하다. 어떤 욕망이 더 좋고, 어떤 욕망은 더 나쁘다는 가치 판단을 욕망에 대

143] 플라톤, 최광열 편역, "플라톤의 국가", 아름다운날, 2014년, 258~259쪽

해서는 할 수 없다. … 민주정치체제에 오면 이제 가치 판단의 보편적 기준은 없다. 사람들이 각자 보기에 좋은 대로 행동하는 것은 언제나 정당하다. 절대적인 진리는 없고, 각 사람은 그 나름의 이유를 근거로 욕망한다. 그리고 다른 사람을 비판할 수 있는 사회 전체의 보편적인 근거, 혹은 모두가 동의하는 상식은 없다. 각 사람은 언제나 옳다."[144]

민주주의를 벗어나지 않는 한, 상식의 이름으로 개인을 비판할 수는 없다. 개인들은 언제든 새로운 상식을 만들어 낼 수 있기 때문이다. 자유로운 개인은 무엇이든 욕망한다. 민주주의는 영원히 앞으로만 나아가는 나침반 없는 항해다. 정해진 궤도는 민주주의의 적이다. 장엄함은 없다. 위대함은 부정된다. 민주주의에서 부서질 수 없는 진리란 없기 때문이다. 진리는 독재의 친구다. 영원은 민주주의의 반의어다. 민주주의에서는 언제든 변화될 수 있는 순간의 합의만 잠깐 빛났다가 바로 사라진다. 민주주의의 시간은 언제나 현재만 가리킨다.

"(민주주의 비판자들에게) 민주주의는 부패한 통치체제가 아니라, 국가와 사회에 부정적인 문제를 야기하는 하나

144] 이종환, "플라톤 국가 강의", 김영사, 2019년, 295~296쪽

의 문명적 위기인 것이다."[145] 민주주의가 나아갈수록 민주주의는 누군가의 증오의 대상이 된다. "민주주의 통치를 위기로 몰아넣은 것은 다름 아닌 민주적 삶의 심화이다. … '민주적 삶'은 한편으로는 국민 권력을 확인하는 무정부주의의 원칙과 같은 것(이다)."[146] 어떤 의미에서 민주주의의 이데올로기는 "욕망의 무정부주의"다.

개인이 자유로운 욕망으로 빛나는 혼돈을 경험하는 동안, 자유는 국가와 새로운 관계를 모색한다. 자유로운 개인은 민주주의의 구성원이며, 민주주의는 개인과 국가와의 관계이기 때문이다. 자유주의와 민주주의는 개념상 또는 역사상 모순과 연대를 반복했다. 생각해 보면, 자유주의와 민주주의는 상호간에 일어나는 충돌과 연합으로 서로를 마주하는 것이 아니다. 자유주의와 민주주의는 국가를 매개로 마주친다. 민주주의 국가는 개인이 자유를 외칠 때마다 나름의 방법으로 국가의 권력을 강화한다. 자유의 가장 큰 아이러니다. 개인의 자유로 인해 국가의 권력은 확대된다.

145] 자크 랑시에르, 허경 옮김, "민주주의는 왜 증오의 대상인가", 인간사랑, 2005~2011년, 25쪽
146] 같은 책, 36쪽

국가의 자유

대부분의 교과서들은 자유를 국가로부터의 "소극적 자유"와 국가를 통한 "적극적 자유"로 구분한다. 두 개의 자유는 조금씩 의미를 바꿔가며 자유를 해석하는 정답처럼 굳어졌다. 이에 의하면, 자유는 개인과 국가의 관계 속에서 개인이 국가의 억압으로부터 벗어나 자유롭게 자신의 권리를 행사할 수 있는 소극적 자유와 개인이 실질적 자유의 증진을 위해 국가에게 적극적 작용을 요청할 수 있는 적극적 자유로 구분된다. 신체의 자유, 양심의 자유와 같은 고전적인 국가로부터의 자유는 전형적인 소극적 자유다. 반면 복지국가 원칙과 관련된 각종 청구권 등은 전형적인 적극적 자유다. 자유와 국가의 관계에 대한 이러한 개념상의 분류표는 현실을 무시한다.

A는 국세청이 자신에게 과도한 세금을 부과했다고 생각한다. A는 자신의 재산을 국가로부터 지키기 위해 무엇을 해야하는가? 만일 A가 이유 없이 경찰로부터 구금을 당한다면 A는 어디에서 억울함을 해소할 수 있는가? A는 자신의 소극적 자유(재산, 신체)를 지키기 위해 자연상태로 돌아가 산 속에 숨지 않는다. 이 경우 A는

자유는 개인과 국가의 관계 속에서 국가가 준비해 놓은 절차에 따라 문제를 해결해 달라고 국가에게 요구할 것이다. 국가로부터의 자유라는 소극적 자유를 행사하는 과정에서 필연적으로 국가에 의한 자유가 따라 나온다. 이제 국가 없는 자유는 존재하지 않는다.

검찰권의 행사가 자의적이라고 불만을 제기하는 자들은 "고위공직자범죄수사처"라는 국가기관을 만든다. 국가가 개인들의 소극적 자유를 침해한다고 주장하는 자들은 "국가인권위원회"와 같은 국가기관이 신설되는 것을 찬성한다. 그것이 소극적이든 적극적이든 국가와 개인 사이에서 개인의 자유와 관련된 문제가 발생하면 개인들은 다시 국가 권력에게 달려가고 그 때마다 국가의 영역은 확대된다. 자유의 확대는 국가의 확장으로 귀결된다.

작은 정부를 주장하는 자칭 보수주의자들의 해결방안도 동일하다. 트럼프가 백인 노동자 계층의 먹고 사는 자유를 위해 하는 일은 국경선을 지키는 국가기관을 강화하는 것이다. 이제 국가는 어디에나 있다. 사회가 해오던 일체의 역할을 국가가 독점했기 때문이다. 방문을 열면 거기엔 언제나 국가가 관리하는 무엇이 있다. 인간은 시장 속에서 살아가는 시장의 부속품이며, 시장은 국가의 보호와 규제로 살림을 한다. 현실 속 자유는 국가에게 의존할 자유다. 개인의 자유는 혼자만의 방에서 소리 지르지 않는다. 사회는 따로 존재하지 않는다. 현실에서 사회란, 국가 또는 개인과 관련된 무엇들이 모여 있는 상태를 부르는 이름일 뿐이다. 그곳에서는 국가 없이 단 한 순간도 살아갈 수 없다. 국가 또는 국가권력에 대한 개인의 선택과 동의는 교과서 안에서만 사용될 은유다.

현대에 이르러 자유는 홀로 선 개인이 누구도 나를 간섭하지 말라고 소리치는 무인도에서의 외침이 아니다. 현대 국가의 영역표시등은 모든 무인도를 비춘다. 국가는 자신의 영토 내에서 모든 보이는 것들과 보이지 않는 것들의 움직임을 관리한다. 국가는 개인의 태어남과 배움과 먹고 사는 일 모두를 관여하고 죽음의 방식까지 정한다. 어떤 무인도도 허락하지 않는다. 왕의 국가와 싸우며 자유를 확보하려 했던 근대 부르주아지들의 자유는 역사책에 쓰여진 옛날 이야기다. 자유란 자유롭게 국가에게 의존할 자유다. 국가의 자유다.

"자유주의는 정부를 제한하고 임의적인 정치적 통제로

부터 개인을 해방하는 목표를 전제했다. … 오늘날 자유주의의 '제한된 정부'는 이동과 금융, 더 나아가 사람들의 행동과 생각까지 폭넓게 감시하고 통제할 수 있다. … 자유주의가 애초에 지키려 했던 자유(개인의 양심, 종교 결사 언론 자치의 권리)는 정부의 활동이 삶의 모든 영역으로 확대됨에 따라 전면적으로 침해되고 있다. 그런데 정부의 활동 확대는 대체로 보아 너무나 많은 (경제를 비롯한) 영역에서 자기 삶을 스스로 꾸려갈 힘을 잃었다고 느끼는 국민들의 상실감에 응답하는 방식으로 이루어지고 있다. 심지어 명목상 국민의 통제 아래 있는 실체의 더 많은 개입을 그들 스스로 요구하는 형태로 나타나기까지 한다. … 그리하여 시민들은 역설적으로 거리감과 무력감을 더 많이 경험하게 된다."[147]

계약이란 선택의 가능성을 전제한다. 동의는 동의하지 않을 자유 속에서만 의미를 갖는다. 사회계약은 선택 가능성을 부여 받은 자유로운 개인들만의 일이다. 만약 그 개인들이 국가의 구속 안에서만 삶을 확보할 수 있다

147] 패트릭 J. 드닌, 이재만 옮김, "왜 자유주의는 실패했는가 : 자유주의의 본질적 모순에 대한 분석", 책과함께, 2018~2019년, 26~27쪽

면, 국가를 벗어나는 순간 생의 한 순간도 안전을 확보할 수 없다면, 우연히 부여받은 국적은 자유의 확인증이며 생존을 위한 식량배급표와 같다. 이러한 상황에서 개인이 국가에게 던지는 동의는 동의인가? 다수결 제도에서 패배한 무리들과 우월한 대표들에게 불만을 품은 대중들의 권력에 대한 승복은 자유로운 동의인가? 다른 방안이 없기 때문이라고 말하는 것이 정직하지 않은가?

"자유주의는 결국 두 가지 존재론적 요소, 즉 해방된 개인과 통제하는 국가에 이른다. 홉스는 <리바이어던>에서 이 두 실체를 완벽하게 묘사했다. 국가는 오로지 자율적인 개인들로만 구성되고, 이 개인들은 국가에 의해 '억제'된다. 개인과 국가는 존재론적으로 가장 상위에 있는 두 가지 요소를 나타낸다."[148] 자유주의는 개인과 국가 외의 다른 사회구성요소(교회, 전통, 관습 등)를 차례대로 붕괴시키며 발전해 왔다. 이제 개인은 아무런 중립지대 없이 국가와 바로 마주본다. 개인이 삶을 꾸려나갈 배경인 사회의 모든 일은 국가로 편입되었다. 인간은 두려움 안에서의 개인이거나 국가 안에서의 개인일 뿐이다. 선택은 쓰일 일이 없다.

148] 같은 책, 65쪽

민주주의의 영혼으로 자유를 부르는 자들은 오해하고 있다. 현대의 자유는 국가에게 의존할 자유다. 자유를 확대하기 위해 필요한 것은 민주주의가 아니라 비대한 국가의 다양한 기관과 효율적 업무처리 방식이다. 누군가는 개인의 자유로운 선택과 동의를 국가의 정당성에 대한 근거로 제시한다. 앞뒤가 바뀐 모순이다. 개인은 국가를 선택한 적이 없고, 대중은 우월한 대표들의 국가 경영에 동의한 사실이 없다. 그들은 국가에 의존하며 하루 하루의 삶을 살아가고 있을 뿐이다. 다른 선택은 불가능하다. 난민이 될 자유는 존재하지 않는다.

자유주의에 대한 낭만적 선언이나 근대적 자유의 의미를 현대 국가에게 적용하려는 모든 시도는 무용하다. 현대에 이르러 사회와 국가는 분리될 수 없고, 시장과 국가는 함께 있다. 개인은 국가 앞에서 도망갈 곳이 없다. 개인은 국가에게 의존할 자유를 허락받을 뿐이다. "개인의 자유 보호와 국가의 활동 확대 중에서 하나를 선택하라는 한결 같은 요구는 국가와 시장의 진짜 관계를, 즉 국가와 시장이 항상 필연적으로 함께 성장한다는 사실을 감춘다. 국가주의는 개인주의를 가능하게 하고, 개인주의는 국가주의를 요구한다. ⋯ 현대 자유주의가

우리를 더 개인주의적인 동시에 더 국가주의적인 존재
로 만든다."[149] "자유"를 외치는 자들은 민주주의의 옹호
자들이 아니라, 국가주의의 전사들일 수 있다.

선언과 사실

"우리는 다음과 같은 사실을 자명한 진리로 받아들인
다. 즉 모든 사람은 평등하게 창조되었고, 창조주는 몇
개의 양도할 수 없는 권리를 부여했으며, 그 권리 중에
는 생명과 자유와 행복의 추구가 있다We hold these truths to
be self-evident, that all men are created equal, that they are endowed
by their Creator with certain unalienable Rights, that among these are
Life, Liberty and the pursuit of Happiness."

미국 독립선언문의 일부다. "모든 사람"은 "평등"하
게 "창조"되었다고 선언하고 있다. 인간의 역사를 몇 개
의 선언문으로 간추린다면 빠지지 않을 문구다. 미국 독
립선언문 속 평등에 대한 선언은 평등을 갈구하는 많은
이들의 가슴을 뛰게 한다. 평등은 민주주의의 가장 중요

149] 같은 책, 39쪽

한 원칙이며, 민주주의의 목적 중 하나다. 한편 평등이 가지고 있는 혼란은 민주주의의 모순을 그대로 보여준다. 미국 독립선언문 속에서, "모든 사람은 평등하게 창조되었다"는 웅장한 선언은, 그 안과 밖에서 스스로 "평등"의 모순적 지위를 드러낸다.

첫째, 우리가 저 위대한 선언문 속 "모든 사람"의 평등을 읽을 때마다, 그 안에서 떠올려야 할 하나의 광경이 있다. 평등의 선언문을 쓰고 읽는 동안, 위대한 표정으로 평등을 선언하고 있는 동안, 그들 사이를 오가며 주인의 시중을 들고 있을 흑인노예들의 바쁜 손과 발이다. 평등의 선언을 하고 있는 미국 독립의 아버지들은 노예의 주인들이었다.

노예주들의 평등 선언은 모순돼 보이지만, 그들의 시대적 배경을 감안한다면 그것만으로 선언의 가치를 훼손할 수는 없다. 그럼에도 분명한 것은 노예의 주인들이 모여 "모든 사람"의 평등을 선언하는 그림의 기괴함이다. 그것은 그 자체로 "평등"의 혼란함을 보여주는 교과서다. 평등은 어쩌면 우리 모두가 매일의 삶 속에서 다만 한 뼘이라도 타인보다 우월할 수 있기를 소망하면서, 동시에 모든 인간의 평등이 마치 경험된 사실인 것처럼 말하고 있는 공허한 말버릇이다.

둘째, 우리는 저 위대한 선언문을 읽을 때마다, 선언의 바깥에 서있을 어느 신학자의 웃음을 떠 올려볼 수 있다. 선언 속 평등이란, "평등하게 창조"되었음을 인정하는 신앙고백이다.[150] 평등은 전쟁을 통해 얻어지는 것이 아니다. 평등은 협상의 결과물도 아니다. 평등은 신의 창조물이다. 인간의 발명품이 아니다. 애초에 인간에게 있어 평등이란, 신 "앞의" 평등이거나, 법 "앞의" 평등이다. 우리는 그 "앞에서" 평등을 받아들이는 자들이다. 평등은 우리보다 우월한 무엇이 우리를 평등하게 할 것임을 믿는 기다림이다. 평등은 우리를 통치할 외부의 어떤 힘을 향해, 우리가 평등하게 복종할 것임을 맹세하는 선언서다. 근대의 자유가 신 앞에 홀로선 "개인"의 발명에서 시작되었다면, 근대의 평등은 "복종의 대상"을 신에게서 법으로 바꾼 것일 뿐이다. 어떻게 보면 정치학은 신학의 다른 이름이다.

많은 이들은 평등이라는 단어가 들릴 때마다, 그것이

150] 당시 미국 건국의 아버지들의 종교적 입장은 전통적 기독교 교리와는 차이가 있었던 것으로 보인다. 당시 지식인들 중 상당수가 이신론(理神論, deism)적 배경에 있었으므로 기독교의 문화는 공유했으나 각자 신학적 입장은 달랐을 것으로 보인다. 이신론자들은 창조주로서의 신의 존재는 믿지만 세상은 신의 계시가 아니라 이성과 과학으로 움직인다고 믿는다. 그들에게 신은 시계를 만들었지만 시계의 작동에는 관여하지 않는 시계공이다.

가리키는 것이 사실로서의 평등을 인정하는 것인지 아니면 성취해야 할 이성의 목표를 지시하는 것인지 구분해야 한다고 주장한다. 이들은 평등을 사실로 인정하는지 아니면 평등을 추구해야 할 가치로 인정하는지에 따라 전혀 다른 해석이 가능할 것이라고 생각한다. 근대 정치의 발명가 토머스 홉스는 평등을 주어진 사실로서 접근한다. 홉스는 이렇게 말한다. "자연은 인류를 육체적 정신적 능력에서 평등하게 창조했다. 따라서 남보다 더 강한 육체적 능력을 지닌 사람도 이따금 있고, 두뇌 회전이 남보다 빠른 경우도 더러 있지만, 모든 능력을 종합해 보면 인간들 사이의 능력 차이는 거의 없다. 있다 하더라도 다른 사람보다 더 많은 편리와 이익을 주장할 수 있을 만큼 두드러지지는 않다. 육체적으로 아무리 약한 사람이라도 음모를 꾸미거나 같은 위험에 처해 있는 약자들끼리 공모하면 아무리 강한 사람도 충분히 쓰러뜨릴 수 있기 때문이다."[151]

다소 순박해 보이는 홉스의 사실로서의 평등은 경쟁과 불신 속에서 만인의 만인에 대한 전쟁 상태로 나아간

151] 토머스 홉스, 최공웅 · 최진원 옮김, "리바이어던", 동서문화사, 1988년, 141쪽

다.[152] 홉스에 의하면 평등은 주어진 사실이고 여기에서부터 평등한 인간들의 투쟁이 시작된다. 왜냐하면 인간은 본래 평등하므로 어느 누구도 현실의 불평등을 받아들일 수는 없기 때문이다. 이것은 잘못된 현실에 대한 당연한 투쟁이다. 이 경우 항상 싸움의 상태에 놓인 인간들에게 삶은 평등하게 지옥이다. 평등이 현실에 대한 묘사의 언어라면 평등한 개인들은 각자의 평등한 몫을 지키기 위해 모두와 싸워야 할 것이다.

평등을 실현해야 할 가치로 보는 자들도 언제나 역사의 맨 앞 줄에서 투쟁을 준비했다. 가치를 실현하려는 행위는 언제나 현재상태와의 불화를 전제하기 때문이다. 그렇게 평등을 현실의 시공간에서 경험할 수 있는 것으로 해석하는 자들은 평등을 어떻게 정의하든 언제나 전쟁 속으로 달려갔다. 그러나, 당신이 가끔이라도 뉴스를 볼 수 있다면, 쉽게 알 수 있다. 인간의 삶은 현실에서 전혀 평등하지 않다. 그리고, 평등이라는 가치는 수 많은 가치들 중 하나일 뿐이다. 우리가 혁명의 혼란을 거부하면서도 평등을 포기하지 않는 이유는 무엇인가? 어쩌면 우리가 평등을 경험 가능의 영역이 아닌, 초

152] 같은 책, 142~143쪽

월적 믿음의 영역에 두고 있기 때문일지도 모른다. 인간의 가슴 속 어딘가에 평등이라는 초월의 욕망이 있다면 그 욕망은 국가의 현실 속에서 중립지대를 찾아야만 할 것이다. 먼저 평등의 개념부터 따라가 본다.

민주주의의 평등은 정치적 평등과 그 외의 경제적 평등 등으로 구분할 수 있다. 정치적으로 평등한 시스템이 구성원들의 경제적 평등을 보장하지 않는다. 동등한 가치의 선거권이라는 선언은 동등한 경제적 지위와는 관련 없다. 정치적 평등의 경우에도 적극적인 의미의 정치적 평등은 국가의 결정에 적극적으로 참여할 정치권력의 평등을 의미한다. 반면 오늘날 민주주의의 정치적 평등은 평등한 선거권의 보장이라는 의미의 소극적 평등에 가깝다.

정치적 평등에 대한 접근 방법은 다양하다. 그것이 하나가 아닌 이유는 아테네의 민주주의와 근대 민주주의가 평등을 다르게 보고 있기 때문이다. "아테네 민주주의의 기본이 되는 이상은 정치적 평등이었다. 자격을 갖춘 시민은 모두 동일한 몫의 정치권력을 가져야 한다는 것이다. 글자 그대로 데모스(보통시민)가 통치해야 한다 – 따라서 시민들은 폴리스의 운명을 좌우할 결정을 집단적으로, 그리고 직접 할 수 있다 - 는 관념과 각 개인의 이익이 균등하게 고려돼야 한다는 관념은 큰 차이가 있다. 각인의 이익을 균등하게 고려한다는 것은 분명히 평등주의적인 이상이다. 그리고 각인의 이익이 균등하게 고려되게 하는 가장 좋은 방법은 모든 사람이 자신에게 영향을 주는 결정에 대해 발언권을 행사하게 하는 것이다. … 그러나 모든 사람의 이익을 균등하게 고려하는 것과 권력 행사를 평등하게 하는 것은 동일한 문제가 아니다. 자비로운 독재자라면 모든 사람의 이익을 균등하게 고려할 것이다. 그러나 자비로운 독재가 민주주의는 아니다. 아테네인들은 의사 결정에서 균등한 몫을 원했다. 그들은 이것을 모든 사람의 이익이 균등하게 고려되는 것보다 훨씬 더 강력하게 원했다. 아테네인들이 추첨으로 공직자를 뽑고 공직자를 아주 빈번히 교체한 것은 권력의 평등을 달성하기 위한 조치였다."[153] 정치적 불평등이 이익의 불균등한 분배와 반드시 짝을 이루는 것도 아니고 의사결정에서의 균등이 이익의 균등한 분배를 보장하는 것도 아니다. 평등이란 애초에 복잡한 관

153] 앨런 라이언, 남경태·이광일 옮김, "정치사상사 : 헤로도토스에서 현재까지", 문학동네, 2012~2017년, 1250쪽

념을 좀 더 복잡한 현실에 적용하는 고차방정식이다.

평등의 관점에서 근대 이후 민주주의의 역사는 선거권 확대의 역사다. 재산 없는 남성에게, 그 다음에는 여성에게 선거권이 확대되었다. 누구나 한 표의 선거권을 행사할 수 있지만, 그것은 아테네인들이 생각했던 정치적 평등, 즉 중요한 결정에 동등하게 참여하는 기회와는 다른 의미의 평등이다. 고대 민주주의에서 정치적 평등은 구성원들의 균등한 정치권력과 그것의 적극적 행사다. 공공적인 일에 대한 적극적이고 균등한 참여라는 관점에서 보면, 이것은 고전적 의미의 공화주의 사상에 더 가깝다.

"공화주의는 동등자들equals이 만나는 공간 — 즉, 국민들이 공동체의 동격의 동료로서 서로 우정을 쌓고 공동체의 진로를 논의하는 공간 — 에서 어김없이 발생하는 정치적 아이디어들을 의미하는 것"[154]이다. 공화주의자들은 '자기 통치'의 원리, 즉 자치의 원리를 '모두에게 영향을 미치는 것은 모두에 의해 결정되어야 한다'는 로마법 원리에서 도출해 냈다. 모두 그러한 의사결정에 똑같이 영향을 받기 때문에 시민들은 자신의 개인적 이익

154] 모리치오 비롤리, 김경희·김동규 옮김, "공화주의", 인간사랑, 1999~2006년, 역자서문 7~8쪽

을 위해서라도 공공선(또는 공익)의 논의에 참여해야 한다."[155] 어디선가 들어 본 듯한 당연한 이야기다. 이의를 제기할 만한 내용이 아니다.

그러나, 모두가 영향을 받을 수밖에 없는 공공선의 도달 과정에 참여해야 하는 대중들에게 사안은 복잡하고, 현실은 번잡하다. 대표 제도의 신비 속에서 대중들은 보다 우월해 보이는 정치엘리트들에게 투표용지를 선사하고는 그들의 입을 바라본다. 민주주의 또는 공화주의가 요청하는 적극적 참여란 지난 시절의 이야기다. 이제 개인들은 각자 욕망의 자유 속에서 평등한 소비를 최고의 선으로 생각한다. 근대의 개인들은 공동체의 번거로운 일들은 직업 정치인들에게 맡기고 나에게 몰입하는 자아들이다. 어떤 의미로는 효율성을 기반으로 업무를 분담한 것이다.

정치는 공적인 일이다. 공적인 일에 대한 적극적이고 균등한 참여는 이상이다. 이상은 강요로 실현되지 않는다. 선거권의 확대 이후, 민주주의의 평등은 그 본래적 의미로서의 정치적 평등에서 궤도를 이탈한 것으로 보인다. 모두는 모두에게 평등하게 무관심하다. 그것을

155] 같은 책, 35쪽

비난한다면 그들의 자유와 평등은 침해된다. 정치적 평등에 대한 관심은 몇 년마다 한 번씩 열리는 투표장에서 평등하게 손에 받아 든 투표용지로 축소되었다. 평등에 대한 관심은 오로지 경제적 평등으로 모여지고 그것은 바로 불평등에 대한 분노로 연결된다.

이렇게 평등은 평등이 실현되어 가는 역사이며 동시에 평등의 개념이 축소되어 가는 역사다. 한편 평등은 혼란의 다른 이름이다. 평등은 언제나 사실과 가치 사이에 있었고, 현실에 몸을 둔 유토피아의 손짓처럼 허공에 떠 있는 듯 보인다. 평등은 흑인노예들의 시중을 받으며 모든 인간의 평등을 입에 올리는 백인 지식인들의 목소리와 같다. 그것은 언제나 듣는 이에게 혼란을 일으킨다. 애초에 평등은 그 자체로 소란과 혼동의 원인이다. 그것은 민주주의 회의론자들의 중요한 무기다.

"민주주의적 지배의 원리는 평등, 즉 공동체를 형성하고 권력을 행사하는 일에 관해서라면 모든 사람의 판단이 다른 모든 사람의 판단과 똑같은 값어치를 갖는다는 추정이다. 그 추정은 다시, 민주주의적 공동체에 지속적인 형태란 아예 있을 수 없고, 권력이 그 공동체 안에서 행사되는 방식에도 신뢰할 만한 것이 전혀 없음을 함축한다. … 민주주의적 공동체에는 순전히 요행으로 인한 것을 제외하면 어떤 사람이나 사물에게도 진정한 안정성이란 전혀 있을 수 없다."[156]

민주주의의 반대말은 안정이다. 평등한 말들의 잔치는 끝없는 소란과 혼동의 연속이다. 아무도 결론을 맺지 못한다. 모두는 평등한 하나의 개체로 추정된다. 추정이 깨어지면 민주주의는 무너진다. 평등은 어떠한 가치나 내용에 대한 견해가 아니라 평등한 형식에 대한 추정이다. 민주주의는 독재자와 영웅 사이에서 누구에게도 박수를 치지 않는다. 민주주의는 둘 다 평등하게 거부해야한다는 다짐이다.

민주주의는 모두가 평등하다는 추정을 기반으로 하는 권력의 구성이다. 이것은 믿음이며 가치이므로 검증이 불가능하다. 인간은 입증된 것을 믿지 않는다. 인간은 믿는 것을 증명하려 할 뿐이다. 평등의 가치는 믿음으로 존재한다. 자유와 평등은 포기할 수 없는 가치로 인정되지만, 그 가치들은 한 번도 경험의 영역에서 충족되지 않는다. 그것들은 마치 신화와 같은 방식으로 존재하므로, 자유와 평등을 해석하고 현실에 적용하는 과정

156] 존 던, 강철웅·문지영 옮김, "민주주의의 수수께끼", 후마니타스, 2005~2015년, 76쪽

은 종교의 방법을 모방한다.

불평등의 신학

"신 앞의 평등"은 평등이 인간의 발명품이 아님을 인정하는 선언이었다. 평등은 언제나 무엇 "앞에서" 우리 모두가 동일한 모습으로 복종하고 있는 그림으로 상징된다. "신 앞의 평등"은 모든 인간은 동일한 방식으로 태어남과 죽음의 우연을 맞이한다는 선언이다. 근대의 평등은 "법 앞의 평등"이다. 신 앞의 평등이 법 앞의 평등으로 이름을 바꾸었다. 형식은 동일하다. 언제나 우리를 평등하게 만드는 것은 우리 스스로의 결과물이 아니다. 법은 신과 동일한 방식으로 작동한다. 그래서 사람들은 법을 신성神聖하다고 표현한다. 그것은 법의 내용이 언제나 옳다는 의미가 아니다. 누군가에게, 법은 우리를 "평등한 우리들"이라는 상상의 무대에 올려 놓을 수 있는 시나리오일지도 모르기 때문이다. 신성함은 언제나 우리 밖에서 결정되어 우리 안으로 들어온 우리의 운명이다. 우리는 그 앞에서 복종할 뿐이다. "개인"의 능력과 "평등"이라는 근대의 단어는 모두 신학의 흔적을 품고 있다. 많은 경우 중세의 신은 근대 이후 이름만 바꾸며 어디에서나 출몰한다.

개인주의는 자기책임自己責任의 원칙으로 연결된다. 누구나 자신의 판단에 따라 행동하고 그 결과는 자신의 몫이다. 자기책임의 원칙은 "능력주의"의 근거가 된다. "사회가 능력에 따라 경제적 보상과 지위를 배분해야 한다는 생각은 몇 가지 이유에서 매력적이다. … 능력주의 이상의 어두운 면은 가장 매혹적인 약속, 즉 '누구나 자기 운명의 주인이 될 수 있고 자수성가할 수 있다'는 말 안에 숨어 있다. 이 약속은 견디기 힘든 부담을 준다. 능력주의의 이상은 개인의 책임에 큰 무게를 싣는다. 개인이 자기 행동에 책임을 지도록 하는 일은 바람직하다. 그것은 도덕적 행위자이자 시민으로서 스스로 생각하고 행동할 수 있는 능력을 반영한다. 그러나 그렇다고 해서 우리 각자가 삶에서 주어진 결과에 전적으로 책임을 져야 한다고는 말할 수 없다. 심지어 '우리 삶에서 주어진 결과'라는 말조차 무한 책임론에 일정한 한계를 도덕적으로 부과한다. '주어진 결과(lot)'라고 말할 때 그것은 어떤 운명이나, 우연이나, 신의 섭리 등에 따라 정해져 주어진 것이지, 우리 스스로의 노력으로 얻은 것이 아님을 의미한다. 이는 개인의 능력과 선택을 넘어서 행운 또는 은총의 영역으로 들어간다. 이로써 우리는 소득과 직업은 능력의 문제가 아니라 신의 은총 문제라는 옛 논쟁을 떠올린다. 그런 것들은 우리 스스로 얻는 것들인가, 받는 것들인가?"[157] 오늘날 능력에 따른 공정한 배분이라는 말은 자명한 진리처럼 선언된다. 그러나 이것은 그 의도와 상관 없이 인간의 존재방식에 대한 근본적 질문을 남긴다. 모든 근본적 질문의 기저에는 종교적 질문이 숨어있다.

누구에게나 삶은 처음부터 "주어진 것"이고 마지막 순간은 동일하게 "주어질 것"이다. 누구나 두 번의 수동태는 평등하게 "주어진다". 삶은 그 사이에서 자신의 삶을 능동태로 착각하는 과정이다. 누구나 살아지는 삶을 살아가는 삶으로 착각해야만 살아갈 수 있다. 살아지는 삶의 수동태를 받아들여야 한다는 점에서 모든 인간에게 삶은 완벽하게 평등하다. 그 받아들임의 과정과 그것을 위해 돌아앉은 고독의 시간들은 순결하게도 종교적이다. 어쩌면 그 고독의 처연함이야말로 아직 종교가 되

157] 마이클 샌델, 함규진 옮김, "공정하다는 착각 : 능력주의는 모두에게 같은 기회를 제공하는가", 와이즈베리, 2020~2020년, 66~67쪽

지 않은 신앙일지도 모른다. 그렇게 평등은 종교적이다. 그것은 어떠한 입증도 거부하는 고백이므로 그것은 신앙고백에 가깝다. 평등은 삶 속에서 고백 되는 진리다. 삶은 주관적이고 해석은 언어의 객관성에 묻힌다. 삶의 신비를 받아들이는 한, 원하든 원하지 않든 인간과 관련된 일체의 관념은 종교적일 수밖에 없다. 평등한 개인이라는 관념도 마찬가지다.

신 앞에 선 단독자. 근대적 "개인"을 발명해낸 개신교 교리는 다른 한편 어딘가에 "칭의론稱議論"이라고 불리는 논쟁적 교리를 품고 있다. 구원. 즉, 죄로 가득한 인간을 의롭다고 칭하는 신비(칭의, 稱議, Justification)는 어디에서 나오는가? 루터의 종교개혁을 개신교의 교리로 단순화 하면 이신칭의(以信稱議, 오직 믿음으로 의롭게 된다)로 말할수 있다. 오직 믿음Sola Fide에 의한 구원은 종교개혁 시기 구교의 타락에 대한 반박 논리라는 역사적 배경을 뒤로하고 개신교 교리의 핵심이자 논란의 출발선이된다. 나의 구원은 나의 공로功勞가 아닌 신의 은총恩寵이라고 고백하는 것은 나의 순수한 신앙일 수 있지만, 그것이 하나의 교리로 고정되어 언어의 형식을 갖는 순간, 그것은 더 이상 조용한 고백이 아닌 시끄러운 논쟁이 된다. 불안한 인간에게 구원은 초월의 다른 이름이며, 초월에는 모든 것이 걸려 있기 때문이다.

성서를 차분히 읽어 보면, "오직 믿음"이라는 교리는 예수의 가르침과 충돌하는 것으로 보인다. "자기를 부인하고 날마다 제 십자가를 지고 나를 따를 것이니라"[158]는 명령문이다. "나더러 주여 주여 하는 자마다 다 천국에 들어갈 것이 아니요 다만 하늘에 계신 내 아버지의 뜻대로 행하는 자라야 들어가리라"[159] 라는 예수의 구원론은 행위가 아닌 오직 믿음이라는 개신교의 절대 교리를 정면으로 거부한다. 이를 둘러싼 수 많은 교리 논쟁[160]과 최근의 바울 신학에 대한 새관점 학파New Perspective on Paul[161] 와 같은 신학 논쟁은 개신교의 이신칭의 교리가

158] 누가복음 9장 23절

159] 마태복음 7장 21절

160] 대표적으로는 아우구스티누스와 펠라기우스간의 논쟁 등이 있다. 현재 한국과 미국의 근본주의 신학은 "인간은 죄인이며 예수를 주로 고백하면 구원을 얻는다"는 식으로 구원의 신비를 어떤 명제에 대한 답변의 형식으로 바꾸어 놓았다. "행위와 무관한 믿음"이라는 말장난 같은 교리는 "성도의 견인(Perseverance of the saints, 구원은 끊기지 않는다)"이라는 근본주의자들의 또 다른 교리와 어울려 예수의 진리를 "값싼 은혜(디트리히 본회퍼)"로 만들었다는 비판을 받는다.

161] 제임스 던(James. D. G. Dunn), 톰 라이트((N. T. Wright) 와 같은 학자들은 1세기 유대인의 관점으로 바울신학을 새롭게 접근한다. 근본주의자들은 바울이 거부한 "율법"을 전반적인 율법의 "행위"로 해석한 후, "행위"에 대한 반대개념으로서 "믿음"을 강조한다. 신관점주의자들에 의하면 바울이 거부한 "율법"은 "믿음"의 반대말로서 "행위"가 아니라, 유대인들이 자기 민족에 대한 구원의 징표(Identity Makers)로 사용한 할례와 안식일 그리고 식사

역사적 산물일 뿐이라는 사실을 보여준다. 역사를 모르는 자는 근본주의자가 된다(카렌 암스트롱). 근본주의자들은 현재의 교리로 과거에 쓰인 성서를 해석하는 시간여행자들이다.

성서의 종교는 근대의 정신 어디에서나 찾아볼 수 있다. 애초에 개인주의, 자유주의, 평등주의와 같은 민주주의의 문법과 생각은 기독교의 교리 논쟁에서 영향을 받았거나 그 자체로 기독교적 논쟁이다. 신이 있는 곳에는 자유가 있으며, 그리스도는 우리를 자유 하게 한다. 그리스도는 우리에게 자유를 주는 자다.[162] 그리스도 앞에서 모두는 평등하다. 기독교의 신은 인간을 자신의 형상에 따라 평등하게 창조했다.[163] 그렇게 모두는 신 앞에서 평등하게 존엄하다. 성서의 언어는 그것을 쓴 고대인들의 삶의 고백이다. 고백은 상징과 은유의 언어로 말한

율법 등이다. 이들에 의하면 근본주의자들은 "율법"과 "행위"의 관계를 잘못 전제하여 "칭의"에 대하여 오해하고 있다. 근본주의자들은 바울 관련 문서에 언급된 "그리스도 예수 안에서는 할례나 무할례나 효력이 없으되 사랑으로써 역사하는 믿음뿐이니라(갈라디아서 5장6절)", "온 율법은 네 이웃 사랑하기를 네 자신 같이 하라 하신 한 말씀에서 이루어졌나니(갈라디아서 5장 14절)", "사랑은 이웃에게 악을 행하지 아니하나니 그러므로 사랑은 율법의 완성이니라(로마서 13장 10절)"등의 구절에서의 율법의 의미와 신앙의 역동적 행위성을 해석하는데 무력하다는 비판을 받는다.

162] 고린도후서 3장 17절, 갈라디아서 5장 1절, 요한복음 8장 36절 등

163] 창세기 1장 27절, 갈라디아서 3장 28절 등

다. 상징과 은유로 드러나는 위대한 진리를 검증가능한 보편적 사실fact의 틀 안에 가두려는 자들은 언제나 언어가 가리키는 숨은 진리의 가능성을 훼손한다. 그리하여 근본주의자들은 언어가 진리를 잡아먹도록 강요한다. 민주주의 근본주의자들도 마찬가지다. 그들은 자유와 평등을 가치의 언어로 읽지 않고, 현실에서 검증될 수 있는 소비의 자유와 욕망의 평등으로 해석한다.

　근본주의자들에게 있어 구원은 미래의 일이지만, 삶은 언제나 현재진행형이다. 근본주의자들이 생각하는 구원이란 죽음 너머에 있는 피안의 상상적 시공간 속으로 입장하는 미래형이다. 그것은 고통으로 가득한 삶의 진창에서 완전하게 벗어나는 단 한 번의 사건이다. 그러나, 미래의 단 한 번의 사건을 소망의 대상으로만 지켜내기엔 매일의 삶은 너무나 퍽퍽하다. 미래의 구원은 현재형으로 확인이 필요하다. 1세기 유대인들은 할례와 식사 율법과 안식일이라는 징표를 통해, 자신들을 다른 민족과 구별하는 방법으로, 자신들에게 독점적으로 주어진 신의 구원 약속을 확인하려 하였다.

　어느 때부터 유럽의 종교인들은 현세의 노력과 그 노력의 대가로 신이 허락한 물질적 부를 미래에 있을 천국 입장의 현재적 확증으로 해석했다.[164] 두터운 삶의 신비를 거부하는 일차원적 접근이지만, 명쾌하다. 단순한 것은 매력적이다. 특히 부를 쟁취한 자들에게는 자신의 성공에 대한 도덕적 승인으로 작동한다. 나의 노력은 현세의 부로 그리고 내세의 구원으로 해석된다. 기쁘지 않은가? 나의 성공은 나의 노력에 대하여 신이 구원의 확증으로 준 것이다. 여기에 장 칼뱅의 이중예정론[165]은 극단적인 근본주의자들의 확신이 된다. 나의 성공은 신이 이미 예정해 놓은 구원을 확인해 준 사건이다. 부의 축적이라는 결과는 신의 축복이고, 가난은 신의 저주다.

신의 나라에서 살고 있던 중세인들에게 탐욕은 죄다. 그도 그럴 것이 성서를 읽어보면 일관되게도 부의 축적은 죄악일 뿐이다. 그런 식이면 자본주의는 전진을 머뭇거릴 것이다. 탐욕이 사회적으로 승인받고, 심지어 탐욕이 자본주의의 정신으로 미화되는 과정에서 신학은 중요한 역할을 한다. 막스 베버는 "프로테스탄트 윤리와 자본주의 정신"에서 물질적 성공을 구원의 징표로 여기

164] 거지 나사로의 구원에 대한 예수의 설명 방식(누가복음 16장 25절)에 비추어 본다면, 모순적이다.

165] 신은 세계를 창조하기도 전에 이미 구원받을 자와 영원히 죽을 자를 미리 정해 놓았다는 교리. 대부분의 근본주의 개신교에서 받아들인다.

고 직업을 신이 맡긴 일로 해석하는 신학적 사조가 이윤 추구를 죄로 여기던 중세적 사고방식에서 벗어나 자본주의가 발전할 수 있는 계기가 되었다고 본다. "능력주의" 신화는 정확히 이와 같은 신학적 입장에 서있다.

인간이 자신을 인식하고 집단을 하나의 실체로 묶는 과정에서 종교적 가치는 두드러진 역할을 한다. 민주주의는 근대의 사상들을 바탕으로 태어나고 근대와 교류하며 발전해 왔다. 근대를 둘러싼 생각의 고리에서 성서의 생각들과 그것의 역사를 무시한다면 그 고리는 끊어진다. 근대적 가치에 대한 논쟁은 그대로 기독교의 교리 논쟁과 성서의 해석론을 반복한다. 민주주의의 많은 문제는 자유와 평등과 같은 가치의 언어를 어떻게 현실에 적용할 것인가의 문제다. 신화의 해석 문제다. 기독교의 성서해석 논쟁을 반복한다. 기독교의 신화들은 많은 경우 민주주의 신화의 형식이 된다. 많은 이들이 민주주의 위기론에서 능력주의와 반지성주의를 논한다. 이것들은 모두 성서적 세계관에서 출발한다. 싸움의 근거에 신의 언어가 있을 때 화해는 불가능해진다.

능력주의는 다양한 신학적 논거를 바탕으로 근본주의 신학과 함께 지배적 지위를 확보했다. 이제 어디서나 개인의 성공은 개인의 능력에 대한 인과적 결과물로 칭송 받는다. 중세의 신분과 같이 우연히 얻은 무엇은 이제 더 이상 성공의 원인이 아니라고 믿어진다. 나에게 일어나는 모든 일들은 나로부터 시작된 원인과 결과로 해석된다. 그런데, 문제가 하나 있다. 민주주의다. 민주주의는 능력에 따른 결과의 배분을 거부한다. 민주주의는 우연히 태어났음을 이유로 모두에게 한 장씩의 투표용지를 허락한다. 내가 가진 평등한 선거권은 내가 노력해서 얻은 것이 아니다. 세상 만사를 일관된 원리로 설명해 줄 수 있는 컴퓨터가 있다면 민주주의 부분에서는 프로그램을 갈아 끼워야 한다. 부자와 빈자가 투표소에서 동등한 한 표를 쥐고 만날 때, 둘은 전혀 다른 생각을 할 것이다.

부자의 입장에서는, 노력없이 시간을 허비해 온 자들에게 동등한 결정권을 선사하는 시스템이 불안하다. 빈자들의 수 많은 표가 모여서 지성에 반하는 결정을 할 수 있음을 염려한다. 다수의 표가 모여 소수가 노력으로 성취한 부를 빼앗는 결정을 할 수 있다는 것을 알고 있다. 소수는 불안이 엄습할 때마다, "포퓰리즘", "반지성주의"라는 구호를 여기저기에 옮긴다. 어디에서나 빈자는 다수다. 다수의 입장에서는, 민주주의는 하나의 질문이다. 부자와 빈자가 완벽히 동등한 한 장의 투표용지를 받아들 때마다, 그 순수한 평등은 당연한 원칙이며 진리다. 그런데 왜 다른 모든 것은 그 평등을 받아들이지 않는가? 왜 평등은 투표소에서만 확인되는 망상 같은 것인가? 소수의 부자와 다수의 빈자들 모두에게, 민주주의는 커다란 미스터리다. 혼란의 시작이다.

채식주의자와 고기 먹기

민주주의는 모두가 동등한 가치의 말을 하므로 아무도 말을 꺼내지 않는 회의와 동일한 방법으로 결론을 도출한다. 모두가 같은 말을 하거나, 모두가 다른 말을 하거나, 모두가 아무 말도 하지 않는 회의에서 결론은 언제나 그 회의의 규칙이 결정한다. 모두가 동등하므로 그 동등함 속에서 만장일치가 이루어지지 않는다면 결론은 언제나 결론을 이끌어 낼 방법으로 사전에 약속된 법의 몫이다. 모두의 평등을 인정한다면 언제나 결정권은 미리 약속된 결정과정의 메뉴얼에 있다.

그렇게 민주주의에서 평등은 법의 확대를 요청한다.

법은 어떤 경우의 수도 해결할 수 있을 만큼 광대한 가능성이어야 한다. 세상은 복잡하다. 법의 언어는 보편과 추상으로 난해하다. 평등을 추정하는 민주주의의 혼란한 공간에서 다만 하루의 안정이라도 꾸리기 위해서라면 강력한 법이 필수적이다. 광범위하며 강력한 법은 어렵고 복잡하다. 다양한 사태를 다뤄야 하는 난해한 법문들은 대중들과 친하지 않다. 끝없는 경우의 수를 다뤄야 하는 법은 소수의 전문가가 만들고 집행한다. 입법자와 법 집행자는 다수가 아니라 소수다. 민주주의의 통치 현실은 민주주의 이전의 통치와 구별이 어렵다. 모두가 평등하다는 추정은 소수의 통치 현실로 매끈하게 마무리된다.

민주주의의 불안정은 법의 예측가능성으로 보완되어야만 한다. 그리고 법은 우리 평등의 외부에서 우리를 초월하여 우리를 다스린다. 법 앞의 평등은 신 앞의 복종과 동의어가 된다. 이제 민주주의의 평등을 말할 때, 우리가 말해야 하는 것을 말할 차례다. 법의 개별국가성이다. 모든 인간은 법 앞에서 평등할지도 모르지만, 법은 모든 인간에게 관심 없다. 법은 국민에게만 복종을 요구한다. 그렇게 법은 개별 국가의 일이다. 국경선은 법이 작동하는 영역의 한계선이다. 누군가의 말처럼 세상의 모든 문제는, "경제는 글로벌한데, 정치는 로컬하다"는 사실에서 기원하는지도 모른다. 그만큼 국가는 국경선 안에서 자신만의 평등을 실현하고, 국민들은 개별 국가의 법에 복종하는 방법으로 평등의 현재형을 실현한다. 신의 보편성이 사라진 이후, 평등은 개별 국가의 대표들이 정한 법 앞에 서있는 국민들에게 통일적으로 적용되는 시스템의 다른 말일 수도 있다.

만일 신이 우리를 평등하게 창조했다면 그 신은 국가일 것이다. 현실에서 평등은 국가안에서만 작동하기때문이다. 국가라는 신은 국경선 안에서만 힘을 발휘한다. 코로나19는 성별, 인종, 국적, 나이 등을 구분하지 않고 평등하게 바이러스를 옮기지만, 코로나19 백신은 국경선 안에서만 평등한 분배를 고민한다. 국경선 왼쪽에서 두 번째, 세 번째 백신접종을 홍보할 때, 국경선 오른쪽은 감염자들의 시체로 넘쳐난다. 지구 어느 곳에서 치료제와 백신이 전달되는 동안, 다른 곳에서는 변이바이러스가 자유롭게 숙주를 갈아탄다. 우연히 얻은 국적은 생과 사를 가르는 면죄부가 된다. 모든 사람의 평등? 흑인 노예들에게 둘러싸여 평등의 선언을 읽고 있는 누군가의 목소리부터 굶어 죽어가고 있는 TV속 먼 나라 아이들을 바라보며 내 아이에게 평등이라는 단어의 뜻을 알려주고 있는 목소리까지, 어쩌면 인간에게 평등이란 한번도 현실일 수 없는 초월적 믿음에 가깝다. 그리고, 국가의 입장에서 본다면, 자유와 평등이란 국가에게 의존할 자유와 국가에 대한 평등한 복종이다.

괴이한 것은 이러한 광경이 우리에게 익숙하다는 사실이다. 입으로는 모두의 평등을 이야기하지만, 국경선이 가르는 현실의 불평등은 자연스럽다. 한쪽에서 비만 인구가 폭증할 때, 다른 나라의 아이들은 굶어 죽고 있다. 평등은 동일 국적자 간의 평등일 뿐이다. 적국의 평등한 국민투표가 선전포고를 결정할 때, 그들의 민주주의는 우리와 아무런 관련 없는 증오의 구성물이다. 국적의 다름은 인간의 존재론적 문제와 동일시된다. 그렇게 매일의 삶에서 우리는 국가의 신성을 경험한다. 자유와 평등은 초월적 경험이다. 현실을 한 번만 돌아보면 알 수 있다. 자유와 평등은 현실의 문법이 될 수 없다. 자유와 평등은 초월을 향한 신념의 문제다. 그리고 그 주체는 개별국가다.

매일의 삶에서 경제적 부자유와 불평등의 고리에 얽

혀 있는 인간에게 자유와 평등이란 언제나 "사회적 초월"[166]로 작동한다. 자유와 평등은 민주주의가 허락한 국가적 신화다. 신화는 함께 꾸는 꿈이므로 혼자 있는 방 안에서 자유와 평등은 없다. 그리고 국가적 초월을 계시하는 자는 현실의 개별국가다. 자유와 평등이란 난민들에게는 허락되지 않는 신화이기 때문이다. 국민들에게만 작동하는 신화이기 때문이다. 현실 속에서, 자유와 평등은 민주주의의 선언문이 아니라 개별국가를 향한 매일의 신앙고백이다. 인간들은 국가가 마련한 시스템 안에서 고된 하루의 삶을 마무리하며 허공 속의 자유에 만족한다. 국가가 마련한 시장 안에서 욕망의 평등한 자유를 호소한다. 국민들은 국경선이 허락한 시스템을 모든 사람의 자유와 평등이라며 웃어넘긴다. 모두는 모든 것을 허락하고 관리하는 국가 앞에서 평등하게 복종하며 자유롭게 의존하기를 욕망한다. 자유와 평등이라는 민주주의의 신화를 현실 속에서 해석해 내는 일은 난해하다.

채식주의자와 고기를 먹는 방법은 간단하다. 고기 외

166] Emilio Gentile, Translated by George Staunton, "Politics as Religion", Princeton University Press, 2001~2006년, 14쪽

의 모든 선택가능성을 삭제하면 된다. 다수가 모든 정당성을 지배하는 다수결 제도에서도 소수는 짐을 쌀 수 없다. 양당제의 폭압으로 한 마디의 말도 꺼낼 수 없는 자들도 국가 권력의 정당성을 받아들여야만 한다. 자유와 평등의 신화는 국가로부터 시작되며, 국가가 실행하는 제도와 법에 파묻힌다. 국민은 신화가 아닌 현실 속에서 삶을 꾸린다. 현대의 우월한 귀족들이 돈과 기억의 공감을 휘두르며 지배해도 다수는 그들의 권력을 당연한 것으로 받아들여야 한다. 현실보다 생생한 국경선의 그림자가 없다면 단 하루도 살 수 없기 때문이다. 모든 신념은 생존의 문제 앞에서 무릎을 꿇기 마련이다. 다만 국가라는 집단 안에서 나의 정체성을 찾으려는 모든 노력들은 실패한다. 난민이 되어 살아갈 방법은 없다. 선택 불능의 상황을 선택이라고 여기며 살아갈 뿐이다.

6장
다수의 반격

"모든 사람이 포퓰리즘을 이야기하지만 어느 누구도 그것을 정의할 수 없다."

- 리처드 호프스태터

"모든 권력은 인민으로부터 나온다. 그러나 그렇게 나온 권력은 어디로 가나?"

- 베르톨트 브레히트

민주주의 선언문 어디에나 자유와 평등이 이름표처럼 붙어 있다면, 민주주의 위기론 어디에나 정체성 정치와 포퓰리즘이 동의어처럼 따라 나온다. 유행하는 생각의 흐름들에는 공통점이 있다. 그것들은 하나의 원인으로만 설명할 수 없으며, 많은 경우 그것들은 놓여진 자리마다 조금씩 다른 의미를 드러낸다. 생명력 있는 생각의 씨앗은 다양한 모양으로 커나갈 수 있는 가능성을 품고 있다.

간명한 뜻풀이를 기대하며 정체성 정치와 포퓰리즘을 검색어로 넣어보면 실망한다. 그것은 여러 갈래의 말들과 울퉁불퉁한 충돌과 그에 대한 색색의 입장들이 모이고 교차하며 어떠한 현상을 설명하거나 예측하는 소용

돌이와 같다. 정체성 정치와 포퓰리즘으로 해석될 무언가를 바라보면 일정한 패턴을 발견할 수 있다. 사실 이것들은 하나의 흐름에 대한 두 가지 이름일 수도 있다.

정체성 정치와 포퓰리즘은 다수의 분노가 소수의 엘리트에게 보내는 내용 없는 최후통첩이다. 분노는 극단적인 경제적 불평등을 배경으로 한다. 그러나 배경만으로는 사건이 발생하지 않는다. 참을 수 없는 모멸감을 느낄 때, 분노는 악마처럼 폭발하기도 한다. 우연히 얻은 생에서 받아 든 가난과 무시가 너의 행동에 대한 대가代價라는 사회적 교훈(능력주의)은 어찌할 바 모를 모멸감의 이유가 된다.

신화가 현실을 직접 만나면 언제나 혼란이 시작된다. 인간은 신화 없이 단 하루도 살 수 없으나, 신화의 의미와 해석에 대하여는 많은 경우 무지하다. 삶이 빛 없는 밤으로 경험되는 이유 중 하나다. 삶은 산타클로스가 없다는 사실을 처음 알게 된 아이가 크리스마스를 준비해야하는 어두운 밤이다. 모두가 평등하다는 민주주의 신화가 전혀 평등하지 않은 현실을 만날 때 혼란은 여러방향으로 뛰어든다.

민주주의의 길 끝에 진리가 있을 것이라는 거짓말은

오해의 출발이다. 민주주의는 진리를 탐구하지 않는다. 진리의 속성인 절대성과 배타성은 민주주의의 적이다. 민주주의를 지성의 작업과 혼동한 소수 엘리트들이 민주주의의 언어에 지성이라는 단어를 혼용하기 시작한다(반지성주의). 다수 대중은 민주주의의 신화(자유와 평등)를 현실에서 경험하려 하고, 소수 엘리트들은 민주주의를 지성의 눈으로 바라보려 한다. 화해 없는 충돌이 시작된다.

대표제가 민주주의의 옷을 입으면, 주어 없는 동사들이 문법 없이 뛰어다니며 의문문을 만든다. 대의민주주의의 주어는 우리인가? 대표인가? 원하는 대표를 뽑은 우리인가? 받아들일 수 없는 가치관의 차이에도 불구하고 그는 나를 대표하는가? 나의 신념이 나의 대표를 받아 들일 수 없다면, 나는 민주주의의 거리로 뛰쳐나가야 하는가? 대의민주주의의 그림자는 길다.

포퓰리즘과 정체성 정치는 민주주의의 병리적 증상이 아니다. 민주주의다. 신화 속 민주주의를 열망하는 자들과 그것에 실패한 자들의 버리지 못한 깃발이다. 그것들은 대의민주주의가 작동하는 곳 어디에서나 민주주의와 함께 생존한다. 포퓰리즘과 정체성 정치가 활보하는 곳이 민주주의의 거리다. 민주주의는 진리의 방보다는 혼란한 거리에 가깝기 때문이다.

분노할 준비를 끝낸 사람들

평등의 신념과 불평등한 현실의 시차를 적응하기 위해 다양한 언어 중독이 펼쳐진다. "결과의 평등", "조건의 평등", "과정의 평등" 등등. 어떠한 신조어를 생성해도 매일의 삶 속에서 불평등은 누구에게나 평등하게 확인된다. 수시로 확인되는 불평등은 가치도 아니고 사실도 아니다. 불평등은 감정의 영역이며 분노의 원인이다. 분노의 감정은 정치적 평등과 함께 있을 수 없다. 그렇게 불평등은 민주주의의 불가능 조건이다. 불평등이 민주주의의 반대말인 이유는 사회적 통합과 같은 이념적 문제가 아니다. 민주주의의 이름과 방식에서 당연히 도출되는 결론이다. 불평등의 세계에서 우리를 다스리는 "우리"는 더 이상 하나의 "우리"라는 상상이 허망하다.

　민주주의는 정치적 평등의 다른 이름이다. 정치적 평등은 자격을 갖춘 시민들이 공적 문제에 대하여 동등하게 소유권을 행사하는 상태다. 이것은 구성원들이 공적 문제에 대하여 적극 참여하려는 욕구를 전제한다.[167] 분노는 참여와 어울릴 수 없다. 분노한 자들의 참여는 참여라고 부르지 않는다. 참여하는 자는 전체의 입장에서 공공적 결론을 고민하지만, 분노하는 자는 자신의 사연과 폭발하는 자아에 침몰한다. 공적 문제에 대한 참여가 이성의 문제라면, 분노는 격렬한 감정의 폭발이다. 분노한 자들에게는 참여가 아니라 복수가 어울린다. 기울어진 운동장에서 민주주의 찾기는 언제나 실패한다. 경제의 구조적 불평등은 민주주의의 불가능성이다.

조지프 스티글리츠는 컬럼비아대학교 교수이며 노벨 경제학상 수상자로 세계은행 부총재를 역임했다. 그는 미국을 비롯한 세계적인 불평등 확대가 민주주의의 위기임을 강하게 주장한다. 스티글리츠는 2002년 그의 책 "세계화와 그 불만"에서 IMF가 "본래적 임무를 수행하기보다 금융시장의 이익을 추구하고 … 가난한 사람들의 관심사에 별 관심이 없는 것과 마찬가지로 − 은행 구제에 쓸 돈은 수십억 달러나 있지만 IMF 프로그램의 결과 직장에서 쫓겨난 사람들을 위해 지급할 소액의 실

167] 앨런 라이언, 남경태·이광일 옮김, "정치사상사 : 헤로도토스에서 현재까지", 문학동네, 2012~2017년, 1253쪽

업 보조금은 없다"[168] 며 비판했다. 그는 IMF와 같은 국제기구의 개혁을 요구했다. 자본시장 자유화의 위험을 인정하고, 위험관리와 안전망을 개선하는 등의 개혁적 조치가 필요하며, IMF 프로그램들이 빈곤과 실업에 미칠 것으로 예상되는 영향을 공개하는 정책 등도 실현되어야 한다고 강조했다.[169]

10년 뒤 그는 더 심각해진다. 스티글리츠는 2012년 그의 책 "불평등의 대가"에서 불평등의 원인이 시장과 정치인들의 정책에 있음을 지적한다. 2008년 경제위기 이후, 스티글리츠가 분석한 자본주의 경제시스템의 문제는 극단적 불평등의 구조와 연결된다. 불평등은 불안정으로 이어지고 불안정은 다시 불평등을 강제한다. 그 사이에는 정부의 규제완화와 같은 정책이 있다. 불평등은 자연이 도달한 어느 지점이거나 우리가 피할 수 없는 문명의 부산물이 아니다. "다양한 외피를 띠긴 하지만, 불평등의 주요 원천은 거시경제 정책의 실패다."[170]

168] 조지프 스티글리츠, 송철복 옮김, "세계화와 그 불만", 세종연구원, 2002~2022년, 371~372쪽

169] 같은 책, 402~408쪽

170] 조지프 스티글리츠, 이순희 옮김, "불평등의 대가 : 분열된 사회는 왜 위험한가", 열린책들, 2012~2013년, 187쪽

그에 의하면 금융위기는 불평등이 대폭으로 심화한 이후 발생했으며 대공황 직전에도 유사한 불평등의 심화가 있었다. 미국인구의 상위 1%가 국민 소득의 약 20%를 차지하는 불평등 상황에서 계층별 소득 대비 소비지출 비중을 비교하면 고소득자의 경우가 저소득자의 경우보다 낮다(하위 계층은 소득을 남김없이 소비한다). 이 경제의 총수요는 공급에 미치지 못하고 따라서 실업이 발생한다. 즉 심각한 불평등은 총수요 부족으로 연결되고, 총수요 부족은 실업으로 연결된다. 각국 정부는 수요 부족의 상황(실업률이 높을 때)의 해결을 위해 공공 지출이나 민간 소비를 증대시키는 조치를 취하지만 이것은 거품과 그로 인한 불평등의 재생산으로 연결된다. 한편 불안정을 초래하는 핵심 요인은 규제완화다. 기업, 특히 금융부문에 무제한의 자유를 허용한 것은 부유층의 근시안적이익을 위한 것이었다. 대공황 이전에도 이와 비슷한 과도한 행위들이 있었기 때문에, 미국은 대공황이 끝난 후 강력한 금융규제를 시행했다. 대표적인 것이 1933년에 제정된 글래스-스티걸법이었다. 이런 법률들은 효과적으로 시행되었고 국가적 이익에 도움이 되었다. 1999년에 이런 규제책들이 폐지되자 과도한 행위들은 훨씬 더 거센 파도가 되어 들이닥쳤다.[171] 그의 분석에서 생각해 볼 점은 불평등은 일정한 정책의 결과라는 사실이다. 그러한 정책을 결정한 자들은 민주주의 우상(다수결 제도)을 차지한 자들이며, 귀족정(대표 제도)의 승자들이다.

"불평등은 불안정을 야기한다. 불평등이 불안정을 야기하는 것은 규제 완화 정책과 총수요 부족의 대처방안으로 흔히 채택되는 정책들 때문이다. 불안정은 불평등의 <필연적>인 결과가 아니다. 민주주의가 효율적으로 작동한다면, 규제완화에 대한 정치적 요구를 저지함과 동시에 거품을 만들지 않고도 지속적인 성장을 가능케 하는 경로로 총수요 부족에 대처할 수 있다. 이런 불안정에는 더 큰 역기능이 있다. 불안정은 위험을 증대시킨다. 기업은 위험 회피적이다. … 따라서 성장이 둔화된다. 문제는 불평등이 불안정을 야기하고, 불안정은 다시 불평등을 심화시킨다는 것이다. … 악순환이다. … 전형적인 빈익빈 부익부 현상이다."[172] 불평등과 불안정이 착실하게 악의 순환을 몇 번 반복하고 나면, 세상은 누군가에게 악마가 된다.

171] 같은 책, 193~199쪽
172] 같은 책, 200~201쪽

"일반 노동자들은 실업률 증가와 임금 삭감, 주택 가격 하락, 그리고 상당히 큰 자산 손실에 직면한다. 부유층은 위험을 감행할 여력이 더 많기 때문에 사회가 더 큰 위험에 대한 보상으로 제공하는 수익을 수확한다. 늘 그렇듯이, 부유층은 그들이 지지했던 정책, 또한 다른 계층에게 큰 희생을 안겨 준 정책들 덕분에 이득을 올리고 있는 것이다."[173] 스티글리츠는 국제통화기금의 고해성사告解聖事를 소개한다. "2011년에 발표된 보고서에서 국제통화기금은 이렇게 결론지었다. <우리는 경제 성장의 장기적인 지속은 소득 재분배의 평등성 확대와 깊이 연관되어 있다는 것을 확인했다. … 장기적으로 볼 때, 불평등의 축소와 지속적인 성장은 동전의 양면이라 할 수 있다.> 2011년 4월, 국제통화기금의 전 총재 도미니크 스트로스-칸은 이렇게 강조했다. <궁극적으로 볼 때, 고용과 평등은 경제의 안정과 번영, 정치적 안정과 평화를 이루는 벽돌이다.>"[174]

스티글리츠의 분석에 의하면 불평등은 자본주의 시장경제의 신앙(시장의 효율성)을 무너뜨린다. 경제적 불평

173] 같은 책, 201쪽
174] 같은 책, 201쪽

등은 동정심의 원인이거나 질투심의 이유와 같은 개인적 감정이나 사회적 부조扶助의 문제가 아니다. 불평등은, 자본주의의 부산물이며 동시에 자본주의의 가장 큰 적이다. 각종 데이터들이 가리키는 곳은 하나다. 불평등의 원인을 찾고자 장 자크 루소와 함께 자연상태까지 거슬러 올라갈 필요가 없다는 점이다. 지금 우리가 마주보고 있는 이와 같은 괴이한 수준의 불평등 지표들은 자연스런 현상이거나 무엇의 부작용이 아니다. 이지경의 처참한 불평등 수준은 절대로 어쩔 수 없는 것이 아니다. "불평등은 단순히 자연력이나 추상적인 시장의 힘에서 비롯한 결과가 아니라는 것이다. … 불평등은 대부분 과학 기술과 시장의 힘, 그리고 광범한 사회적 힘에 영향을 미치고 이를 견인하는 정부 정책에서 비롯한 결과다."[175]

민주주의는 불평등을 데이터와 숫자로 받아들이지 않는다. 극소수 구성원을 제외한 "우리"에게 불평등은 이해의 문제가 아니다. 이성이 작동하는 영역이 아니기 때문이다. 우연히 삶을 맞이했고 그 우연의 뒷주머니에서 나온 가난을 운명으로 받아들이는 이들에게, 그것은 삶 자체이므로, 불평등은 계산의 대상이 아니라 세상을 어떻게 받아들일 것인가에 관한 실존의 문제다. 삶과 죽음에 대한 의미의 문제다. 삶의 어떤 조건을 넘어가고자 하는 초월의 꿈이 불평등을 배경으로 할 때 그것은 좀 더 격한 무늬를 그린다. 중요한 점은 불평등을 삶으로 경험하는 다수의 구성원들은 이와 같은 기울어짐과 그것의 의미를 명확히 알고 있다는 사실이다. 다수의 참여라는 민주주의의 선언은 소수에게 독점된 부를 확인하는 순간, 실패를 예감한다.

민주주의의 주어인 다수에게 불평등은 경험의 대상이고 분노의 이유다. 분노는 이성의 버튼을 내린다. 그들은 삶의 순간순간이 화낼 준비를 마치는 시간이다. 불평등의 운동장에서 다수에게 찾아온 삶은 처음부터 끝까지 우연한 불평등의 야바위판이다. 그들은 삶의 중요한 지점마다, 먼저 와서 기다리고 있는 불평등을 발견한다. 우연히 맞이한 삶은 잘못 뽑은 부모와 함께 찾아왔다. 삼루에서 태어난 이들이 스스로 삼루타를 친 것으로 착각[176]하는 동안, 그들은 조용히 덕아웃에 앉아 주먹

176] 리처드 리브스, 김승진 옮김, "20 vs 80의 사회 : 상위 20퍼센트는 어떻게 불평등을 유지하는가", 민음사, 2019년, 29쪽

을 쥐어 보는 자들이다. 우연히 알게 된 세계의 운동 궤도는 그들을 찌르는 것들뿐이다. 그들은 정확히 알고 있다. 정치인들의 입에 걸린 국민의 목록에 자신들의 이름은 숫자로 표현된 권력 획득의 자원일 뿐이다.

1%는 시장 법칙에 따라 얻어진 우연성 기반의 성공을 자신의 능력에 따른 인과법칙인 것으로 착각한다. 99%는 운명의 우연성 법칙에 체념한다. 불평등은 모든 것에 대한 경험을 불평등하게 창조한다. 아이들이 세상을 받아들이는 방법과 태도의 경험은 부모의 부에 따라 결정된다. "노벨상을 수상한 경제학자 제임스 헤크먼은 부모 잘못 만나는 것을 '가장 큰 시장 실패'라고 불렀다. 중상류층 가정에서 태어난 아이는 이 '시장 실패'를 성공적으로 피한 셈이다."[177] 세상의 모든 것은 시간의 연속에 따라 세습된다. 유한한 인간은 언제나 유전자의 대물림을 통한 초월을 본능으로 갈구한다. 현재는 과거가 만들어 놓은 흔적들을 가꾸는 곳이다. 세습을 제도로 막을 방법은 없다.

유전자의 길을 따라, 부모에서 자식으로, 돈과 사회적 평판과 주변인들의 호의가 흘러간다. 인간의 삶은 총

177] 같은 책, 53쪽

체적이므로 사회적 유전의 대상은 보이지 않는 것들을 포함한다. 누구에게나 유전은 평등하게 작동하므로 누구에게나 세상은 불평등하게 시작된다. "운동장은 평평한지 몰라도, 어떤 아이들은 밤과 주말에 미리 연습해 경기에 대비한다. … 능력의 피라미드는 부와 문화 자본의 피라미드를 반영하게 되었다."[178] 모두가 평등하다는 말은 어쩌면 습관적인 거짓말 같은 것인지도 모르겠다. 모두가 평등하지 않음을 알고도 모두가 다같이 평등을 수시로 입에 올리고 있는 것은 어떤 다른 의도가 있는 것인가? 평등에 대한 집단 망상은 누구를 위한 것인가?

"능력주의Meritocracy"는 영국의 사회학자이자 작가인 마이클 영이 1958년 "능력 지배 사회의 부상"이라는 제목의 디스토피아 소설을 쓰는 과정에서 라틴어와 그리스어를 섞어 만든 신조어다. 그의 책은 혁명이 일어나 세습 기반의 권력 구조를 쓸어 없애고 전적으로 '능력', 즉 IQ와 노력에만 기초하게 된 미래 사회를 그리고 있다. 소설 속 사회는 출생에 따른 귀족제(aristocracy, 귀족이 지배하는 체제)나 부에 따른 금권제(plutocracy, 돈이 지배하는 체제)가 아니라 똑똑한 사람이 지배하는 진정한 능력제

178] 같은 책, 119쪽

meritocracy 사회다. 귀족이나 돈이 다스리는 세상보다는 능력이 지배하는 사회가 평등에 가까워 보인다. 영이 묘사한 능력제 사회의 근본 모순은 계급 구조가 경직되고 부자와 가난한 사람의 격차가 커진다는 것이다. 소설 속 사회는 결국 대중 폭동으로 무너진다. [179]

"계급이 인위적인 형태의 상속을 통해서가 아니라 시장에서 인정받는 능력을 통해 재생산될 때, 승리자들은 그 결과로 발생하는 모든 불평등이 도덕적으로 정당하다고 확신하기 쉽다. 패배자들에게 자원을 재분배하는 것이 오히려 불공정하게 느껴진다. 자신이 공명정대하게 승리했다고 생각하기 때문이다. 고소득층 사람들은 부자가 부자인 이유는 다른 사람들보다 더 열심히 일했기 때문이라고 생각한다. 반면 소득이 높지 않은 사람들은 부자가 부자인 이유는 조건이 더 유리했기 때문이라고 생각한다."[180]

"누구나 신분에 의한 차별 없이 자신의 능력을 발휘할 수 있고, 그 능력에 따라 공평한 성과를 누린다." 능력주의의 가르침은 현대의 절대적 도덕률이다. 중세적 신

179] 같은 책, 121~122쪽
180] 같은 책, 123쪽

분을 무찌른 민주주의는 이렇게 개인의 자유와 평등의 신념을 가르쳐왔다. 누구도 신분에 의해 자신의 능력을 배신 당하면 안된다. 그렇게 근대는 중세의 신분질서를 무너뜨린 자리에 사회적 정의를 세웠다. 신분 중심 사회는 능력 중심 사회로 발전했다. 인간 이성의 승리다. 정말, 그렇게 생각하는가? 삶은 우연으로 가득하다. 우연은 불안하다. 인간은 삶의 우연을 견딜 수 없다. 우연을 해석하고 구조화한다. 그리하여 결국 어떤 관념의 구조 속에 자신들을 가둔다. 능력주의도 다르지 않다.

A는 프로야구 스타다. 이번 FA시장에서 그는 자기 능력을 인정받아 수백억 원을 받고 팀을 옮겼다. 그는 빈농의 자식으로 태어나 하루의 밥을 걱정하며 자라야 했던 자신의 어린 시절과 불 꺼진 연습장에서 홀로 연습했던 노력의 순간들을 아이들에게 인생의 교훈으로 이야기한다. 사회는 그의 노력을 충분히 인정해 준다. 언론에서는 A의 성공담을 우리 시스템의 미덕으로 찬양한다. A는 경제위기로 고통받는 친구 B가 안스럽고 갑갑하다. 좀 더 노력을 해보라고, 노력은 절대 배신하지 않는다고 충고한다. A에게 인생이란 인과법칙에 따라 움직이는 기계다. 사회는 능력을 넣으면 대가가 따라 나오

는 시스템이다.

　A는 모른다. 삶은 누구에게나 평등하게 우연이다. 프로야구 FA시장이라는 제도와 운영방식이 A에게 인생의 기회로 작용한 것은 어떠한 논리적 귀결이 아니다. 프로야구라는 자본주의 스포츠 운영시스템과 수요 공급 곡선이 결정하는 A의 가격은 A가 만든 조건이 아니다. 더 근본적으로 프로야구 선수 A와 장애아동을 돌보는 특수교사 B 사이에 수백 배의 연봉 차이를 합리화할 윤리적 타당성은 존재하지 않는다. 인간을 인간이게 하는 어떠한 가치체계에 반한다. 공을 치고 달리는 육체의 능력과 장애아동을 돌보는 열정의 소모 사이에 놓여 있는, 수백배의 가치 차이는, 어떠한 체념에도 불구하고 받아들이기 힘들다.

　어쩌면 이와 같은 상황을 자연스러운 것으로 포장하는 것이 능력주의 신화의 일인지도 모른다. "누가 더 노력 했는가?"라는 측정 불가의 모호한 질문지와 둘이 받아 든 "통장 잔고"의 명확한 답안지는 그렇게 우연 속에서 빗나간다. 그래서 우리 모두 하늘만 바라보며 우연에 기대어 살자는 이야기가 아니다. 오히려 문제는 여기서부터 시작된다. 각종 제도와 시스템 속 프로운동선수 A

와 장애아동 특수교사 B의 연봉 차이는 결과가 아니라 시작이다. A와 B의 아이들에게 삶은 어떤 공평한 노력의 결과가 아니라 어떤 불공평을 경험할 기회의 시작이다.

능력주의가 만든 세상은 아름답지 않다. 성공한 소수는 우연을 인과로 오해하고, 삶은 주어진 것이 아니라 만들어 내는 것이라고 찬양한다. 실패한 다수는 소수의 성공을 부러워하며 자신의 하루를 더 채찍질한다. 채찍이 녹아 내릴 때쯤, 그들은 더 이상 참아 낼 수 없는 어떤 한계를 만난다. 그것은 "모멸감"이다. 그것은 자아에 깊은 상처를 남기는 "모욕감"이다. "자신의 곤경은 자신 탓이라는 말, '하면 된다'라는 말은 양날의 검이다. 한편으로는 자신감을 불어넣지만 다른 한편으로는 모욕감을 준다. 승자에게 갈채하며 동시에 패자에게 조롱한다. 패자 스스로마저도 말이다. 일자리가 없거나 적자에 시달리는 사람에게 나의 실패는 자업자득이다. 재능이 없고 노력을 게을리 했기 때문이라는 생각은 헤어나기 힘든 좌절감을 준다."[181]

나의 성공은 내 노력의 결과라는 자부심보다 나의 실

181] 마이클 샌델, 함규진 옮김, "공정하다는 착각 : 능력주의는 모두에게 같은 기회를 제공하는가", 와이즈베리, 2020~2020년, 53쪽

패가 나 때문이라는 좌절감이 훨씬 사회적이다. 성공담은 샤워실 미소로 또는 술자리 호기로 튀어나올 수 있지만, 좌절의 분노는 타인과 사회에 대한 반격으로 무장한다. 그에게는 어쩌면 사회가 만든 모든 신화가 모멸의 대상이어야 할지도 모른다. 세상은 근본적으로 불평등하다. 불평등의 세계에서, 개인은 분노의 주인이고, 평등은 분노의 이유일 뿐이다. 분노할 준비를 끝낸 자들에게 민주주의는 다수가 던지는 가벼운 농담이거나 모욕일 수 있다. 준비를 마친 분노는 누군가가 소리만 지르면 어딘가로 튀어나갈 것이다.

지성의 거부

"반지성주의"는 비교적 최근에 유행한 말이다. 윤석열 대통령은 2022년 5월 10일 제20대 대통령 취임사에서 이 모호한 개념을 민주주의 위기의 원인으로 정의했다. "우리나라를 비롯한 많은 나라들이 국내적으로 초저성장과 대규모 실업, 양극화의 심화와 다양한 사회적 갈등으로 인해 공동체의 결속력이 흔들리고 와해되고 있습니다. 한편, 이러한 문제들을 해결해야 하는 정치는 이른바 민주주의의 위기로 인해 제 기능을 하지 못하고 있습니다. 가장 큰 원인으로 지목되는 것이 바로 반지성주의입니다. 견해가 다른 사람들이 서로의 입장을 조정하고 타협하기 위해서는 과학과 진실이 전제되어야 합니다. 그것이 민주주의를 지탱하는 합리주의와 지성주의입니다."[182]

대통령의 생각에 의하면, 민주주의가 존재하기 위해서는 "합리주의"와 "지성주의"가 필수적이다. 민주주의의 타협은 과학과 진실의 바탕 위에서 시작된다. 대통령은 반지성주의를 공동체의 결속력을 흔들고 있는 민주주의 위기의 원인으로 생각한다. 공공을 대상으로 하는 연설에서 낯선 개념을 사용하는 것은 낯익은 일이 아니다. 민주주의의 존재를 "지성주의"와 연결하는 방식에 대하여는 전혀 동의할 수 없다. 민주주의와 과학 또는 민주주의와 진실을 관계망에 엮는 방식은 이해할 수 없다. 먼저 지성주의와 반지성주의의 의미에 대하여 살펴본다. 낯선 개념은 천천히 둘러보아야 한다.

다른 개념들과 마찬가지로 "반지성주의"도 그 단어의 사용방법에 따라 그 의미가 무한정 확대될 수 있다.

182] 대한민국 정책브리핑(www.korea.kr)

대통령의 연설문에서도 반지성주의가 놓여있는 자리에는 반지성주의를 대신할 만한 다양한 단어가 대신 놓일 수 있다. 그렇게 되면 반지성주의라는 개념은 단지 "나쁜 것"을 표현한 것이다. "반지성주의"와 같은 "반(anti-)"이 들어가는 개념은 어떤 개념을 설정한 후, 그것을 반대하는 개념으로 무엇인가를 설명한다. 반지성주의는 "지성주의"에 대한 설명을 요청한다. 반지성주의는 연구실에서 막연하게 발명된 개념이 아니라 미국의 특정한 역사적 맥락에서 발생한 생각의 흐름들을 설명하기 위해 리처드 호프스태터가 만들어낸 개념이다.

호프스태터는 자신의 책 "미국의 반지성주의"에서 자신이 다루려는 생각들이 1950년대 미국의 정치적 지적 상황에서 촉발된 것이며, 미국에서 비판적 지성이 처참할 정도로 경시되고 있다는 우려를 일깨운 것이 "매카시즘"이었다고 말하는 것으로 이야기를 시작한다.[183] 반지성주의라는 단어를 창안한 호프스태터의 생각을 존중한다면, "반지성주의"라는 말은 명확한 역사적 배경과 경험을 토대로 하고 있다. 따라서 그 용어를 사용하려면 그것의 배경과 맥락에 대하여 알고 있어야만 한다. 호프

183] 리처드 호프스태터, 유강은 옮김, "미국의 반지성주의", 교유서가, 1962~2017년, 19쪽

스태터는 반지성주의를 "미국의 특수한 토양"에서 자라
난 일정한 생각의 줄기들로 설명한다. 그 미국적 토양
중 중요한 부분은 미국 개신교의 "복음주의"다.

"미국의 기독교는 교파에 따른 교리와 성직자가 행
하는 의식을 중심으로 하는 것이 아니라, 신도 각자가
직접적으로 경험할 수 있는 회심과 새로운 삶을 중심으
로 하는 실천적인 성격을 가지고 있다. 이런 미국형 기
독교의 형태를 복음주의evangelical라는 단어로 표현하는
데, 이는 교파를 초월한 기독교의 최대공약수인 생활 속
의 체험을 대변하는 개념이다."[184] 미국과 한국의 개신
교는 자칭 복음주의라는 모호한 단어로 표현되는 매우
특이한 종교형태라고 할 수 있다. 자칭 복음주의자들은
2천 년 전 낯선 문화의 언어(성서)를 해석의 대상이 아니
라고 주장한다. 그들은 성서를 묻지 않고 믿으며, 암기
의 대상으로 받아들인다. 그들은 종교 지도자의 괴성을
신의 언어로 받아들인다. 그들은 종교에 대한 매우 특이
한 해석론자들이다.

"종교는 인간의 내면을 정화하는 믿음의 힘이다. 이

184] 모리모토 안리, 강혜정 옮김, "반지성주의 : 미국이 낳은 열병의 정체", 세종서적,
　　　2015~2016년, 94쪽

런 이유 때문에 종교의 기본적인 덕목은 진실성, 즉 내면 전체를 관통하는 진실성이다. … 종교는 개체로서의 인간이 자신의 고독으로 이루어 내는 것이다. 종교가 만족스런 최종 국면으로 진화해 갈 때면 세 단계를 거치게 된다. 그것은 공허한 신God the void으로부터 적으로서의 신God the enemy으로, 적으로서의 신으로부터 동반자로서의 신God the companion으로 나아간다. 따라서 종교는 고독이다. 우리가 고독하지 않다면, 우리는 결코 종교적일 수 없다. 집단적 열광, 신앙 부흥운동, 단체, 교회, 제의, 경전, 행위 규범 등은 종교의 장식물이자 일시적 외형에 지나지 않는다."[185] 복음주의자들은 고독을 거부한다. 확신과 열광을 추구한다.

반지성주의의 뿌리가 "복음주의"에 있다는 점은 흥미롭다. 민주주의를 세운 생각의 흐름들(개인주의, 자유주의, 평등주의)은 많은 경우 기독교의 역사와 성서의 해석에서 시작되었다. 민주주의의 적이라는 "반지성주의" 또한 복음주의라는 미국식 개신교의 줄기에서 기원을 찾는다. 서로 배척되는 성서의 해석과 종교적 믿음의 갈등은

185] 알프레드 노스 화이트헤드, 문창옥 옮김, "종교란 무엇인가", 사월의책, 1926~2015년, 33~34쪽

해결되기 힘들다. 종교인에게 자신의 믿음은 절대선絶對
善이기 때문이다. 당연하게도 지옥을 만드는 자들은 언
제나 절대선을 주장하는 자들이다. 종교는 집단의 정당
성을 강화하고 각각의 집단들은 종교의 배타성으로 나
와 너를 구분한다.

호프스태터는 "우선 반지성주의를 미국 종교사의 틀
안에서 탐구할 필요가 있다"[186] 고 말한다. 그는 "무엇보
다도 하느님과 교섭한다는 내적 확신을 추구했기 때문
에 전례 표현이나 종교적 확신을 위한 지적 토대의 필요
성을 느끼지 않았"[187] 던 "열광주의자들"에게 주목한다.
이와 같은 생각은 연구자들에게서 유사하게 발견된다.
열광주의자들에게 지적 탐구는 의미 없는 일이다. 성삼
위일체나 신이 된 인간의 구원론과 같은 복잡한 신학적
논쟁은 아무런 쓸모 없는 이야기다. 그들은 속세의 고된
일상을 잊게 해 줄 종교적 열정이 필요할 뿐이다.

"반지성주의는 상당히 뚜렷한 계보를 가지고 있는
지극히 미국적인 현상이다. 미국 반지성주의의 역사적
발전과 현대적인 발로에 대해서는 여러 견해가 있지만,

186] 리처드 호프스태터, 유강은 옮김, "미국의 반지성주의", 교유서가, 1962~2017년, 81쪽

187] 같은 책, 91쪽

출발점에 대해서는 연구자들 간 견해가 거의 일치한다. 그것은 바로 독립 전 미국 전역을 휩쓸었던 신앙부흥운동revivalism의 물결이다. … 식민지 시대 미국에는 신앙부흥운동의 거센 물결을 예비하는 독특한 토양이 있었다. 바로 청교도주의, 좀 더 구체적으로 말하자면 청교도주의의 극단적인 지성주의다. 원래 고도로 지성을 중시하는 사회였기 때문에 그에 대한 반동으로 신앙부흥운동이 일어났고, 그에 따라 강렬한 반지성주의도 생겨난 것이다."[188]

반지성주의는 종교적 지성주의에 대한 대항으로 시작되었다. 반지성주의라는 단어 자체가 지성주의의 존재를 전제하고 있다. 지성주의가 종교적 지성주의에서 민주주의에 대한 지성주의로 옮겨 타고, 반지성주의 역시 그에 대한 반론을 찾아가며 의미를 찾아간 것뿐이다. 종교와 국가의 분리라는 정교분리의 선언은 민주주의의 종교적 토대라는 역사 앞에서 무력하다. 민주주의는 서양의 기독교 역사와 그 교리의 분열 그리고 그 가운데에서 구원을 갈망하는 인간들의 열망과 함께 그 개념을 키

188] 모리모토 안리, 강혜정 옮김, "반지성주의 : 미국이 낳은 열병의 정체", 세종서적, 2015~2016년, 25쪽

워왔다.

　"신은 죽었다"는 선언은 니체의 일기에서 발견된 개인적 신념이 아니다. 그것은 근대 문명의 보고서였다. 이성과 과학으로 움직이는 세계 속에서 더 이상 고대와 중세의 주인이었던 신은 어떠한 기준점도 제공하지 못한다. 더 이상 세계에는 신의 자리가 없다. 신의 죽음 이후 유럽의 신학이 자유주의 신학부터 칼 바르트의 신정통주의 신학에 이르기까지 다양한 변증으로 신의 생존을 모색하는 동안, 대서양 멀리 미국은 혼자만의 시간을 보냈다. 미국의 복음주의 신학은 성서에 대한 지성적 접근과 그에 기반한 현실에 대한 성서적 해석을 거부하고 신과의 직접 소통을 중시한다. 그들은 근본주의적 성서무오설聖書無誤設을 지지하고 창조신앙을 진화론에 반대하는 과학의 범주로 받아들인다. 과학과 종교를 하나의 범주에서 판단하려 한다. 그들에게는 과학과 정치 모두 종교의 범주 안에 있다.

　미국을 건국한 청교도들은 지식과 교양을 중시했다. 그들은 성직자에게도 교양인의 인문 교육을 강조했다. 이것은 18세기 중반의 대각성운동 시기에 교육받은 목사들이 거부당하는 사건들로 연결된다. 1720년에 시작된 대각성운동은 윌리엄 테넌트의 부흥주의 교육, 조너선 애드워즈와 조지 휘트필드 등의 부흥설교 등으로 연결된다. 순회 부흥사들은 인문 교육을 받은 기존 목사들과 전혀 달랐다. 그들은 설교대를 두드리고 발을 구르며 특별한 종교적 흥분을 퍼트렸다. 부흥운동가들은 죄의식과 구원의 열망을 거론하며 청중의 감성에 호소했다. 부흥운동가들은 성서에 대한 지적 해석에 기반한 설교가 아니라 청중과의 즉흥적인 대화를 강조했다. 그들은 구원에 필요한 것은 지식이 아니라 성령이라고 설교했다. 한쪽에서는 부흥사들을 인문학을 불신하는 자들이며 교육받지 못하고 복음서의 위대한 교리를 이해하지 못하는 자들이라고 비난했다. 반대로 부흥사들의 눈에는 지식과 교양의 활용은 신의 계시를 거부하는 덫일 뿐이었다.[189]

미국은 성서의 비밀을 해석하려는 종교적 갈망이 아니라 구원에 대한 본능적 감성을 택했다. "각성운동과 더불어 미국의 종교에서 청교도의 시대는 종언을 고하고 복음주의의 시대가 시작되었다."[190] 중요한 것은 이

189] 리처드 호프스태터, 유강은 옮김, "미국의 반지성주의", 교유서가, 1962~2017년, 95~114쪽
190] 같은 책, 115쪽

와 같은 종교 운동이 광범위한 평등주의 확산과 민주주의에 대한 시각차이를 불러왔다는 점이다. 인문학을 중시하고 지성의 활용을 지지하는 청교도적 입장에서 성령에 의한 평등한 종교적 흥분을 강조하는 입장으로 변화된 것은 "일종의 종교적 민주주의"[191] 였다. "(많은 부흥운동가들은) 평신도 — 이른바 평신도 설교자lay exhorter — 에게 개심 소임을 맡김으로써 목사들의 전문적 기반을 훼손하려 했던 것이다."[192]

부흥운동시기 기성 교회의 대변자들의 눈에는 성령만 중시하면서 학식이 없는데도 하느님의 말씀을 해석하고 구원자처럼 행동하는 자는 심한 이단이었다. 그들에게는 역사 속에서 정확하고 합리적으로 성서를 이해하는 것이 중요했다. 반면에 각성자들은 내적 확신과 하느님과의 관계에 대한 올바른 느낌을 중시했다. 이것은 기존에는 없었던 충돌이다. 이러한 충돌은 "성령과 학식이 대립된다는 명제"를 발명했다.[193] 유사한 형식으로 민주주의의 성령은 민주주의에 대한 지적 이해와 대립된다. 어떤 이에게 민주주의란 민주주의가 무엇인지 몰라

191] 같은 책, 105쪽

192] 같은 책, 107쪽

193] 같은 책, 109쪽

도 광장에서 민주주의를 외칠 수 있는 반지성의 자격증
이다.

"반지성주의는 종교적 확신을 근거로 한 철저한 평
등관에서 시작되었다. 신 앞에서는 학식이 있든 없든,
대학을 졸업한 인텔리든 초등학교밖에 나오지 못한 무
식쟁이든, 모두 똑같이 귀중한 인격체다."[194] 모든 인간
은 신 앞의 평등을 받아들여야 한다. 이것은 신의 명령
이다. 신이라는 측정도구 앞에 서있는 모든 인간은 그
삶의 독특한 정체성이 무엇이든 동일한 가치를 지닌다.
신 앞의 평등을 받아들이고 이것을 현실의 계명으로 실
현하는 자들에게 두려움은 없다. "일단 확신이 생기면
지상의 어떤 권위도 두려워하지 않고 대담하게 도전하
기도 하고 반발하기도 하는 정신을 다지게 되었다. 이런
자주독립 정신이 개인의 자각과 평등의식을 기르고, 결
과적으로 미국 사회를 독립혁명으로 이끌었으며, 이후
민주주의 발전을 채찍질(했다)."[195]

반지성주의는 평등에 대한 근본주의적 믿음이며 불
평등한 현실에 대한 종교적 도전이다. "이해가 안 되는

194] 모리모토 안리, 강혜정 옮김, "반지성주의 : 미국이 낳은 열병의 정체", 세종서적,
2015~2016년, 99쪽
195] 같은 책, 93쪽

것은 눈앞의 현실이 이렇게 불평등한데도 우리는 여전히 만인이 평등하다고 믿고 있다는 사실이다. … 현대인의 이러한 확고한 신념은 도대체 어디서 나왔을까? 그것은 … 어떻게 하면 평등하게 분배할 수 있을까 하는 경제학적 문제가 아니라 철학적 혹은 신학적 문제다."[196]
이것이 바로 우리가 반지성주의라고 상대방을 비판하기 전에 생각해 보아야 할 지점이다. 반지성주의는, 역사적으로 그리고 개념적으로, 신 앞의 평등에 대한 선언에 기초한 것이며, 민주주의의 토대인 평등주의에 대한 충실한 맹세이기 때문이다. 어떤 의미에서 민주주의의 기초는 반지성이기 때문이다. 이 부분을 조금 더 생각해 본다.

많은 경우 "반지성주의"라는 단어는 트럼프 이후, 거짓 뉴스들에 대한 비웃음을 위해 사용된다. 단어의 활용도가 높아짐에 따라 그 의미의 폭은 끝없이 넓어졌다. 반지성주의는 상대편 정치인을 공격하는 용어로 어디서나 사용된다. 우리 편과 상대를 나누고 자기 편의 의견에만 집중하거나, 타인의 이야기는 듣는 것조차 거부하는 편협한 태도를 반지성주의라고 부르기도 한다. 반지

196] 같은 책, 102~103쪽

성주의라는 단어가 정치의 현장에서 사용되는 맥락을 살펴보면, "비상식", "고집 센" 등의 단어를 사용하면 되는 곳들이다. 그러나, 단어의 오남용을 지적하는 일보다 중요한 것이 있다. 반지성주의의 역사를 살펴보면, "반지성주의" 논쟁은 민주주의의 본질에 대한 질문에 닿아 있다. 최소한 "반지성주의"라는 용어를 처음 사용한 호프스태터의 생각은 그렇다.

"반지성주의가 우리 문명에 널리 퍼져 있다면, 그것은 반지성주의가 대체로 정당한 대의, 적어도 옹호할 만한 대의와 연결되었기 때문이다. 반지성주의가 우리의 사고방식에 큰 영향을 끼칠 수 있었던 것은 많은 인간적이고 민주적인 감정을 사람들에게 불어넣은 복음주의 신앙에서 힘을 얻었기 때문이다. 반지성주의가 정치의 세계로 진입할 수 있었던 것은 그것이 평등을 향한 우리의 열정과 결합되었기 때문이다. … 나는 반지성주의를 완전히 제거할 수 있다고 말하지 않는다. 그것은 우리의 능력을 넘어설 뿐만 아니라 이런저런 악을 완전히 제거하고자 하는 고삐 풀린 열정은 우리 시대의 다른 망상들처럼 위험할 수 있다고 생각하기 때문이다."[197]

197] 리처드 호프스태터, 유강은 옮김, "미국의 반지성주의", 교유서가, 1962~2017년, 46~47쪽

호프스태터에 의하면 반지성주의는 박멸의 대상이 아니다. 반지성주의를 제거하겠다는 생각은 다른 위험을 불러올 수 있다. 민주주의는 지성주의와 동의어가 아니다. 오히려 어떤 의미에서 민주주의는, 어떤 지성들이 진리라고 주장하는 것들을 거부하려는 신념에 가깝다. 그것은 반증이 거부된 믿음이다. 만약 그렇다면 민주주의를 둘러싼 질문들은 이렇게 간추려 볼 수 있다. 민주주의는 진리를 발견하는 과정인가? 아니면 진리와 무관한 잠정적 합의의 과정인가? 혹시 민주주의는 지성을 거부하는 일련의 사고와 그 현실화 과정인가?

민주주의는 민주주의적 가치에 동의하는 구성원간의 내부적 토론이며 합의의 과정이다. 반면에 모든 지성은 진리의 탐구를 향하고, 그 진리는 항상 우리 외부에 있다. 지성은 어느 시대나 진리를 만나는 방법을 고민하는 자들의 일이다. 진리는 신의 몫이거나 신의 옷을 입은 과학의 이름 또는 과학에 대한 오해다. 신의 계시와 과학적 발견은 우리가 의존했던 무지의 커튼 밖에 서있다. 그것은 기존의 사고 밖에서 밀고 들어온다. 다만 민주주의는 구성원들 안에서 합의의 방식으로 태어난다. 민주적 토론 과정과 평등의 추정은 그 결과의 진리성을 담보하지 않는다. 사실fact이 중요하지 않다는 이야기가 아니다. 반지성"주의"를 비판하는 과정에서 자칫 민주주의를 지성주의로 오해할 수도 있다는 점을 지적하는 것이다.

민주주의에 대한 커다란 오해는 민주주의를 지성의 작업 또는 진리를 찾아가는 과정이라고 추측하는 것이다. 민주주의를 진리와 혼동하는 순간, 개인과 집단 그리고 국가는 본래의 모습을 잃는다. 민주주의는 우리보다 먼저 존재하고 있는 진리의 존재를 가정하고, 그것을 찾아가는 수학 공식이 아니라 우리가 진행하는 내부의 절차를 통해 우리의 정당함을 스스로 구성하는 과정이다. 우리 안에서 "타당한 것"은 절대적인 진리와 관련이 없다. 그것을 받아들이는 것은 매우 어렵다. 진리는 시공간을 타고 넘지만 민주적 합의의 결과는 특정한 시공간 안에서만 작동한다.

"타당함"의 상대성을 인정하는 것. 그것은 어쩌면 본능에 반한다. 많은 경우 나의 타당함을 상대방의 타당함으로 설득하는 과정에서 분쟁이 발생한다. 모든 타당성은 맥락 속에서만 생명을 유지한다. 나의 맥락과 너의 맥락은 다르며, 그때의 상황은 지금의 상황과 같지 않다. 민주주의는 시공간을 초월한 진리를 꿈꾸지 않는다. 민주주의는 그것의 정당성과 그 구성원들의 정당성을 확보하고, 우리의 분쟁을 피하기 위해 잠정적 합의의 기술을 발휘하는 일이다. 그것은, 모두가 언제나 동의할 절대적인 무엇은 존재하지 않는다는 근대의 무신론적 믿음과 함께 시작된다.

진리라는 단어는 보편적이며 절대적이다. 진리는 두 개일 수 없으며 모든 반박을 이겨낸다. 진리는 배타성을 보유한다. 반면에 민주주의는 어떠한 신념들 또는 보기에 따라서는 공상이거나 상상에 가까운 것들을 기초로 구성된다. 이 책의 3장에서 본 바와 같이, 첫째는 "무지에 기반한 추론"이고, 다른 하나는 "동등한 가치의 추정"이다. 여기서의 추론과 추정은 실험 대상이 아니라 믿음의 영역이다. 어쩌면 상상의 대상이다. 민주주의적 상상에 참여하는 개인들은 모두 한 표의 상대적 진리를 주장할 수 있을 뿐이다. 만일 누군가가 상대방에게 반지성주의자라고 공격하며 자신의 주장을 지성에 입각한 "진리"라고 생각한다면, 그는 반민주주의자일 수 있다.

인간은 미래를 알 수 없다. 현재의 상황을 정확히 파악할 수도 없다. 민주주의는 진리를 탐하지 않는다. 모두는 모두 다르며, 모두는 모른다는 점에서 모두 평등하다. 어떤 의미에서 민주주의는 반지성에 대한 확고한 확인이다. 무지의 평등은 토론과 추론의 가능성으로 연결된다. "알 수 없음"에 대한 고백과 그에 터잡은 토론과 대화 외의 다른 방식을 찾지 못한다. 그러나 "알 수 없음"은 토론과 대화를 통해 완전히 극복되는 것이 아니다. "알 수 없음"에 대한 고백은 우리의 알 수 없음으로 인해, 알 수 없는 이들간의 토론과 대화 이외에는 타당한 추론의 방식이 없다는 선언이다.

토론과 대화의 가치는, 이를 통해 세운 우리의 결론이 진리와 동의어가 아니라는 사실에 있다. 우리가 만든 지금의 결론은 언제든 다음 번 토론을 통해 뒤집힐 수 있는 잠정적 자리를 만드는 것에 그친다. 이번 논쟁은 다음 번 토론의 근거가 된다. 그러나 지성이 발견한 진리는 잠정적이지 않다. 어떤 이들은 이렇게 주장할 것이다. "지성은 민주주의와 대립된다."[198] 지성의 대체재로서 인공지능을 내세우고 인공지능의 답변을 진리라고 받아들이는 순간, 민주주의는 역사에서 사라질지도 모른다. 인공지능이 가리키는 곳과 토론과 투표가 가리키

198] 같은 책, 80쪽

는 곳이 어긋날 때, 민주주의는 새로운 광장을 준비해야
할 것이다.

인간의 모든 업무에는 전문가가 있지만 민주주의는
예외다. 민주주의에는 전문가가 없다. 특정 사안에 대한
전문가의 조언이나 설득은 있을 수 있지만 결국 모든 결
정은 민주주의 구성원 모두가 동등하게 참여해야 한다.
모두의 말은 동등한 가치를 가진다고 믿어야 한다. 선뜻
받아들이기 힘들 수도 있지만 모두의 말에는 똑같은 무
게가 있음을 받아들여야만 한다. 민주주의는 이렇게 검
증된 사실이 아니라 모호한 믿음으로 살아간다. 민주주
의는 입증된 사실을 통해 유지되는 것이 아니다. 민주주
의는 신념을 통한 추정을 기반으로 사실을 해석한다. 민
주주의는 과학과 정반대의 태도로 유지된다.

이쯤 되면 궁금한 것들이 생겨난다. 정치인들이 상대
방에게 던지는 "반지성" 꼬리표의 반대. 즉, "지성"은 무
엇인가? 2008년 미국 소고기 수입을 둘러싼 광우병 발
병 위험성, 이명박 정부의 4대강 사업에 대한 평가, 후쿠
시마 오염수 방류의 위험성 등은 어느 쪽의 주장이 인간
의 지성적 활동에 부합한다는 것인가? 해당 분야의 전
문가들이 차례로 나와서 서로 반대되는 이야기들을 꺼

내 놓을 때, 당황스러운 다수 국민은 어느 쪽에 서있어야 반지성이 아닌 것인가? "과학이란 무엇인가?"에 대한 과학철학의 오래된 논쟁을 꺼내 놓지 않아도 알 수 있는 것이 있다. 정치적 논쟁이 된 문제에 대하여, 어떤 답이 지성적인지를 고민하는 것은 의미 없다는 사실이다. 공동체와 관련된 논쟁은 언제나 정치적일 수밖에 없으며, 따라서 그것은 정치적으로 해결될 뿐이다. 민주주의라는 정치의 언어와 지성의 언어를 같은 문법으로 섞어서 말하기 시작할 때 범주의 착오가 발생한다.

지성의 영광은 언제나 소수 엘리트들의 몫이다. 그들은 지성 확보가 자신의 노력에 의한 결과물이라 여긴다. 능력주의의 신봉자들이며 대표 제도의 우월성 원칙에 올라탈 가능성이 높은 자들이다. 극단의 경제적 불평등과 능력주의가 가져온 모멸감에 분노하는 다수의 개인들은 때때로 반지성적이다. 대중은 지성을 내세우는 이들의 인과론적 능력주의에서 오히려 분노를 느낀다. 이제 새로운 맥락에서의 반지성주의를 고민해야 한다. 그것은 민주주의에 대한 반지성과 관련된다. 민주주의가 설파한 자유와 평등의 신화들(사회적 초월)을 검증가능한 사실로 받아들이는 것. 민주주의의 약속들을 문자 그대

313

로 믿는 것. 이러한 것들은 반지성적인가? 그것은 민주주의가 예상한 결과인가?

나를 무시한 민주주의

민주주의의 영토에서 모두의 말은 평등한 가치를 갖는다. 모든 말이 다른 모두의 말과 동등한 가치를 갖는다. 이러한 믿음은 단순하지 않다. 모든 이들의 발언에는 그 삶의 흔적과 가치가 배어있기 때문이다. 모두가 동등하다는 민주주의의 신념은 구성원 모두의 지적 능력이 동등하다는 의미가 아니다. 우리 모두는 자아의 고향에서 머문다. 우리는 각자의 삶 속에서 모두 다른 모양의 경험을 통해 만들어진 신념을 가지고 있다. 각각은 나름의 정체성의 고향을 이루며 살아간다. 이와 같은 차이는 동일한 비교의 대상이 될 수 없다.

비교가 불가능한 영역에 대하여 동등하다고 추정하는 것은 위험하다. 문맹의 노인과 정치학을 전공한 젊은이 사이에는 측정 가능한 지적 차이보다 중요한 비교 불가의 영역이 있다. 비교는 비교의 기준이 있어야 한다. 비교의 대상이 삶의 근본적인 영역과 관련 있다면 그것은 동등 또는 차등이라는 단어가 들어설 수 없는 영역이다. 각자의 삶을 하나의 비교기준으로 측정할 방법은 없다. 삶은 비교대상이 될 수 없는 신념의 차이를 만들어낸다. 삶의 경험과 그것에서 파생된 신념을 수치화할 수는 없다. 여기에서 중요한 모순이 발생한다. 나의 한 표는 당신의 한 표와 그 깊이에 있어 전혀 다르다. 따라서 투표 결과에 대한 동의와 승복이 정체성의 영역과 관련된다면 그것은 불가능에 대한 강요다.

정치적 문제에 대한 어떤 신념을 다른 이의 신념과 같은 기준에서 비교하는 것은 불가능하다. "우리의 정치적 견해는 우리 자신의 자기-이미지와, 우리 자신이 누구인지에 대하여 우리가 가장 소중하게 여기고 있는 믿음에 깊게 뿌리내리고 있기 때문이다."[199] 우리 마을에 소각장을 설치할 것인가에 대한 주민들의 민주주의는 주민들 모두의 평등한 발언 가치를 추정하면서 시작한다. 그러나, 소각장은 물리적 실체이며 동시에 환경과 과학과 생태 문제의 해결방안에 대한 개인들의 신념과 자기 정체성에 대한 상징물이다. 이것은 비교의 대상이

199] 톰 니콜스, 정혜윤 옮김, "전문가와 강적들 : 나도 너만큼 알아", 오르마, 2017~2017년, 127쪽

아닌 영역에 다다른다.

예를 들어 동성간 결혼 합법화에 대한 정치적 견해가 문맹의 노인에게는 자기 정체성에 대한 믿음의 문제라면, 이와 같은 신념의 문제는 절대적 가치의 문제다. 각자의 절대적 가치는 무엇으로도 측정할 방법이 없다. 측정할 수 없는 것에게 동등이라는 단어를 붙일 수는 없다. 동성간 결혼 합법화 문제에 대하여 아무런 관심이 없는 정치학 전공 젊은이의 생각과 이 문제를 자기 정체성과 관련된 신념으로 받아들이는 문맹 노인의 신념은 동등한 가치를 가지는가? 그 동등은 어떤 방식으로 믿어지는가? 만일 이 문제를 자기정체성의 훼손으로 받아들이는 노인이 공동체의 결정에 승복할 수 없다면, 그는 단순히 민주주의를 거부한 자라는 비난을 받아야 하는가?

조금 더 생각해 보면 이러한 정체성의 질문은 민주주의의 오래된 모순, 즉 민주주의는 모든 이들을 수학적 평등의 눈으로만 바라보아야 한다는 원칙에서 따라 나온 결과물이다. 오늘날 정치를 둘러싼 심각한 갈등의 이슈들은 동등 가치의 추정이 불가한 영역에서도 발생한다. 예를 들어 마을에 다리를 몇 개 설치할 것인가와 같은 공동체 집단의 주요한 문제는 대부분 전문가들의 데이터 해석과 관료들의 효율적 판단에 의존한다. 그러나 그 다리에 장애인 통행 시설을 설치할 것인가와 같은 문제는 결을 달리한다. 그것은 단순히 비용대비 효과로 해석되지 않는다. 누군가는 장애인 자녀를 둔 부모와 그렇지 않은 부모사이에서 단순한 합의를 추진하고, 장애인 문제에 대하여 관심 있는 자들과 아무런 관심 없는 자들에게 평등한 한 표씩을 부여하는 것에 대해서 분노를 느낄 것이다.

미국의 경우 동성애자 문제, 낙태 합법화 문제 등은 언제나 정치적 중요사안으로 등장한다. 이와 같은 문제들은 일정한 가치와 신념 또는 종교적 결단과 관련된 문제다. 이러한 쟁점이 민주주의의 테이블에 올라오는 순간, 평등한 해결 방안에서 패배한 개인들에게 승복을 요구하는 것은 일정한 배교를 강요하는 것으로 해석될 수 있다. 이들은 결과에 승복하는 대신 자신과 정체성을 함께하는 자들과 부족을 만들고 그 안으로 숨는다. 분열은 심화된다. 한국의 경우 선거 때마다 나와 너를 가르는 과거사의 해석 문제는 그 의도가 분명하다. 이러한 문제는 누군가에게 자신의 신념과 가치에 대한 모멸감을 요구한다. 관료들의 지배가 일반화된 오늘날 민주주의의 영역에서 뜨거운 논쟁점들은 많은 경우 민주주의의 원칙으로는 해결될 수 없는 것들이다. 이러한 현상은 최소한의 동일성을 무너뜨리고 너와 나의 건널 수 없는 불화를 촉진한다. 민주주의가 확대될수록 민주주의의 불가능성은 명확히 확인된다.

이와 같은 모순적 상황은 또 다른 민주주의 모순. 대의민주주의와 만날 때, 일정한 정치 현상으로 발전한다. 나의 정체성과 관련된 업무를, 내가 반대하는 대표가, 나의 신념에 반하는 방식으로 진행할 때, 나의 선택지는 무엇인가? 하루 하루의 밥벌이를 위해 모욕을 참고 견뎌야 하는가? 이미 많은 이들은 경제적 불평등과 능력주의에 시달리며 분노를 폭발시킬 준비를 마친 상황이다. 민주주의의 위기라고 지목받는 정체성 정치와 포퓰리즘은 하나의 뿌리에서 시작된다. 그것은 민주주의의 근본 모순과 대표 제도의 모순이 만나는 지점이다. 따라서 정체성 정치와 포퓰리즘은 동전의 양면이며 대의민주주의가 생존 하는 한 영원이 함께 존재할 것이다.

샹탈 무페는 라클라우의 포퓰리즘 정의를 원용한다. 이에 의하면 포퓰리즘은 "사회를 두 진영으로 분리하는 정치적 경계를 구성하고, '권력자들'에 맞선 '패배자들'의 동원을 위한 담론 전략"[200] 이다. 샹탈 무페에 의하면 "포퓰리즘 계기"가 중요하다. "'포퓰리즘 계기'는 빠르게 증가하는 불만족스러운 요구들로 인해, 정치적 혹은 사회경제적 전환에 대한 압박에 처한 지배 헤게모니가 불안정해진 때이다. … 집합 행동을 통해 사회질서를 재배열할 수 있는 새로운 주체-대중-을 구성하는 가능성이 발생하게 된다. 이는 엄밀하게 말해서 이것이 현재 우리의 국면을 특징짓고 있으며, 이 특징들 때문에 이 국면을 '포퓰리즘 계기'라고 부르기에 시의적절하다는 것이다."[201]

민주주의가 불러온 정체성의 위기와 대의제의 불만이 팽배해진다. 공포와 불안이 삶의 분노와 만나 다수의 정서를 점령한 상황에서 패배자들은 자신들만의 부족 정치를 시작하거나(정체성 정치), 대의제의 그림자를 뚫고 소수의 엘리트들에게 반격을 준비하며 새로운 주체(대중)로 나선다(포퓰리즘). 중요한 점은 불안과 패배의 언어는 인간의 본질에 닿아 있다는 점이다. 사회과학은 이

200] 샹탈 무페, 이승원 옮김, "좌파 포퓰리즘을 위하여", 문학세계사, 2018~2019년, 23쪽
201] 같은 책, 24쪽

에 대한 대안을 만들지 못한다. 결국 민주주의는 인간이 하는 일이다. 정체성 정치와 포퓰리즘은 다시 민주주의에 대한 생각의 변화를 요구한다. 민주주의에 대한 인간학이 필요하다. 정체성 정치부터 살펴보기로 한다.

"정체성 정치"는 "Identity Politics"의 번역이다. 정체성Identity이란 "나는 누구인가?"라는 질문에 대한 답이다. 불안은 인간의 이름이다. 불안을 사회적으로 위장하는 방안은 나를 다른 나와 동일시 하는 것이다. Identity는 "정체성正體性"으로 번역되며 동시에 "동일성同一性"으로도 번역된다. 나보다 더 큰 나에게 나의 동일성 유지 업무를 맡기고 그 속에서 나의 정체성을 찾는다. 정체성에 대한 답은 언제나 "오늘의 나는 어제의 나와 같다"는 전제에서 출발한다. 만일 어제의 나와 오늘의 나 사이에 동일성이 무너진다면, 나의 정체성은 사라진다. 그리고, 그 동일성은 나를 바라보는 타인들의 눈으로 확인된다. 그렇게 내가 속한 집단의 타인들을 통해 나의 동일성은 확인되고, 나는 그 타인들과 나를 동일시하며 나의 정체성 찾기를 시작한다.

나는 내가 아닌 누군가와 집단을 이루고, 그 속에서 동일성을 인식하며, 집단 속 타인들과의 관계 속에서 나의 의미를 찾아간다. 정체성은, 따라서, 내가 속한 집단에 따라 다른 의미를 갖는다. 내가 어디에 속해 있다고 느끼는지는 정치적으로 가장 중요한 문제가 된다. 정체성 정치는 국가에 우선하는 정체성 집단들이 주인공인 이야기다. 정체성 정치의 세계에서는 경제적 계급이나 계층보다 정체성이 중요하다. 정체성 정치의 파괴력은 그것이 기존의 정치언어로는 독해 불능의 상황을 발생시킨다는 점에 있다.

아사드 하이더에 의하면 정체성 정치는 1977년 컴바히강 공동체라는 흑인 레즈비언 단체에 의해 정치 담론으로 도입되었다. 이들은 사회주의 혁명 프로그램을 고민하는 과정에서 자신만의 특수한 정체성에 뿌리를 두고 자신들의 정치를 할 때, 가장 급진적인 정치가 등장한다는 가설을 주장했다. 이후 힐러리 클린턴은 대통령 선거과정에서 버니 샌더스와 대립하며 정체성 정치의 개념을 이용했다.[202] 정치적 좌파의 세계에서 시작된 정체성 정치를 유행시킨 것은 트럼프의 공로였다.

2016년 미국 대통령 선거 과정에서 트럼프는 그의 여

202] 아사드 하이더, 권순욱 옮김, "오인된 정체성 : 계급, 인종, 대중운동, 정체성 정치 비판", 두번째테제, 2018~2021년, 27~31쪽

성혐오, 외국인 혐오 등으로 비판을 받게 된다. 트럼프를 비판하는 진영에서는 정치적 올바름Political Correctness을 무기로 트럼프를 연일 공격했다. 일정한 정체성으로 구별되는 집단(외국인, 장애인, 성적 소수자, 흑인, 여성 등)의 존엄과 그들에 대한 공감을 주장하는 정치적 올바름의 목소리가 커질수록 트럼프에게 동질감을 느끼던 백인 노동자 계급은 자신들의 정체성을 자각하게 되었다. 그들은 정치적 올바름이 세력을 얻을수록 그에 반발하여 오히려 자신들이 정치적 엘리트들로부터 무시당하고 있다고 판단하게 된다. 트럼프 현상에 이르러 정체성 정치는 좌파의 담론 정치가 아니라 우파의 선거 캠페인이 되었다.[203]

정체성 정치의 발전사는 정체성 정치의 주요한 구성요소를 대부분을 드러낸다. 정체성 정치의 주요 구성은, "특정한 정체성 집단의 존재", "집단 외부로부터의 공격", "자기 집단에 대한 공감과 방어 본능"이다. 정체성 정치를 현대 민주주의의 주요한 계기로 서술하는 프랜시스 후쿠야마의 책 "정체성Identity"의 부제는 "존엄에 대한 요청과 분노의 정치the demand for dignity and the politics

---

203] Francis Fukuyama, "Identity : the demand for dignity and the politics of resentment", Farrar, Straus and Giroux, 2018년, 118~120쪽

of resentment"다. 존엄에 대한 인정 욕구다. 정체성에 대한 인정 욕구가 핵심이다. 이것은 포퓰리즘 현상을 이해할 수 있는 방법으로 연결된다. "포퓰리즘은 언제나 정체성 정치의 한 형태"[204] 이기 때문이다. 정체성 정치를 시대적 상황에 맞물린 포퓰리즘으로 볼 수도 있을 것이다.

"(문명의 발전과 함께) 존엄은 확장되어 왔다. 그러나 민주주의 국가에서 정체성 정치는 다시 국가와 종교와 같은 집단주의적이고 억압적인 형태의 정체성을 주목하게 한다. 왜냐하면 개인들은 그들이 각각 개별적으로 인식되는 것을 원하는 것이 아니라 하나의 모습으로 타인들에게 인식되기를 원하기 때문이다."[205] 인간을 개인으로 보는 허망한 전제는 주변을 둘러보기 전까지만 가능하다. 나의 정체성을 인정받으려는 당연한 욕망은 내가 속한 집단의 정체성을 인정받으려는 욕망이다. 그 욕망은 경제적 수단만으로는 충족되지 않는다. 인간은 복잡하고 집단 욕망은 쉽게 해석되지 않는다.

이처럼 정체성 정치와 포퓰리즘은 "집단의 인정 욕

204] 얀 베르너 뮐러, 노시내 옮김, "누가 포퓰리스트인가 : 그가 말하는 '국민'안에 내가 들어갈까", 마티, 2016~2017년, 12쪽

205] Francis Fukuyama, "Identity : the demand for dignity and the politics of resentment", Farrar, Straus and Giroux, 2018년, 104쪽

망"으로 연결된다. 민주주의가 소망했던 국가 정당성의 내부적 확인은 실패했다. 다수결의 우상은 공동체를 다수와 소수의 전쟁터로 나누어 놓았고, 대의민주주의는 대표 제도의 우월성 원칙(귀족정)으로 국가를 위와 아래로 갈라 놓았다. 이제 국가 공동체만으로는 정체성의 혼란을 막을 수 없다. 국가가 개인의 정체성에 대한 정답이 되지 못하는 상황에서 정체성의 문제는 그것이 처음 시작한 지점으로 돌아간다. 즉, 정체성의 문제는 헤겔의 "인정 투쟁"으로 연결된다.[206]

　"인정 투쟁"은 헤겔의 것이다. 헤겔은 "정신현상학"에서 주인과 노예 그리고 사물의 삼각관계로 인정 이론을 설명한다.[207] 르네 지라르는 "낭만적 거짓과 소설적 진실"에서 욕망의 주체와 대상 그리고 그 욕망의 중개자 구조를 그린다. 인간의 욕망은 타인의 욕망이다. 그것은 욕망의 "삼각형"[208]이다. 나는 명품시계를 욕망하지 않는다. 나는 명품시계를 욕망하는 타인들의 욕망을 욕망한다. 내가 명품시계를 통해 얻는 것은 정확한 시간을 확인하고자 하는 나의 "필요"가 아니라 타인들의 "인

206] 같은 책, 15쪽(Preface)

207] G.W.F. 헤겔, 임석진 옮김, "정신현상학 1", 한길사, 2005년, 228~234쪽

208] 르네 지라르, 김치수 · 송의경 옮김, "낭만적 거짓과 소설적 진실", 한길사, 1961~2001년, 41쪽

정"이다. 욕망은 타인의 욕망을 욕망한다. 인간의 욕망은 동물적 욕구와 다르다. 욕구는 충족될 수 있으나, 욕망은 충족될 수 없다. 욕망은 미끄러질 뿐이다.

끊임없는 욕망의 미끄러짐은 욕망의 본질이다. 내가 인정받기 위해 쉬지 않고 바라보는 타인의 그 눈동자 역시 나의 인정을 바라며 흔들리고 있기 때문이다. 따라서 라깡의 문법에 의하면 "나는 타자를 욕망한다. 욕망의 충족은 불가능하다. 욕망은 결여다." 욕망과 욕망의 관계로 얽혀 있는 인간들에게 허망한 인정 욕망은 삶의 이유다. 내가 무엇인가를 욕망한다는 것은 내가 지금의 나에게서 벗어나 초월하고 싶다는 말이기 때문이다. 욕망은 모든 근원보다 근원적이다. 인정을 위한 투쟁은 그래서 그 헛된 극단을 두려워하지 않는다. 인간은 그 헛된 인정을 향해, 신념을 버리고, 부모를 버리고, 목숨까지 버릴 수 있는 불가해한 존재다. 이성을 기초로 민주주의를 설계한 계몽주의자들의 꿈은 어쩌면 인간에 대한 무지 위에서 버텨낸 환상이다.

인간은 자신의 존엄과 정체성을 타인으로부터 인정받아야만 살 수 있다. 인정 투쟁은 계약과 시민의 윤리보다 힘이 세다. "내가 다른 합리적 개인들과 계약을 통해 연결되어 구축한 이야기가 아니라 내가 참여하는 신화가 중요(하다)."[209] 신화는 집단의 꿈이다. 개인에게 신화는 이성에 따라 만들어 내는 무엇이 아니라 본능과 우연의 결과로 참여하는 무엇이다. 내가 속한 집단의 고유한 이야기(신화)에 참여하는 것은 곧 내가 초월을 꿈꾸는 인간으로서 살아가기 위한 필요조건이다. 사회계약론자들의 사고실험은 인정 욕망을 반영하지 않는다.

"자신의 독특한 정체성을 완전히 인정받지 못하면, 주체들은 자신들이 존재하는 인륜적인 관계를 떠나든가, 이를 극복할 수밖에 없기 때문에 이로부터 빚어지는 투쟁은 단지 신체적 존재의 자기보존을 위한 투쟁일 수 없다는 것이다. 오히려 주체들 사이에 불붙는 실천적 투쟁은 그것이 개인성 차원에 대한 상호주관적 인정을 목적으로 하는 한, 처음부터 인륜적 사건이다. 따라서 인간들 사이의 계약이 만인의 만인에 대한 생존투쟁이라는 불안정한 상태를 종식시키는 것은 아니다."[210]

정체성 정치를 바라볼 때, 사회계약론자들에게 한마

209] 미셸 마페졸리, 박정호·신지은 옮김, "부족의 시대 : 포스트모던 사회에서 개인주의의 쇠퇴", 문학동네, 2000~2017년, 49쪽

210] 악셀 호네트, 문성훈·이현재 옮김, "인정투쟁 : 사회적 갈등의 도덕적 형식론", 사월의 책, 1992~2011년, 54~55쪽

디 거들고 싶어질지도 모른다. 홉스에게는 "만인의 만인에 대한 '인정 투쟁'", 루소에게는 "인간은 모두 자유롭게 태어났지만, 어디서나 '인정 욕망의' 사슬에 매여 있다." 대의민주주의에서 대중은 국가가 자신들을 무시한다고 느낀다. 대표자들은 나와 생각이 다르다. 대표들은 나를 무시한다. 대의민주주의에서 대표자와 피대표자 사이의 간극은 대의민주주의의 생명선이며 그 본질이다.[211] 그러나 대중들의 마음 속에서 민주주의의 신화는 언제나 "국민은 곧 국가다"라는 현실의 에덴 동산을 꿈꾼다. 대중의 상상은 자주 본질을 혐오한다.

나를 무시한 대표들에게서 더 이상 인정 욕망은 충족될 수 없다. 진정한 공동체가 필요하다. 나를 진정으로 대표하는 다른 집단이 필요하다. 버림받은 존엄은 국가보다 앞 선 공동체를 찾아간다. "당신 옆의 시민들은 당신을 무시할 수 있지만 당신의 신은 당신의 존엄을 (언제나) 인정한다."[212] 정체성과 동일성은 함께 있다. Identity는 정체성이며 동일성이다. 인종, 종교, 젠더, 지역, 문화 등의 동일성 집단은 정체성의 무기고다. 집단 정체성을

211] 4장 참조

212] Francis Fukuyama, "Identity : the demand for dignity and the politics of resentment", Farrar, Straus and Giroux, 2018년, 89쪽

통한 존엄 찾기의 인정 투쟁. 부족 본능은 국가 본능을 이긴다. 그리고 대의제 민주주의의 마법사들(포퓰리스트)은 자신들의 승리를 위해 부족의 언어를 확대하고, 가끔은 부족을 만들기도 한다.

다시 트럼프 이야기다. 트럼프 현상이 어떻게 정체성 정치를 대표하게 되었는지에 대하여 길게 인용해 본다. "가장 중요한 집단 정체성은 '국가'가 아니라 인종, 지역, 종교, 분파, 부족에 기반을 둔 것들이다. … 어떻게 이토록 많은 미국의 노동자 계급이 트럼프에게 '사기를 당할' 수 있었을까? 어떻게 저소득층 미국인들이 트럼프가 자신과 같은 부류가 아니라는 사실을 간과할 수 있었을까? 미국 엘리트들이 놓친 점은 트럼프가 취향, 감수성, 가치관의 면에서 실은 백인 노동자 계급과 비슷했다는 사실이다. 부족 본능은 '동일시'가 시작이자 끝인데, 트럼프 지지자들은 본능적인 감정의 수준에서 자신을 트럼프와 동일시했다. 그들은 말하는 방식(라커룸 토크), 옷차림, 직설적인 반응, 계속 들통나는 실수, 진보 매체로부터 정치적으로 올바르지 않고 충분히 페미니스트가 아니고 독서량이 많지 않다고 계속해서 공격받는 것 등 트럼프의 모든 것에 대해 동일시할 수 있었다. … 엘

리트 계층이 촌스럽고 평범하고 '애국적'인 사람들에게
보이는 경멸보다 더 부족적인 것은 없을 것이다. … 한편
평범한 미국인들은 또 그들대로, 엘리트 계층을 '진짜
미국인'에 대해서는 아는 것도 없고 관심도 없는 채로
저 멀리서 권력의 지렛대를 통제하는 소수 집단이라고
생각해서 몹시 혐오한다. … 근현대의 위대한 계몽주의
적 원칙들(자유주의, 세속주의, 합리성, 평등, 자유 시장 등)은 인간
이 열망하는, 그리고 늘 열망해 온 종류의 집단 정체성,
즉 부족적 정체성을 제공하지 않는다. 계몽주의적 원칙
들은 개인의 권리와 개인의 자유를 강화했고, 전례 없
는 기회와 번영을 창출했으며, 인간의 의식과 인식을 크
게 변화시켰지만, 이 원칙들은 개인이자 보편 인류의 일
원인 사람들에게 호소하는 것인 반면 부족 본능은 개인
과 보편 인류 사이의 중간 영역을 차지한다. 특히 사람
들이 자신의 안전을 걱정해야 하는 사회, 그저 생존만을
위해서도 고투해야 하는 사람들이 존재하는 사회에서는
이상주의적인 원칙들이 반향을 일으키지 못하기 일쑤
다. … 다들 자기 집단이 공격받고 괴롭힘을 당하고 학대
받고 차별받고 있다고 느낀다. … 이게 바로 정치적 부족
주의다. 이런 정치적 부족주의가 기록적인 수준의 불평

등과 결합하면서, 오늘날 우리는 양 정치 진영 모두에서 맹렬한 정체성 정치를 목격하게 된다."[213]

"자기 집단이 공격받고 괴롭힘을 당하고 학대받고 차별받고 있다"고 느끼는 것. "부족적 피해의식". 모든 것은 여기에서 출발한다. 다수결 제도와 대표제의 모순이 반복된다. 그 속에서 국가공동체를 나의 정체성 집단으로 인정하며 살아가는 것은 어려운 일이다. 가치공동체로서의 추상적 국민을 바라보는 것은 어렵다. 정서적 공감의 공동체(부족)는 현실에서 활동하며 내가 누구인지에 대한 답으로 충만하다. 부족 안에서 정체성을 발견하고, 자신이 속한 부족의 형제와 자매들을 진정한 나의 국민으로 느끼는 것은 본능적이다. 보편적 불평등 감정은 부족적 정체성 안에서 구체적 피해의식으로 변해간다. 이와 같은 분노와 피해의식이 현실 정치의 영토에서 폭발하고 다시 그 파편들이 정치적 에너지로 사용되는 현상을 정체성 정치라고 한다. 그 폭발의 과녁이 정치 엘리트들을 향하는 순간 그것의 이름은 포퓰리즘이 된다.

213] 에이미 추아, 김승진 옮김, "정치적 부족주의 : 집단 본능은 어떻게 국가의 운명을 좌우하는가", 부키, 2018~2020년, 9~17쪽

보편적 인류와 개인 사이에서 나의 집단적 정체성을 제공하는 대표적인 장소는 주로 인종과 지역 등 태어나면서 얻은 것들이다. 그러나 누군가가 새로운 정치적 부족 개념을 만들어 내고 외부의 혐오를 이유로 부족적 피해의식을 강화할 수 있다면, 그 누군가는 그 에너지를 자신의 정치적 자산으로 사용할 수 있을 것이다. 트럼프에게 백인 노동자 계층과 그들을 혐오하는 엘리트계층이 있었다면, 한국의 양당제 귀족정치인들에게는 각각의 기억 공동체인 정치적 부족들이 버티고 있다. 서로는 서로를 혐오하며 서로가 서로의 피해의식의 원인이 되는 방식으로 각자의 부족 의식을 키워간다.

　　다른 면에서 보면, 정체성 정치 그리고 포퓰리즘과 같은 현상의 원인에는 민주주의에 대한 해석 착오가 존재한다. "국민주권", "자유", "평등"과 같은 민주주의의 신화와 그것의 상징적 구성을 실제 사실과 혼동한 결과다. 국민주권에서 말하는 국민을 현실에서 만나는 국민으로, 자유민주주의의 자유를 현실적 욕망 성취를 위한 소비의 자유로, 민주주의의 평등한 참여를 사실적이며 결과적인 소비의 평등으로 혼동한 결과다. 신화는 다 같이 꿈을 꾸는 일이며, 신화의 현실은 상징이고, 신화의 언어는 은유다. 신화가 없다면 인간은 살아갈 수 없지만, 신화를 사실과 비교하면 그것은 언제나 거짓이다. 거짓은 분노의 원인이 된다.

대의민주주의의 그림자

다수결 민주주의와 대표제 민주주의에서 국민들은 추상적 가치라는 의미를 버리고 현실적 군중으로 소외된다. 그들은 사칙연산의 결과물이 되어 다수와 소수로 불리는 얼굴 없는 숫자들이거나 우월한 대표들의 이름 없는 통치 대상이다. 대의민주주의의 모순은 긴 그림자를 남긴다. 대중들은 민주주의 신화의 언어로는 국가의 주인이지만, 현실의 언어로는 통치의 대상이다. 정치의 주체와 통치의 대상 사이, 신화와 현실 사이는 멀다. 신화의 이야기를 현실에서 확인하려는 자들이 있다. 그들은 가끔 몽상가이며 낙오자이기도 하고, 또 가끔 영웅이 되기도 한다.

　야스차 뭉크의 책 "위험한 민주주의"의 원제는 "The People Versus Democracy". 인민과 민주주의가 대치한다는 이야기다. 민주주의는 인민들이 인민들을 위해 인민들의 피로 만든 역사의 산물이 아닌가? 민주주의의 적이 독재자나 공산주의가 아니라 인민일 수도 있다는 말은 혼란스럽다. 로버트 달의 책 "민주주의 이론을 위한 서설"은 목차에서부터 "민중 민주주의"를 다른 민주주의와 구별하고 있다. 민중이 다스리는 체제가 민주주의의 순수한 의미라면 민중 민주주의가 아닌 민주주의가 가능한가? 유감스럽게도 민주주의는 언제나 다른 민주주의와 싸우고 있는 듯하다.

트럼프와 브렉시트 이후 민주주의 위기론은 어디에서나 만날 수 있다. 위기론들은 대부분 민주주의는 외부의 적이 아니라 민주주의 자신과 싸우고 있다는 이야기로 시작한다. 그렇게 어떤 민주주의는 다른 민주주의와 싸우고 있다. 위기론들의 목차에는 대부분 "포퓰리즘 Populism"이 쓰여 있다. 언젠가부터 정치인들은 상대방을 민주주의의 적이라고 부르지 않고 포퓰리스트라고 부른다. 한번 유행한 용법은 유행가 가사처럼 번져 나간다. "우파 포퓰리즘", "좌파 포퓰리즘", "착한 포퓰리즘", "진짜 포퓰리즘" 등등.

포퓰리즘Populism은 라틴어Populus를 어원으로 한다. Populus는 "대중", "민중" 정도로 번역된다. 말의 뜻을 찾아가면 포퓰리즘은 대중주의 또는 민중주의 정도가 될 듯하다. 대중의 지배 또는 민중에 의한 정치 정도로 해석될 수 있는 것이 포퓰리즘이다. 혼란이 시작된다. 포퓰리즘은 Demos민중의 Kratos통치를 의미하는 민주주의Democracy와 동의어로도 사용할 수 있지 않은가? 포퓰리즘이 민주주의의 적이라는 상식은 어딘가 이상하다. 만약 포퓰리즘이 민주주의와 동의어가 아니라 오히려 민주주의의 적이라면, 야스차 뭉크의 책 제목 "The People Versus Democracy"도 받아들일 수 있을 듯하다.

현실과 관념은 자주 어긋난다. 민주주의라는 단어에서 어떤 유토피아적 기획을 삭제하고 나면 남는 것은 무엇인가? 아침 신문과 저녁 뉴스에서 만나는 민주주의는 누구의 민주주의인가? "어느 사회에서나 실제로 그 사회를 다스리는 역할을 맡은 사람은 소수일 수밖에 없다. 이 점을 인정한다면 엘리트가 다수에게서 충성을 받아내는 방식이 무척 다양하다는 점도 알 것이다. … 근대 민주주의의 본질을 아는 학자들은 민주주의를 **경쟁하는 엘리트들에 의한 지배**[214]라고 말한다. … 우리는 어차피 엘리트의 지배를 받을 수밖에 없는데, '엘리트의 순

환'이 가능하면 무능한 엘리트가 더 능력 있는 엘리트로 대체될 수 있다."[215]

혹시 민주주의라는 단어만 보면 벅차오르던 가슴 한 켠에서 뭔가가 빠져나가는 느낌인가? 통치자들은 엘리트들이다. (대의) 민주주의는 엘리트민주주의다. 엘리트들은 자주 대중들을 무시한다. 지배하는 엘리트들은 자신의 삶을 살고 있을 뿐이다. 그들은 그들의 이해관계에 따라 움직일 뿐이다. 누구도 누군가에게 타인을 위해 살 것을 강요할 수는 없다. 대중들은 자신들의 목소리를 내야만 한다. 대중들은 엘리트들과의 투쟁을 통해 그들을 견제하고 민주주의를 완성해야 한다. 여기까지 생각이 다다른다면, 누군가는 당신의 생각을 포퓰리즘이라고 부를 수도 있다. 어떤 의미에서 "(대의) 민주주의"의 가장 치명적인 적은 "(대중들의) 민주주의"다. 대중들의 순수한 민주주의 열망은 자주 포퓰리즘이라는 혐의를 받는다.

대의민주주의는 우월한 자에 의한 통치를 인정한다. 대의민주주의는 엘리트에 의해 작동된다. 대중들이 스스로 자신들을 다스린다는 순수한 의미의 대중 민주주

215] 앨런 라이언, 남경태·이광일 옮김, "정치사상사 : 헤로도토스에서 현재까지", 문학동네, 2012~2017년, 15쪽

의는 대의민주주의와 다른 곳을 바라보며 서있다. 두 개의 민주주의는 충돌하고 그 파열음을 포퓰리즘이라고 부른다. "포퓰리즘은 대의민주주의의 도입과 함께 등장했다. 포퓰리즘은 대의민주주의의 그림자다.",[216] "포퓰리즘은 민주주의에 숙명적으로 따라다니는 그림자와 같다."[217] 민주주의가 머무는 곳 옆에는 포퓰리즘이 자리를 잡는다. 포퓰리즘이 문제상황이라면 (대의) 민주주의에게 책임을 물어야 한다. 대의민주주의를 받아들인 곳에서 민주주의를 향한 순수한 열망은 자주 포퓰리즘으로 길을 잃는다.

대의민주주의에 대한 대중들의 반발은 다양한 형태로 분출된다. 대중들은 정치 엘리트들에게 분노하고, 포퓰리스트들은 분노한 국민들의 뜻을 자신이 대표한다고 주장한다. 포퓰리즘은 엘리트들에게 대항하는 방법으로 대의민주주의를 수정하려 한다. 그리고 정체성 정치는 새로운 방식의 대표 제도를 꿈꾼다. 정체성은 동일성이다. 누구나 자신과 같은 누군가에게 동일성을 느끼고, 동일성은 쉽게 대표성으로 연결된다. 정체성 정치는

216] 안 베르너 뮐러, 노시내 옮김, "누가 포퓰리스트인가 : 그가 말하는 '국민'안에 내가 들어갈까", 마티, 2016~2017년, 34쪽

217] 존 주디스, 오공훈 옮김, "포퓰리즘의 세계화", 메디치미디어, 2016~2017년, 10쪽

대의제에 의해 선출된 대표를 거부하고 동일성에 기반한 대표를 진정한 대표라고 주장한다. 침묵하는 대중들의 얼굴을 포퓰리스트의 목소리가 대신하려 한다. 대중의 목소리는 광장에서 시작된다. 포퓰리즘은 광장의 이야기다.

아인슈타인의 논문들이 차례로 발표되었던 1905년을 흔히 "기적의 해"라고 부른다. 어떤 이들은 미국에서 트럼프가 대통령에 당선되고, 영국의 국민투표가 유럽연합 탈퇴를 결정한 2016년을 포퓰리즘의 해라고 부를 것이다. 같은 해인 2016년 가을 대한민국의 광장 여기저기에서는 대통령 박근혜의 퇴진을 요구하는 촛불집회가 시작되었다. 현실에서 발생한 사건은 어떤 관념을 만들기도 하고 어떤 생각들에 의해 해석되기도 한다. 같은 해에 발생한 트럼프 당선과 브렉시트와 촛불집회라는 사건은 어떤 관념으로 묶일 수 있는 현상들인가? 세 가지 사건들을 포퓰리즘이라는 하나의 관점에서 해석할 수 있을까? 포퓰리스트 정치인은 포퓰리즘 현상과 구별된다. 먼저 포퓰리즘이다.

플라톤은 민주정을 덕을 상실한 다수의 무정부 상태

로 묘사한다.[218] 플라톤에 의하면 "민주주의는 사람들의 차이를 인정하지 않는다. 평등의 이름으로 대중이 주인 행세를 한다. 플라톤은 배를 몰거나 병을 고치는 일은 전문가에게 맡기면서 그것보다 훨씬 중요한 일, 즉 정치는 장삼이사張三李四 아무나 할 수 있다고 생각하는 것이 말이 되느냐고 묻는다. 그는 이런 '무차별 평등'이 '멋대로 자유'로 이어지며 끝내 폭정을 부르고 말 것이라고 경고했다."[219] 토크빌의 "아메리카의 민주주의"는 민주주의의 위험성을 지적한다. "평등한 사회에서는 다수가 힘을 가지는 것이 당연하다. 문제는 그 다수가 생각이 다른 소수를 억압할 수 있다는 점이다. 토크빌은 다수의 압제 앞에서 개인의 자유와 개별성이 압살될 개연성, 특히 민주주의라는 이름 아래 전제정치가 횡행할 가능성을 누구보다 일찍 경고했다."[220]

로버트 달에 의하면, 민주주의는 정치적 평등, 인민주권, 다수에 의한 지배를 중시하는 민중민주주의적 입장과 다수 권력과 소수 권력의 타협, 모든 성인 시민의 정치적 평등과 그들의 주권을 제한하고자 하는 욕구 사

218] 플라톤, 최광열 편역, "플라톤의 국가", 아름다운 날, 2014년, 259쪽

219] 서병훈, "민주주의 – 밀과 토크빌", 아카넷, 2020년, 13쪽

220] 같은 책, 17쪽

이의 타협을 중시하는 메디슨주의적 민주주의로 구분할 수 있다.[221] 미즈시마 지로에 의하면, 국민의 의사 실현을 중시하고, 통치자와 피치자의 일치 등을 중시하는 입장을 근대 민주주의에 대한 포퓰리즘적 해석이라고 부른다. 법의 지배, 개인적 자유의 존중, 의회제도 등을 통한 권력의 억제를 중시하는 근대 민주주의에 대한 설명은 입헌주의적 해석이다. 민주주의는 하나가 아니다. 두 개의 민주주의는 긴장관계에 있다.[222] 복수의 민주주의가 경합하는 상황은 포퓰리즘 발생의 토양이 된다.

"대의민주주의 체제를 택하는 어느 사회에서나 포퓰리즘은 잠재적인 정치운동으로 또는 정치운동을 촉발시킬 사상들의 집합으로 언제나 존재한다."[223] 민중민주주의와 민주주의에 대한 포퓰리즘적 해석의 반대편에는 메디슨 민주주의와 민주주의에 대한 입헌주의적 해석이 충돌한다. 두 개의 민주주의가 언제나 경합한다. 이것들 사이에서 균형을 찾는 일은 쉽지 않다. 대의민주주의의

221] 로버트 달, 한상정 옮김, 민주주의 이론을 위한 서설, 후마니타스, 2006~2022년, 15쪽, 61쪽

222] 미즈시마 지로, 이종국 옮김, "포퓰리즘이란 무엇인가 : 민주주의의 적인가, 개혁의 희망인가", 연암서가, 2016~2019년, 43쪽~44쪽

223] 폴 태가트, 백영민 옮김, "포퓰리즘 : 기원과 사례, 그리고 대의민주주의와의 관계", 한울 아카데미, 2000~2017년, 17쪽

반대편에는 순수한 민주주의를 향하는 포퓰리즘이 있다. 민주주의의 모호함은 그대로 포퓰리즘의 모호함이다. 포퓰리즘은 어떠한 비난의 대상이 아니라 대의민주주의를 입에 올릴 때마다 뒤에서 함께 머무는 민주주의의 그림자다.

포퓰리즘은 어떠한 정치적 가치도 그 안에 품을 수 있는 기이한 형식이다. 그것은 따라서 내용 없는 형식이다. "포퓰리즘은 진보주의자, 반동주의자, 민주주의자, 전제주의자, 좌익, 우익의 도구였다. 포퓰리즘을 현실에 적용할 수 있는 이유는 포퓰리즘이 '공허한 개념'이라는 점, 즉 포퓰리즘에서 핵심 가치를 찾을 수 없다는 점에서 찾을 수 있다. 다른 정치 이데올로기의 경우 명시적이든 함축적이든 평등, 자유, 사회정의와 같은 하나 또는 여러 개의 가치를 내세우는 반면, 포퓰리즘에서는 그러한 핵심 가치를 찾을 수 없다. 바로 이 이유 때문에 포퓰리즘은 다종다양한 정치적 입장에 의해 채택되고 있다. 또한 바로 이 이유 때문에 포퓰리즘은 다른 이데올로기와 함께 공존할 수 있다."[224]

포퓰리즘은 무엇을 이루려는 이데올로기적 지향점

224] 같은 책, 21쪽

을 갖지 않는다. 다만 그것은 대의제를 향한 대중들의 반격이다. 대중이 모여있는 곳에서는 단일한 지향점을 찾을 수 없다. 포퓰리즘은 비어 있는 방식으로 생존한다. 그것이 바로 포퓰리즘의 생명력이다. 포퓰리즘과 포퓰리즘 아님은 그 내용이 아니라 그것의 형식과 사용하는 언어로 구분된다. 포퓰리즘은 "엘리트에게 무시당하는 '침묵하는 다수'를 선거로 뽑은 정치인에 대립시킴으로써 민주주의에 좀 더 다가갈 수 있다는 관념"[225] 이다. 포퓰리즘은 명확한 선으로 사람들을 나눈다. 포퓰리즘은 고귀한 대중들의 순수한 소망과 엘리트들의 탐욕으로 세상을 구분하며 자신의 일을 시작한다.

존 주디스는 포퓰리즘을 정의하기 위해 역사학자 마이클 카진의 "포퓰리스트의 신념 : 미국사"를 인용하고, 좌익 포퓰리즘과 우익 포퓰리즘을 구별한다. "포퓰리즘은 이념이 아니라 정치 논리, 즉 정치에 대해 생각하는 방식이다. … 포퓰리즘은 다음과 같은 사람들이 사용하는 언어이다. 그 사람들은 보통의 사람들을 계급으로 협소하게 구분하지 않고 고귀한 집합체로 여긴다. 또한 자

225] 안 베르너 뮐러, 노시내 옮김, "누가 포퓰리스트인가 : 그가 말하는 '국민'안에 내가 들어갈까", 마티, 2016~2017년, 23쪽

신들과 대립하는 엘리트(최상류층)를 자기 잇속만 차리며, 비민주적이라고 간주한다. 그리고 보통 사람들을 그 엘리트에 대항하도록 결집시키고자 한다. … 좌익 포퓰리스트는 엘리트나 기득권층에 맞서는 국민(인민)을 위해 싸운다. 그들의 포퓰리즘은 상류층에 대항해 정렬된 하류층과 중간층의 수직적 정치vertical politics다. 우익 포퓰리스트도 엘리트에 맞서는 국민을 위해 싸우는데, 이때 국민은 이 엘리트가 제3그룹을 지나치게 보호하고 편애한다고 비난하는 사람들이다. 여기서 제3그룹이란 예를 들면 이민자, 이슬람교도, 또는 아프리카계 미국인 과격 분자로 이루어질 수 있는 집단이다."[226]

포퓰리즘은 정치적 신념이나 내용으로는 구분할 수 없다. 포퓰리즘은 침묵하는 다수의 사람들을 선출된 엘리트들과 대립시키는 정치적 언어다. 포퓰리즘에 대한 가장 큰 오해는 포퓰리즘을 민주주의의 적이라고 쉽게 단정하는 것이다. 포퓰리즘을 한 마디로 정의하기는 힘들지만, 다양한 정의들의 최소 지점을 찾아가 볼 수는 있을 것이다. 포퓰리즘이라는 개념은 언제나 침묵하는 다수 대중들과 소수 엘리트 사이의 충돌을 그려 놓고 시

226] 존 주디스, 오공훈 옮김, "포퓰리즘의 세계화", 메디치미디어, 2016~2017년, 22쪽~23쪽

작한다. 여기서의 엘리트는 대의민주주의에서 선출된 대표자들을 포함한다. 이렇게 정의할 수 있다면, 포퓰리즘은 대의제의 간격을 준수하는 대의민주주의의 모범생일 수도 있다. 대의제 민주주의에서 대표자들과 피대표자들의 동일성을 강요하는 것은 민주주의에 대한 거부이기 때문이다.[227]

대의민주주의는 선출된 통치자와 피통치자 사이의 차이를 긍정해야 하는 원리다. 현실의 피대표자들은 자신이 뽑은 대표자와 충돌할 수 있다. 대표자는 관념적 피대표자를 대표하고, 현실의 피대표자는 대표자와 언제든 다른 말을 할 수 있다. 그것은 대의민주주의의 불편한 상식이다. 민주주의의 피대표자들은 대표자와의 다름을 광장에서 소리지를 수 있다. 그리고 광장의 소리는 언제나 누군가에겐 폭력이다. 어느 시대나 통치자(대표자)는 피치자(피대표자)의 함성이 두렵다. 그 두려움은 중세의 왕과 귀족들이 분노하는 평민을 바라보던 시선과 다르지 않다.

이름 없는 다수의 함성은 현실의 프리즘에서 다수의 폭력이라는 색으로 빛나기 마련이다. 대중들이 순수한 민주주의의 신화를 외치며 거리로 나서면 현실 제도로

227] 4장 참조

서의 민주주의는 무너진다. 통치자는 민주주의의 혼란이 두렵다. 민주주의의 담벼락에는 불타는 바스티유 감옥을 그려 놓는 것이 적당하다. 그러나 1789년부터 프랑스에서 일어났던 일련의 사건들은 사람에 따라 다르게 읽힌다. 기록에 의하면 바스티유 감옥은 습격 전 이미 대부분 비어 있었다. 비어 있던 감옥은 어떤 은유로 다가온다. 마치 민주주의의 역사는 언제나 비어 있는 공간일 것임을 예언하는 듯하다.

프랑스 혁명은 누군가에게는 평등과 자유와 박애의 인간 정신이며 민주주의의 승리다. 누군가는 동일한 사건을 혼란과 공포의 지옥도로 해석한다. "프랑스혁명에 관한 성찰"을 쓴 에드먼드 버크와 같은 이에게 혁명은 단두대 아래로 흐르는 피의 범람이며 공포와 배신이 서로를 충동질하는 우연한 사건의 연속일 것이다. 멈춤 없는 열망의 마지막은 어느 순간 나폴레옹을 황제로 만드는 반동의 역사로 마무리되었다. 민중들의 목소리가 제도적 방음장치를 뚫고 직접 거리로 쏟아져 나올 때, 그들의 손에는 인권선언이 아니라 망치와 낫이 들려 있다.

모든 제도는 안정과 예측가능성을 위해 존재한다. 제도가 된 민주주의는 순수한 민주주의와 다른 모습이다.

제도로서의 민주주의는 대중들의 민주주의를 두려워한다. 어떤 민주주의는 포퓰리즘이 두렵고, 다른 민주주의는 민주주의의 실현을 위해 포퓰리즘이라는 비난을 감수한다. 두 개의 민주주의 사이에서 제도와 열광이, 통치와 정치가, 자유와 평등이 뒤섞인다. 다만, 포퓰리즘을 비난과 공포의 눈으로만 바라보는 순간 민주주의는 함께 사라질지도 모른다. 어떤 의미에서 모든 민주주의는 포퓰리즘의 열광으로 시작되었다. 민주주의는 언제든 포퓰리즘으로 정화될 준비가 되어야만 한다. 포퓰리즘적 열광을 삭제한 민주주의는 이름을 바꾼 귀족정일 뿐이다.

"많은 포퓰리즘의 주장은 실은 민주주의의 이념 그 자체와 중복되는 면이 많다. … 이론상으로는 국민주권과 다수결의 원리를 옹호하는 포퓰리즘은 본질적으로 민주적"[228] 이다. 포퓰리즘이 비난받는다면 권력자를 향한 국민들의 저항권은 쉽게 부정될 수 있다. "포퓰리즘은 통치자에 대한 피치자의 원초적인 정치적 반발이 현실화"[229] 된 것뿐이다. 정치 엘리트에 의한 깔끔한 제도

228] 미즈시마 지로, 이종국 옮김, "포퓰리즘이란 무엇인가 : 민주주의의 적인가, 개혁의 희망인가", 연암서가, 2016~2019년, 41쪽

229] 폴 태가트, 백영민 옮김, "포퓰리즘 : 기원과 사례, 그리고 대의민주주의와의 관계", 한울 아카데미, 2000~2017년, 186쪽

로서의 민주주의가 대중들의 민주주의에 대한 거친 욕망을 정죄한다면 민주주의는 처음부터 다시 시작해야만 할 것이다. 민주주의는 엘리트들의 지성이 아니라 대중들의 함성 속에서 몸을 키워왔다.

대중에 대한 두려움과 엘리트 민주주의의 안정감은 민주주의를 "민주주의 없는 (대의) 민주주의"로만 해석한다. 민주주의의 주인이라고 하는 국민들은 민주주의와 민주주의가 아닌 것 사이에서 차이점을 찾기 힘들어진다. 잊혀진 민주주의의 신화는 물음표를 남긴다. 혹시 귀족들의 이름표를 대표자라고 바꾼 것을 민주주의라고 부르는 것은 아닌가? 몇 년에 한 번씩 알지 못하는 자들의 당선을 위해 서성이는 투표소의 복도가 민주주의의 유일한 장소인가? 광장은 누구의 것인가? 포퓰리즘은 엘리트들에게 저항하는 대중들의 마지막 광장이다. 포퓰리즘이 사라지는 순간 민주주의는 내용 없는 시스템일 뿐이다.

포퓰리즘의 토양은 갈등이다. 포퓰리즘은 "도덕적이고 온순한 사람의 이해와 부패하고 자유주의적인 엘리트의 이해는 서로 상충한다"[230]는 갈등의 구조를 토양으

230] 데이비드 굿하트, 김경락 옮김, "엘리트가 버린 사람들", 원더박스, 2017~2019년, 124쪽

로 한다. 정치 엘리트들이 대중들의 포퓰리즘적 목소리를 두려워하는 곳에서 포퓰리즘은 번성한다. 2016년의 세 가지 사건(트럼프 현상, 브렉시트 국민투표, 촛불집회)은 엘리트 집단의 이해와 대중들의 욕구가 충돌한 현상이다. 전형적인 포퓰리즘이다. 미국과 영국의 기존 정치엘리트들 그리고 한국의 박근혜 정부는 대의민주주의 절차와 구조에 대한 명백한 범죄를 저지른 것이 아니었다. 민주주의 제도를 명시적으로 일탈한 것도 아니다. 그들은 대의제를 거부하지도 않았고 범죄가 확정되지도 않았다.

다만 그들은 대중들과 다른 곳을 향했을 뿐이다. 민주주의는 항상 대중들이 방향을 설정할 것이라고 상상하는 곳 어디쯤에 있다. 대의민주주의가 예정하고 있는 대표자와 피대표자간의 간격이 정치사회운동으로 현실화 된 것뿐이다. 2016년의 일들은 포퓰리즘의 일탈이 아니라 민주주의의 궤도를 보여준 것이다. 포퓰리즘과 포퓰리스트는 전혀 다르다. 이 둘을 하나로 보고 평가할 수는 없다. 포퓰리즘에 대한 "저녁 식사 자리의 술 취한 손님" 비유는 생각해볼 만한 내용이다. "민주주의라는 분위기 있는 파티에 출현한 포퓰리즘이라는 취객이다. 파티에 참석한 많은 손님들은 이 취객을 환영하지 않을 것이다. … 그러나 포퓰리즘의 출현을 통해, 현대 민주주의라는 파티는 그것이 안고 있는 본질적 모순을 나타냈다. … 곤란한 듯이 표정을 짓는다 하더라도, 사실은 내심으로 취객의 중대한 지적에 남몰래 수긍하는 손님이 많지 않을까?"[231]

대중과 마법사

포퓰리즘과 포퓰리스트 정치인은 전혀 다른 개념이다. 포퓰리즘이 대의민주주의의 자연스런 그림자라면, 포퓰리스트는 대중의 열망을 자신을 위한 대의제의 제물로 사용하려는 마법사다. 포퓰리스트는 자신을 부정하는 방법으로 자기 생존을 추구해야 하는 운명에 처해있는 자다. 따라서 포퓰리스트 정치인은 그 자체로 아이러니한 존재다. 그 아이러니를 이용하는 자들이 대의제에서 왕관을 차지한 정치 귀족들이다. 포퓰리스트는 '침묵하는 다수'를 정치 엘리트와 극단적으로 대립시킨다. 포퓰리스트는 그러한 방식으로 대중들의 호감을 얻으려

231] 미즈시마 지로, 이종국 옮김, "포퓰리즘이란 무엇인가 : 민주주의의 적인가, 개혁의 희망인가", 연암서가, 2016~2019년, 275쪽

한다. 포퓰리스트는 '침묵하는 다수'의 대표가 되려는 자다. 결국 포퓰리스트는 정치 엘리트에 대한 혐오를 기반으로 정치 엘리트가 되려는 자다.

포퓰리스트 정치인은 "대의 정치에 적대적이지만, 정치적 힘을 행사할 수 있는 체계적인 표현과 정치 동원을 위해서는 대의정치체제를 빌릴 수밖에 없다."[232] "포퓰리즘이 정치운동이 되기 위해서는 대의정치 과정에 반하는 동시에 대의정치 과정에 의존해야만 한다."[233] 포퓰리스트는 대의민주주의를 비난하며 동시에 대의민주주의를 통해 자신의 정치적 욕망을 실현한다. 그는 대의민주주의의 엘리트주의를 혐오하는 방법으로 대의민주주의의 엘리트가 되려는 자다. 포퓰리스트는 '침묵하는 다수'의 광장을 자신의 정치적 밀실로 바꿀 수 있는 마법사다.

2016년 미국 대통령 선거 캠페인에서 트럼프가 사용한 선거 구호 중 하나는 "I'm your voice"였다. "2016년, 트럼프는 자신을 일컬어 '특별 이익 단체'와 양당의 '기득권'에 대항하는, 닉슨에게서 차용한 용어인 '침묵하는

232] 폴 태가트, 백영민 옮김, "포퓰리즘 : 기원과 사례, 그리고 대의민주주의와의 관계", 한울 아카데미, 2000~2017년, 20쪽

233] 같은 책, 187쪽

다수'의 대변자라고 묘사했다. '침묵하는 다수가 돌아왔습니다. 그리고 더 이상 침묵하지 않습니다. 공격을 가하고 있습니다'라고 그는 댈러스에서 분명하게 말했다. 정치 집회에서는 '침묵하는 다수는 트럼프를 지지합니다'라는 선거운동 구호가 빛을 발했다."[234]

사람들은 침묵하고 있다. 그들이 침묵하는 이유는 다양하다. 인간은 정치적 발언을 위해 사는 것이 아니다. 광장이 조용한 이유는 삶이 너무 시끄러워서이기도 하다. 삶은 혼란하고 사회는 이리저리 엉켜있는 다발이다. 포퓰리스트는 세상을 하나의 색으로 칠할 수 있는 자다. 포퓰리스트에게는 모든 것이 단순하다. 포퓰리스트는 자신이 국민에게 목소리를 줄 수 있다고 믿는다. 그에게는 다양한 얼굴들이 하나의 목소리를 내는 기적이 가능하다. 포퓰리스트의 세계에서 세상은 단순하고 답은 명료하다. 마법의 언어에서 세상은 언제나 이것이거나 저것이다.

모든 것이 모든 것에게 영향을 주는 세계화된 경제 시스템과 복잡한 기술 지배 사회에서는 단순하게 해결될 수 있는 문제가 없다. "필요한 정책들은 보통 단순하

234] 존 주디스, 오공훈 옮김, "포퓰리즘의 세계화", 메디치미디어, 2016~2017년, 110쪽

지 않고, 즉시 효과를 내지 못하고, 또한 많은 경우에는 인기가 없다. 따라서 정치인들이 상황이 복잡하다는 메시지를 던지기가 점점 더 어려워지고 있는 것이다."[235] 국민들 앞에 있는 문제는 언제나 즉각적이고 단순한 해결이 필요하다. 마법사가 필요한 이유다. 복잡한 원인과 효과를 이야기 하는 관료들의 말은 분노의 원인이다. 어렵고 복잡한 이야기는 대중에게 인기가 없다. 세상은 점점 더 어렵다. 이것은 포퓰리스트의 등장 사인이다.

복잡한 이민 문제는 국경 장벽으로 해결할 수 있고, 무역 문제는 관세를 높이면 될 뿐이다. 모든 문제는 단순한 답이 있었다. "수백만 명의 유권자들은 트럼프의 단순한 제안을 그의 진실성과 결단력을 알 수 있는 징표로 보았으며, 반면 클린턴의 복잡한 제안은 그녀의 불성실함과 무관심의 표시로 보았다. … 그들은 간단한 해결책을 약속하는 사람에게 기꺼이 투표하게 된 것이다. 이것이 바로 정치적 이념이 제각각임에도 불구하고 인도의 나렌드라 모디에서 터키의 레체프 타이프 에르도안까지, 헝가리의 오르반 빅토르에서 폴란드의 야로스와

235] 야스차 뭉크, 함규진 옮김, "위험한 민주주의 : 새로운 위기, 무엇이 민주주의를 파괴하는가", 와이즈베리, 2018년, 51쪽

프 카친스키까지, 프랑스의 마리 르펜에서 이탈리아의 베페 그릴로에 이르는 포퓰리스트들의 주장이 비슷하게 들리는 이유다."[236]

　단군신화를 듣고 곰에게 제사를 올리는 자들은 "신화"의 의미를 잘못 이해한 자들이다. 신화를 해석하는 일은 쉽지 않다. 우리가 우리의 내부로부터 언제나 오해당하는 이유다. 신화란 이야기로 풀어낸 이데올로기이기 때문이다. 단군신화는 단일민족 이데올로기라는 공동의 꿈을 상징과 은유로 표상한 것이다. 상징과 신화는 인간이 인간을 인간으로 만들어가는 방법이므로 그것은 어떠한 현실과 과학보다 힘이 세다. 인간은 양자역학의 매끈한 슈뢰딩거 방정식이 아니라 단일 민족 신화의 거칠고 막연한 가치를 지켜내기 위해 총을 들고 적진으로 뛰어드는 존재이기 때문이다. 인간의 삶은 홑겹이 아니기 때문이다. 신화는 각종 상징과 은유로 가득한 의미와 가치의 창고다. 신화의 가치를 폄훼하고, 그것을 현실의 문법 안에 가두는 곳에서 사이비들이 번창한다. 노아의 방주를 현실에서 찾아다니는 자들, 창세기의 위대한 신화를 생물학의 언어로 풀어 그 가치를 훼손하는 자

236] 같은 책, 52~53쪽

들, 국민주권의 신화를 현실 국민의 구체적 불만과 연결시키는 자들 말이다.

포퓰리스트는 민주주의의 신화를 현실의 언어로 해석하려는 대중의 오류를 이용한다. 그들은 그 과정을 통해 스스로 현실의 정치 귀족이 되려는 자들이다. 그들은 언제나 침묵하는 다수를 대표한다고 말한다. "시끄러운 적들"과 "침묵하는 다수"를 충돌시킨다. 포퓰리스트의 세계관은 단순하다. 그들에 의하면 포퓰리스트를 제외한 엘리트 정치인들은 시끄러운 방법으로 침묵하는 다수를 배신하는 자들이다. 효과적인 전술이다. 침묵하는 자들은 침묵하므로 포퓰리스트에게 책임을 묻지 않는다. 포퓰리스트는 민주주의의 제도를 통해 그 자격을 인정받은 것이 아니다. 그들은 그들 스스로 선택받았다고 주장한다. 다수를 대표한다고 주장한다. 그들의 언어는 신화와 현실의 오해에 기반하므로 신화에서도 현실에서도 반박되지 않는다. 반박될 수 없으므로 그들은 언제나 옳은 것으로 보인다. 침묵하는 다수는 침묵하고 있기 때문이다. 침묵하는 다수의 침묵은 그들의 언어를 검증할 수 없다.

어느 순간 포퓰리스트는 대의제의 절차에 따라 스스

로 정치 엘리트가 된다. 자신이 증오하던 정치 엘리트가
된 포퓰리스트는 여전히 자신을 침묵하는 다수의 대표
라고 주장한다. 대의민주주의의 대표자임과 동시에 대
의민주주의를 거부하는 대표자가 된다. 포퓰리스트는
다수당의 대표가 되어도 자신이 정치적 피해자라고 주
장한다. 침묵하는 다수는 존재하는 것이 아니다. 침묵
하는 다수는 언제나 포퓰리스트의 정치적 자산으로 구
성될 뿐이다. "대표"란 무엇인가? 어떠한 절차를 거쳐
야 침묵하는 다수의 대표가 될 수 있나? 침묵하는 다수
의 목소리는 어떤 언어로 무엇을 말하는가? 누군가가
침묵하는 다수를 대표한다고 말할 때, 여기서 "대표"되
는 침묵의 공동체는 두 가지 경우로 나누어 볼 수 있다.
하나는 자연적 동질감 집단이고 다른 하나는 의도적 피
해자 의식 집단이다. 전자가 우연에 의한 느슨한 정체
성 공동체라면 후자는 포퓰리스트가 구성한 정치적 정
체성 집단이다.

　A는 최근 대학을 졸업한 남성이다. 취업을 위해 뛰어
다니지만 쉽지 않다. 언젠가부터 A는 자신이 취업에 실
패하는 이유는 여성과의 경쟁에서 구조적으로 불리하
기 때문이라고 생각한다. 그의 피해의식 속에서 남성만

의 의무복무 제도와 각종 여성우대 정책은 A와 같은 남성들에게 불공정하다. 어느 날 A는 신문보도를 통해 자신과 동일한 상황에 처한 B가 여성할당제를 폐지하라며 여성가족부 앞에서 1인 시위를 하고 있다는 사실을 알게 되었다. B는 A처럼 최근 대학을 졸업한 남성이다. A는 B가 자신과 같은 처지에 처한 남성들(침묵하는 다수)을 "대표"하고 있다고 느낀다. "동일시"는 "대표"가 발생하는 하나의 이유다. A는 B를 자신과 동일시한다.

"어느 한 개인이 타인의 행동에 공감하여 그 타인의 행동에 자신의 이익을 결부할 때"[237] 개인이 타인에 의해 대표될 수 있는 근거가 발생한다. 누군가가 나와 비슷한 상황에 대해 불평하며 나서는 경우 나는 쉽게 그를 나의 대표로 여기게 된다. 나와 그 사이에는 공동의 이해관계가 있다. 그 이해관계의 내면에 공동의 차별 경험이 있고 그는 내가 할 법한 행동을 하고 있다고 생각한다면, 그는 나의 동일시에 근거한 대표가 된다. 이 경우 대표 관계는 대표자의 동의가 필요 없다.[238] B는 A의 대표가 되겠다는 생각을 해 본 적이 없다. 사실 B는 A의 존

237] 모니카 브리투 비에이라, 데이비드 런시먼 지음, 노시내 옮김, "대표 : 역사, 논리, 정치", 후마니타스, 2008~2020년, 135쪽

238] 같은 책, 137쪽

재도 모른다. A와 비슷한 처지에 있는 많은 20대 남성들은 B를 자신의 대표로 생각할 수 있을 것이다. 그들은 B의 행동과 말에 영향 받는다. 그들은 1인 시위의 결과에 주목한다. 이와 같은 대표 관계는 느슨한 동질감 집단의 우연한 대표성을 반영한다.

동일시에 의한 개인적 대표 관계는 사회적 정체성의 자각과 외부와의 관계를 통해 집단적 정치적 대표 관계로 나아갈 수 있다. 포퓰리스트는 외부의 낙인을 정체성 정치의 전략으로 사용한다. 이 경우 "침묵하는 다수"와 그들의 "대표"는 포퓰리스트에 의해 구성된다. "사람들은 특정한 이해관계 외에도 좀 더 기본적인 공동의 정체성을 이유로, 즉 자기를 어떻게 인식하고 또 남에게는 어떻게 인식 되느냐를 근거로 대표될 수 있다. … 개인들로 이뤄진 다양한 집단은 타인이 자신들을 인식하는 방식에 쉽게 영향을 받는데, 특히 그것이 자신을 비하하는 이미지로 되돌아 올 때 더욱더 그러하다. 이렇게 반사된 이미지로 말미암아 사람들은 차별이나 사회적 낙인 같은 공동의 경험을 토대로 자신들을 동일시한다. 이 같은 공동의 경험은 그들의 공유하는 특성에 결부되며, 그들이 가진 정체성의 — 대체로 부정적인 — 핵심을 이루게 된다."[239]

트럼프 현상의 한국식 버전이 이대남 정치다. 정체성의 낙인을 정치적으로 이용한 대표적인 포퓰리스트 정치전략이다. "제20대 대통령선거 기간 혐오와 차별은 가장 주효한 선거 전략이었다. 페미니즘은 가장 도드라지는 낙인이 됐다. 이를 제일 적극적으로 활용한 쪽은 국민의 힘이다. '구조적 성차별은 없다'(윤석열), '여성의 투표 의향이 남성보다 떨어진다'(이준석)는 발언이 거리낌 없이 나왔다. 이재명 더불어민주당 후보 역시 반페미니즘적인 남초 커뮤니티 글을 페이스북에 공유하고, '페미 방송에 출연하지 말라'는 주장을 받아들여 매체 출연 약속을 번복했다가 다시 출연했다."[240] 외부의 낙인에 대한 분노의 공동체는 포퓰리스트의 출발선이다.

트럼프가 미국 백인 노동자 정체성 집단의 대표가 되고, 이준석의 발언이 한국 20대 남성을 대표하는 것처럼 보이는 이유는 이들이 모두 외부(정치적 올바름, 페미니즘, 엘리트 등)로부터의 혐오와 낙인을 경험했기 때문이다. 트럼프가 또는 이준석이 그들의 정체성을 분노로 묶어 정치

239] 같은 책, 176쪽

240] 2022. 3. 15. 한겨레 21, "'이대남' 같은 정치가 활성화될 가능성 높다 : 혐오와 차별이 전략이 된 선거, '혐오를 넘어 미래로' 좌담"

적 자산으로 삼을 수 있었던 밑천은 동질감의 표지가 되는 우연한 선천적 특성(성별, 세대)때문이다. 포퓰리스트는 외부의 낙인에 대한 분노를 극대화하는 방법으로 자신의 대표성을 스스로 검증한다. 분노는 쉽게 음모와 연결된다. 분노는 이성적 언어의 거름망을 부인하고 음모는 분노의 도화선이 되어 그것을 폭발시키기 때문이다.

한국과 미국의 개표부정이나 미국의 큐아넌과 같은 음모론적 주장은 포퓰리스트에게는 상식이다. 왜냐하면 이들에게는 외부의 공격으로부터 침묵하는 자들을 지켜내야 할 고귀한 명분이 있기 때문이다. 명분과 목적이 절대적일 때 수단은 걸러지지 않는다. A의 여성에 대한 분노는 포퓰리스트에 의해 구조화되고 정치적 자산이 될 수 있는 먹이다. 그들은 그들 나름의 왜곡의 언어로 새로운 신화를 창조하기에 바쁘다. 차별에 대한 구조적 접근과 같은 문제는 공부할 시간이 없다. 사실 남성에게 차별로 작용하는 여성할당제와 같은 것은 없으며 양성평등정책은 오히려 남성에게 유리하게 작용되는 면이 있다는 식의 사실 확인은 관심 없다.[241] 포퓰리스트는 침

241] 2019. 2. 22. 서울신문 "양성평등 채용으로 남자가 두 배 혜택, 알고 있었나요", 2021. 5. 21. 한겨레신문, "'여성할당제' 폐지하라… 그런데 정작 폐지할 게 없다?", 2021. 5. 26. 중앙일보, "9급 필기시험서 '양성평등제' 혜택 본 남성이 여성보다 3.6배 더 많아"

묵하는 다수의 목소리가 되려는 자다. 침묵하는 다수는 목소리 없는 얼굴들이다. 그들은 분노의 공동체다. 분노의 얼굴에는 귀가 필요 없다.

대의민주주의의 주요한 원리는 차이를 인정하는 것이다. 대표자(통치자)와 피대표자(피통치자) 사이에는 간격이 있다. 관념상의 피대표자와 현실의 피대표자는 다르다. 또 하나, 피대표자들 간의 현실적 다름을 인정해야 한다. 대중들은 하나의 "다수"로 묶일 수 없다. 그들은 모두 다르다. 대중들에게 동질성을 요구하는 일은 대부분 숨은 의도가 있기 마련이다. 다름의 얼굴들에는 하나의 이름이 어울리지 않는다. 대표 제도는 다수를 하나의 이름으로 부르는 일이다. 포퓰리스트는 대표 제도의 신비를 이용하고 착취한다. 옆집 아저씨는 50대 남성이며 지방출신이다. 그는 수염을 기르고, 등산을 좋아한다. 옆집 아저씨의 정체성은 무엇인가? 그는 어떤 자들과 동질성으로 묶이는 "침묵하는 다수"인가?

애초에 하나의 범주에서의 공통점은 다른 범주에게는 차이점이다. 그는 세대가 다른 남성보다 세대가 유사한 여성에게 동질감을 느낀다. 그는 출신지역이 다른 사람들끼리 모인 등산 동호회에서 가장 큰 정서적 만족을 느낀다. 다른 사람들과 마찬가지로 그에게도 정체성(남성, 출신지역 등)이란 애초에 맥락에 따라 변하는 얼굴 표정 중 하나다. 정체성 정치는 표정 없는 얼굴이 필요하다. 그것은 고정된 정체성을 전제한다. 포퓰리스트는 외부의 공격을 과장하는 방법으로 정체성의 얼굴을 고정시킨다. 포퓰리스트는 모호한 집단적 피해의식이 즐겁다.

젊은 시절 옆집 아저씨는 출신지역을 이유로 혐오를 경험했었다. 지금은 그의 종교(이슬람)가 혐오의 이유다. 옆집 아저씨는 성적 소수자와 함께 있으면 불편하다. 그는 페미니즘을 강하게 주장하는 문화가 혐오스럽다. 옆집 아저씨는 어떤 정체성으로 묶이는가? 외부의 공격과 그 피해 감정은 시대적 맥락에 따라 변화한다. 인간은 가끔 혐오의 대상이 되기도 하고 누군가를 혐오하기도 하며 살아간다. 정체성은 수 많은 다양성의 기초가 되지만 정체성에 주목하는 정치인은 그 중에 하나를 감정선에 걸어 둔다. 그곳을 찾아 메가폰을 들이미는 일이 대의제 정치인의 주요한 업무다. 다수결의 우상이 지상을 지배하는 선거철은 정체성의 메가폰이 여기저기서 울리는 계절이다.

정체성이라는 얼굴은 수 없이 많다. 정체성은 사회적

관계와 시대적 맥락이라는 조명에 따라 달라 보이는 얼굴이다. 포퓰리스트는 그 수 많은 얼굴을 하나의 목소리로 대표할 수 있다고 주장하는 괴물이다. 포퓰리스트들은 지역, 성별, 소득, 세대 등 하나의 범주로 선거권자들을 분할한다. 일단 하나의 정체성으로 피통치자들을 구분 획정한 후, 그들의 피해의식을 증폭시키는 것은 포퓰리스트의 업무다. 그것을 선거운동이라고 부른다. 다양한 정체성의 얼굴로 자연스럽게 살아가며 상황에 따라 다른 표정을 짓던 사람들은 이제 정치인에 의해 "이대남"과 같은 하나의 정체성으로 규정된다. 포퓰리스트는 그렇게 자신과 동질감으로 묶일 수 있는 선거권자들의 얼굴을 그린 후, 그곳에 분노의 목소리를 입힌다. 포퓰리스트는 그와 같은 방법으로 다른 정치엘리트들을 비난하고, 그 결과로 자신이 바로 그 정치엘리트들만의 신전에 입장한다. 그는 그 안에서도 여전히 자신이 피해자들의 목소리라고 주장한다.

지난 시절 세계 곳곳에서는 "우리는 하나의 민족"이라며 민족적 피해의식을 통치의 정당성으로 삼던 정치세력을 볼 수 있었다. 민족이나 인종과 같은 정체성은 계몽의 대상이 되기 어렵다. 이것들은 생래적 징표이므로 고정된 정체성을 원하는 포퓰리스트의 쉬운 먹이가 된다. 이제는 다양한 정체성 정치가 등장한다. 포퓰리스트에게도 조금 더 세련된 캠페인이 필요하다. "백인 노동자 계층의 소외감", "박정희 시대의 향수", "86세대의 학생운동 추억" 등은 한동안 미국과 한국의 포퓰리스트들에게 손 쉬운 분노의 투표함일 것이다. 다양한 얼굴들은 막상 선거철이 되면 포퓰리스트들에 의해 하나의 목소리가 되고 얼굴들은 지워진다.

2016년, 미국의 소외된 백인 노동자 계층과 한국의 학생운동 세대는 정치 엘리트들에게 분노했다. 그 분노의 다양한 얼굴들이 트럼프와 문재인이라는 목소리를 만들었다. 부족들의 분노가 다른 정치 엘리트들의 집권 본능을 위해 사용된 후, 어떤 분노가 다른 분노로 바뀐 것 이외에는 어떤 것도 바뀌지 않았다. 분노는 잠시의 휴식을 즐긴 후 다른 분노의 이유가 되었을 뿐이다. 다수결의 우상과 대표의 신비가 지배하는 세상에서, 인간의 다양한 정체성의 얼굴들은 정치 귀족이 되려는 포퓰리스트들 앞에서 얼굴을 잃어버린다. 어떻게 보면 대의민주주의라는 귀족정의 체제에서 제단에 오르는 자들은 모두 포퓰리스트의 주문을 외우고 있는 자들이다.

사회과학적 분석과 경제적 계급의식 등은 이성에 기초한다. 그러나, 이성은 감성을 이기지 못한다. 애초에 대중들에게 선거란, 추억, 향수, 소외감, 분노와 같은 정서를 기표소에서 발산하는 대리 만족 시스템일지도 모른다. 이성은 개인의 것이다. 개인은 누구나 한 표를 행사한다. 부족은 다수의 이름이다. 이성이 한 표를 행사하는 동안 부족은 누군가를 당선시킬 수 있다. 1인 1표의 대중 민주주의와 대표 제도가 대의민주주의라는 명칭으로 어색하게 화해한다. 그 안에서 대표가 되려는 자들은 부족들의 선거권을 먹고 산다. 대표가 되려는 자에게 이성적 개인은 적이고 감성적 부족은 친구다. 부족은 분노한다. 부족의 감정은 피해의식이다. 민주주의 체제에서 정치 지도자가 되려는 자들은 알고 있다. "이성을 멀리하라, 분노에 공감하라", "피해의식을 자극하라".

민주주의를 이성에 기초한 토론과 대화의 장이라고 주장하는 낭만주의자들이 책상에 앉아 분석을 하는 동안 포퓰리스트들의 목소리는 부족들의 얼굴을 대표한다. 대표되지 않는 얼굴은 대의민주주의의 소리 없는 얼굴이다. 그것들은 존재하지 않음과 동의어다. 정치 엘리트들은 쉬지 않고 부족의 목소리 되기 투쟁을 멈추지 않는다. 그들이 대중의 분노를 자신의 목소리로 사용하는 동안 개인들의 얼굴은 잊혀진다. 어쩌면 민주주의란 애초에 개인들의 다양성을 대가로 지급하고 엘리트들에게 권력의 변명을 쥐게 해주는 신비다. 그것은 중세 권력의 신비한 정당성 획득 과정만큼 신비하다. 어쩌면 인간들의 이성은 신의 지배에서 한 걸음도 나아가지 못했다. 민주주의는 언제나 실패하는, 아직 오지 않은, 무엇에 대한 무모한 기다림일지도 모른다.

이제 진짜 질문을 던져야 할 때다. 민주주의란 무엇인가? 민주주의 신화가 다수결과 대표 제도라는 현실을 마주할 때, 민주주의의 존재 이유, 즉 인간의 숙명인 집단의 꿈과 국가의 정당성 확보는 어디로 가는가? 신이 하던 일을 우리 스스로 해보겠다던 민주주의의 위대한 모험은 항로를 찾았는가? "질문-답"의 구조는 언제나 질문 안에서 답을 찾아내는 구조다. 민주주의를 정해진 답안이 아닌 하나의 질문으로 읽어낼 때, 민주주의는 어쩌면 의미 없는 제도이며, 가치 없는 수사학일지도 모른다. 이제 민주주의는 영혼 없는 육체인가? 영혼 없는 육체를 우리는 좀비라고 부른다.

7장
좀비 민주주의

"세계에서 신을 제거했던 근대성은 신학에서 벗어나지 못했을 뿐만 아니라, 어떤 의미에서는 섭리의 오이코노미아provi-dential oikonomia[242]라는 기획을 완성시킨 것에 지나지 않는다."

- 조르조 아감벤

"우리 티스빌데 별장 근처에 사는 어떤 남자는 자기 집 현관 앞에 말편자를 걸어놓았어요. 미신에 따르면 말편자는 행운을 가져다 준다고 하죠. 한 지인이 그에게 물었어요. '그런데 자네 그렇게 미신적인 사람이었나? 정말로 말편자가 행운을 가져다준다고 믿어?' 그러자 그는 이렇게 대답했어요. '물론 믿지 않아. 하지만 저건 믿지 않아도 행운을 가져다 준다고 하더라구.'"

- 베르너 하이젠베르크

242] "그리스어 오이코노미아는 오이코스(가정)의 관리를 뜻하며, 더 일반적으로는 '경영'management을 뜻한다. 이 용어는 2~6세기경 기독교 교부들에 의해 '신의 통치'라는 개념으로 쓰이면서 신학적 함의를 띠게 된다. 오이코노미아에 깃든 이 '경영, 통치, 관리'의 패러다임은 근대에 들어 '경제'라는 단어로 자리 잡는다. 따라서 여기서 아감벤이 사용하는 '경제'는 '통치'라는 의미를 가진 '오이코노미아'를 의미한다." – 알베르토 토스카노, 문강현준 옮김, "광신 : 어느 저주받은 개념의 계보학", 후마니타스, 2010~2013년, 373쪽(옮긴이 첨언)

좀비는 죽음에서 깨어난 자다. 다만 그것을 부활이라 부르지는 않는다. 부활은 단지 죽음과 삶의 경계를 타고 넘음이 아니라, 새로운 질서와 놀라운 깨우침에 대한 명령이며 동시에 상징의 언어이기 때문이다.[243] 현실 너머의 꿈은 좀비의 것이 아니므로 좀비는 상징과 신화를 거부한다. 따라서 좀비는 민주주의의 신화를 읽지 못한다. 민주주의의 은유를 현실의 언어와 혼동한다. 민주주의는 좀비가 되고, 민주주의는 개인을 좀비로 만든다.

좀비는 살아 움직이는 육체다. 행동한다. 무리를 만든다. 그러나 좀비에게 이 모든 것들은 그런 것과 그렇게 보이는 것의 사이에 있다. 좀비는 인간처럼 보이며

243] 마태복음 22장 23절~33절

동시에 인간이 아니다. 좀비는 "그렇게 보이지만, 사실은~"의 방식으로 존재한다. 민주주의는 있는 것 같지만 없다. 그것은 근대의 상상이었고, 현대의 망상이다. 교과서의 민주주의는 현실 정치와 관련 없다. 영혼은 없고 육체는 훼손된다.

현대의 귀족들은 몇 년에 한 번씩 무리 지어 서로에게 싸움의 기술을 사용하고, 군중은 미리 정해진 방법으로 평등한 복종을 맹세한다. 다수의 입 없는 얼굴들은 스스로를 주인이라고 생각하는 버릇을 버리지 못했다. 몇 년에 한 번씩 두 가지 색 중 하나를 골라야 하는 그들은, 실은 어떤 통계의 숫자이며 통치의 대상이다. 통치에는 기술이 필요하고, 자격 없는 자들은 통치를 정치와 혼동한다.

좀비는 영혼이 없다. 영혼은 언어의 깊이로 언어 너머를 바라본다. 민주주의의 허황된 선언문을 중얼거릴 때마다, 다수는 분노하며 서성이는 자들이다. 분노하는 이들의 언어는 의미 없는 파열음뿐이다. 서성이는 자들의 육체는 문법 없이 작동한다. 국가는 분노하는 개인들에게 답을 하지 않는다. 국가는 개인의 고향이 될 수 없다. 민주주의의 영혼은 어디에도 없다.

좀비는 통제되고 관리되어야 한다. 산업화가 낳은 각종 위험은 한 순간 사회의 시스템을 바꾼다. 보이지 않는 위험이 보이는 모든 것을 통제한다. 위험사회 속 인간은 공포 앞에서 평등하다. 과학과 지식전문가는 정당하게 민주주의를 거부하고, 민주주의는 스스로 실험실에 갇히기를 원한다. 현대 민주주의에서 국민들은 스스로 효율적인 통치의 대상이 되기로 했다. 정치는 없고 통치는 있다.

기후위기를 걱정하고 팬데믹을 경험할 때마다, 전체주의는 정당하다. 전지구적 생존 투쟁에서 민주주의는 꺼려지는 무엇이다. 무지한 다수의 평등이 아니라, 살아남게 해줄 진리의 계시가 필요하다. 민주주의는 불가능하여 버려지기 직전에 불필요한 것으로 외면받는다. 할 일 없는 민주주의는 언어 아닌 언어를 중얼거리며, 가끔씩 투표용지를 거래하는 마케팅 민주주의다.

무덤 없는 부활

"다양한 형태의 정부가 시도되었으며, 죄악과 고통 많은 이 세상에서는 앞으로도 많은 시도가 있을 것이다. 그 누구도 민주주의가 완벽하다거나 현명한 정부형태라고 주장할 수 없다. 실제로 사람들은 민주주의를 가장 최악의 정부 형태라고 말한다. 다만 지금까지 시도되었던 모든 정부 형태를 제외하면 그렇다는 말이다Many forms of Government have been tried, and will be tried in this world of sin and woe. No one pretends that democracy is perfect or all-wise. Indeed it has been said that democracy is the worst form of Government except for all those other forms that have been tried from time to time.[244]

우리가 민주주의에 대한 다양한 비난을 접할 때, 처칠의 격언은 위로가 된다. 어차피 대안 없는 비난일 뿐, 민주주의는 나쁜 정치 시스템들 중에서 상대적으로 가장 덜 나쁜 정치 시스템이다. 민주주의는 자주 "가장 덜 나쁜 정치"라는 자격으로 지지된다. 그러나, 어떠한 발언의 의미는 그것이 놓여진 현장에서만 해석이 가능하다. 처칠의 발언 역시 그 발언의 시공간에서만 의미를 품을 수 있다. "이 구절은 21세기에도 지겹도록 반복되고 있으나, 중요한 것은 맥락이다. 처칠은 1947년의 시간

244] Winston S Churchill, 11 November 1947 (https://winstonchurchill.org/resources/quotes/the-worst-form-of-government/)

에서 말하고 있다. 그 시간은 바로 민주주의의 대안이라던 파시즘의 완벽한 몰락을 지켜본 시간이다. 민주주의에 대한 또 다른 도전인 스탈린주의는 여전히 진행형이던 시간이다."[245]

모든 언어는 특정 맥락 속에서만 의미를 발굴한다. 처칠의 "가장 덜 나쁜 정치"는 당시 냉전이라는 새로운 시대가 시작되던 상황에서 해석되어야만 한다. 민주주의는 지금 시작된 스탈린주의와의 싸움에서도 이겨 낼 것이라는 의미다. 대안이 없다는 주장은 민주주의의 오래된 생존 논리다. 오늘날 많은 이들은 민주주의를 "혐오의 대상이지만, 대안은 없다"고 생각한다. 불만의 포화 상태와 대안의 부재 상태. 포퓰리즘은 이와 같은 어쩔 수 없음을 먹고 자란다. 해소가 불가능해 보이는 불만은 다양한 음모론의 원인이 된다. 이러한 히스테리 상태에서 사람들은 쉽게 누군가가 자신을 속이고 있다고 생각하기 때문이다.[246]

민주주의는 오랜 시간을 견뎌 왔다. 민주주의는 민주주의 아닌 다른 무엇과의 투쟁에서 승리하기도 했고, 가

245] David Runciman, "How Democracy Ends", Profilebooks, 2019년, 168~169쪽
246] 같은 책, 168쪽

7장-좀비 민주주의

7장-좀비 민주주의

7장-좀비 민주주의

끔은 그 시대의 배경에 어울리는 색으로 옷을 갈아입는 방법으로 생명을 유지해왔다. 근대의 부르주아지들은 중세적 질서에 대한 투쟁과정에서 이성주의자들의 과학적 세계관과 손 잡고, 고대의민주주의를 불러냈다. 세계대전과 냉전 그리고 경제호황을 지나는 동안 "역사적 우연"의 산물로서 자유민주주의[247]는 승리감에 취해 민주주의라는 "가장 덜 나쁜 정치"가 현실에서 "정말 나쁜 정치"일 수 있음을 깨닫지 못했다. 민주주의 위기론이 팔리기 시작한 것은 트럼프의 공로였다. 다만 민주주의의 모순은 처음부터 쉬지 않고 활동하고 있었다.

절멸絕滅의 위기를 이겨내고 다시 살아난 제도나 사상 등을 부활에 비유하기도 한다. 부활의 이미지 어딘가에는 예수의 부활이라는 기독교적인 상징이 숨어 있지만, 다시 살아난 것으로 보이는 좀비의 육체와 예수의 부활 신화 사이에는 커다란 차이가 있다. 부활의 몸은 "빈 무덤"에서 다시 일어난 육체다. 빈 무덤은 예수 부활의 상징이며 의미다. 복음서 중 가장 먼저 쓰여진 마가복음은 빈 무덤의 선포로 책을 마무리한다.[248] 부활은

247] 야스차 뭉크, 함규진 옮김, "위험한 민주주의", 와이즈베리, 2018년, 353쪽
248] 마가복음 16장 1절~8절. 다수의 학자들은 마가복음 16장 9절 이하를 후대에 가필된 것으로 본다.

지나간 것들의 무덤에서 박차고 나와 새 하늘과 새 땅을 선포하는 일이다. "오직 무덤이 있은 곳이어야만 부활이 있다"라는 니체의 선언은 옳다. 민주주의는 지나간 시대를 역사의 무덤에서 마무리하지 못했다. 민주주의는 무덤 없이 일어난 좀비의 육체다.

민주주의는 변화하는 세계에 대한 인간의 인식과 그것에 영향을 받은 인간 사상의 변화를 무시한다. 민주주의는 고대 그리스인들이 머물며 토론했던 광장을 근대의 시간에서 불러낸 후, 지금까지도 그것이 고정된 진리라고 고집을 부린다. 민주주의는 한마디로 고대의 광장에, 근대의 탐욕스런 개인을 풀어놓고는, 그들의 철 지난 이야기를 현대의 대중들에게 주입하는 커다란 실험실이다. 실험실의 낡은 표어가 사회 "과학"이다. 인간은 쉬지 않고 변화하는 관계 속에서만 그 모습을 드러낸다. 사회과학은 인간을 고정된 측정의 대상으로 전제한 후, 그것을 재현 가능한 과학적 실험의 대상으로 꾸며낸다. 누군가는 그것을 "유사과학類似科學"이라 부를 것이다.

사회에 대한 이성적 접근이라는 사회과학은 애초에 과학적 언어를 빌려왔을 뿐 과학적 방법이 불가능하다. 과학의 "가설-검증" 방법론이 불가능하기 때문이다. 사회를 실험실에 가둔 후 동일 조건을 유지하며 다른 조건을 변화시킬 수는 없다. 사회과학은 많은 경우 "사고실험"을 통해 자신의 과학으로서의 지위를 유지하려 한다. 대표적인 사고실험은 갈릴레이가 "무거울수록 빨리 떨어진다"라는 아리스토텔레스의 이론을 반박하기 위해 사용했던 사고실험이다.[249] 이후 사고실험은 상상력을 실험의 도구로 사용할 수밖에 없는 영역에서 다양하게 진행 되었다.[250] 경제학은 자주 "다른 조건이 동일하다면, ~."의 방식으로 사고실험을 진행한다. 그러나 사회의 모든 조건은 언제나 변할 뿐이다.

249] 갈릴레이의 사고실험은 다음과 같다. 아리스토텔레스의 이론에 의하면 특정한 물체가 낙하하는 속도는 그 물체의 질량에 비례한다. 즉 무거운 물체는 그만큼 빨리 떨어진다. 무거운 물체는 무거움의 원인에 의해 땅으로 향하려 하고, 가벼운 물체는 가벼움의 원인에 의해 하늘을 향한다. 갈릴레이는 아리스토텔레스를 반박하기 위해 사고실험을 한다. 만약 무거운 물체 A와 가벼운 물체 B를 묶은 후 떨어뜨리면 그것의 낙하속도는 어떻게 될까? 이처럼 사고실험은 새로운 상황을 머릿속의 실험실에서 적용한다. 아리스토텔레스에 의하면 가벼운 물체는 무거운 물체 때문에 떨어지는 속도가 빨라지고, 무거운 물체는 가벼운 물체 때문에 떨어지는 속도가 느려지게 된다. 결국 두 물체를 묶어서 떨어뜨리면 무거운 물체 A만 떨어뜨릴 때보다 느리게 떨어져야 한다. 그러나, 아리스토텔레스의 이론. 즉, "낙하 속도는 질량에 비례한다"에 의하면, A보다 A와 B를 묶은 것이 더 무거우므로, A와 B를 묶은 후 떨어뜨리면 A만 떨어뜨릴 때보다 빨리 낙하해야만 한다. 이렇게 아리스토텔레스의 이론에 의하면, A와 B를 묶은 후 떨어뜨리면, A만 떨어뜨릴 때보다 느리게 떨어지면서 동시에 빨리 떨어져야만 한다. 갈릴레이는 이러한 사고실험으로 실험장비 없이 아리스토텔레스 이론의 모순을 증명해낸 것이다.

250] 측정 불가의 영역에서 자주 사용되는 사고실험의 예로는 양자역학에 대한 일정한 해석을 거부한 아인슈타인의 "EPR 역설", 양자역학의 교설을 설명하는 "슈뢰딩거의 고양이" 등 다양하게 응용된다.

민주주의는 사고실험으로 그 정당성을 검증할 수 있는 영역이 아니다. 보편적 실험 재료는 없다. 사고실험의 재료인 상상력과 가설들은 다만 그 시대의 관념을 반영하고 확인할 뿐이다. 그 과정에서 "사상은 시대의 아들이다"라는 헤겔의 말은 타당하다. 인간과 세계와 사회에 대한 인식이 변화함에 따라 정치사상은 변화하고 민주주의를 바라보는 관점은 변한다. 민주주의의 발명가들은 어떤 시대적 세계관에서 출발했으며 그것은 지금의 세계 해석과 어떻게 다른가? 현대에 이르러 민주주의는 왜 모순일 수밖에 없는가? 민주주의는 근대의 창조물이다. 근대 지식인들은 "라플라스의 악마"[251]와 손잡은 이성의 자식들이다. 그들에게 세계란 정확히 움직이는 원인-결과의 기계적 장치다.

근대 민주주의의 발명가들에게 세계를 기계 장치로 해석하는 과학적 인식론과 기독교적 세계관은 충돌하지 않는다. 민주주의는 국가의 정당성을 신의 손에서 인간에게 돌려놓은 것이지만, 그 생각의 형식은 유지되고

251] 뉴턴의 세계는 절대공간과 절대시간 속에서 법칙에 따라 움직인다. 라플라스는 "우주에 존재하는 모든 원자의 위치와 그것의 운동량을 알 수만 있다면 현재와 과거 그리고 우주의 미래를 모두 알 수 있을 것이다"라고 주장했다. 근대 과학혁명 시대 인간에게 있어 세계란 이제 측정과 예측이 가능한 대상일 뿐이다.

반복된다. 홉스는 근대과학의 설계자 베이컨의 비서였다. 동시에 홉스는 "리바이어던"의 상당 부분을 교회에 대한 이야기로 채운다.[252] 로크는 뉴턴을 흡수했지만 동시에 그는 "신이 내린 능력을 가지고 신의 명에 따라 세계로 들어가 신의 사업을 수행한다"[253]는 표현을 사용한다. "사회계약론"을 쓴 루소는 동시에 찬송가 작곡가였으며 "사회가 평화롭고 조화가 유지되려면 모든 시민이 예외 없이 같은 정도로 좋은 기독교인이어야 할 것이다"[254]라고 말한다.

기계장치 세계와 신의 섭리攝理는 하나의 지점에서 만난다. 불안한 인간이 세계를 맞이하는 방법. 즉 "우연"이다. 기독교는 완벽한 신의 섭리로 우연을 물리친다. 모든 우연으로 보이는 것들에는 신의 뜻이 있다. 모든 것은 마지막 심판의 때에 드러날 것이다. 선한 이가 억울한 죽음을 당하는 것과 악인이 성공하는 것에는 모두 신이 정한 섭리가 있다. 다만 우리가 아직 모를 뿐이다.

252] 토머스 홉스, 최공웅·최진원 옮김, "리바이어던", 동서문화사, 1988년, "3부 그리스도교 코먼웰스에 대하여", "4부 어둠의 나라에 대하여"

253] 앨런 라이언, 남경태·이광일 옮김, "정치사상사 : 헤로도토스에서 현재까지", 문학동네, 2012~2017년, 608쪽

254] 장 자크 루소, 김영욱 옮김, "사회계약론", 후마니타스, 2018년, 167쪽

이성은 세계를 수학적 문제풀이의 대상으로 본다. 아직 우리가 풀 수 없을 수는 있으나, 답은 정해져 있다. 답이 있는 곳에서 우연은 없다. 근대의 이성은 우연을 바라보고 해석하는 형식에 있어서 신학의 문법을 벗어나지 않는다. 이성의 완전성에 대한 확신과 신의 섭리에 대한 믿음은 같은 형식으로 우연을 거부한다.

민주주의의 숭고한 자연권自然權, 천부인권天賦人權. 그리고 민주주의를 지키려는 국민들의 저항권抵抗權과 같은 생각들은 "자연법自然法"과 연결된다. 자연법은 보편적 이성과 불변의 가치를 반영한다. 자연법이라는 개념은 근대에 이르러 왕정을 거부하는 혁명의 이론을 구성하고 인권 사상을 발전시키는데 공헌한다. 근대 사상가들은 "법이 법인 이유는 상급자의 명령이기 때문이라고 믿었다. 자연법을 엄밀하게 법이라고 믿기 위해서는 입법자로서의 신에 대한 믿음이 필요했다."[255] 민주주의 설계자들에게 신과 종교는 무한한 사고의 원천이며 형식의 창조자였다. 그런데, 만일 이성과 신이 우연을 정복하지 못한다면, 그때에도 근대의 생각들은 타당한가?

255] 앨런 라이언, 남경태 · 이광일 옮김, "정치사상사 : 헤로도토스에서 현재까지", 문학동네, 2012~2017년, 608쪽

근대의 사상이 잉태한 민주주의는 근대적 사고가 멈춘 현장에서도 동일하게 활동할 수 있을까?

양자물리학자 플로리안 아이그너는 이렇게 설명한다. "오늘날 우리는 우연이 우주의 기본 법칙에 아주 깊숙이 들어 있다는 것을 안다. 카오스 이론은 우리가 우주에 대해 장기적 예측을 할 수 있다는 희망을 포기해야 한다는 것을 보여주었다. … 그리고 우리는 양자물리학을 통해 완벽하고 오류가 없는 지식으로도 때로는 충분치 않다는 것을 배웠다. 실험 대상에 대해 모든 것을 알고 있다고 해도 양자 실험의 결과를 예측할 수 없다. … 양자우연성은 카오스 이론을 통해 발생하는 우연과 매우 비슷한 점이 있다. … 미래를 완벽하게 예측하는 것은 불가능하다."[256] "과학철학적 관점에서 봤을 때 이것은 라플라스의 악마에게 강한 타격이 된다. 이에 대해 악마가 그저 웃어버릴지 아니면 구석에서 훌쩍거리며 웅크리고 포기해 버릴지는 말하기 어렵다."[257]

민주주의는 근대의 발명품이다. 민주주의가 근대 사상의 빛을 흡수한 것이라면, 이제 그 빛은 빛나지 않는

256] 플로리안 아이그너, 서유리 옮김, "우연은 얼마나 내 삶을 지배하는가", 동양북스, 2017~2018년, 139~142쪽

257] 같은 책, 140쪽

다. 현대는 세계를 그렇게 해석하지 않는다. 진화론과 무의식은 우연을 거부하지 않는다. 양자역학의 세계는 확률적으로 존재한다.[258] 복잡계의 세상에서 어떤 결과들은 인과적 설명 밖에 있다. 불확정한 관측불가의 세계다. 데카르트의 생각하는 주인으로서의 인간은 사라진 지 오래다. 말하고 있는 인간보다 말해지는 언어가 먼저 존재했다. 인간은 스스로 창조하지 않은 언어의 구조 속에서만 사고하고 꿈꿀 수 있다. 어떻게 보면, 인간이 말을 하는 것이 아니라, 말이 인간을 통해 말해지는 것이다. "나는 생각한다. 고로 존재한다."는 어쩌면 주어와 술어의 문법적 조응 관계를 확인한 것뿐이다. 이제 인간은 "신념과 욕망을 소유한 존재owner of belief and desire"가 아니다. 이제 인간은 "신념과 욕망으로 이루어진 그물망network of belief and desire"일 뿐이다.[259] 이성적 주체는 무덤 없이 증발했다.

중세의 신과 손잡고 우연을 거부한 근대는 모든 것을 이성의 알약으로 녹여낸다. 사회는 자연과학과 같은 사

258] 양자역학에 대한 코펜하겐 해석은 세계를 확률적 중첩상태로 본다. "신은 주사위 놀이를 하지 않는다"라는 아인슈타인의 저항에도 불구하고, "신에게 이래라 저래라 하지 말라"고 말한 보어가 승리한 것으로 보인다.

259] 리처드 로티, 김동식·이유선 옮김, "우연성, 아이러니, 연대", 사월의책, 1989~2020년, 46쪽

회"과학"의 언어로 풀어낼 수 있고, 인간은 물질적 원자의 은유로서 개인이 된다. 바로 그 근대의 사상이 잘려진 왕의 목과 부르주아지들의 혁명가를 보고 듣는다. 이렇게 사상은 사건을 만났다. 근대는 사상의 언어로 자신이 목격한 사건의 보고서를 만들기 시작했다. 근대는 국민주권과 자유 평등과 동의에 의한 사회계약을 그 보고서에 쓴 것뿐이다. 문제는 단 하나. 이 모든 것들은 지나간 일이다. 사건은 종료되었고 사상은 오래되었다. 근대의 성가대가 부르는 중세의 찬송가는 이제 들을 수 없다. 현대의 문턱에서 신은 죽었고, 세상은 이제 우연으로 가득하다. 세계라는 기계장치는 작동하지 않는다. 이성의 세계는 죽었으나, 민주주의는 그 사망의 육체를 다시 들고 돌아다닌다.

현대인에게 근대의 레시피를 강요하는 민주주의는 모순일 수 밖에 없다. 지난 시절의 생각들을 무덤에 묻지 못하고 다시 살려내는 마법사의 주문이 민주주의다. 민주주의는 근대를 사상의 역사 속에 마무리하지 못한 채 현대를 시작했다. 민주주의는 무덤 없이 일어난 좀비의 육체다.

정치 없는 통치

누가 통치하는가? 통치의 자격은 어디에 근거하는가? 플라톤의 철인정치哲人政治는 자연스럽다. 환자의 치료를 위해서는 의사의 지식이 자격이 된다. 다스릴 만한 자(철인)가 보유한 자격에서 통치의 힘이 나온다. 그것은 자명한 질서처럼 보인다. "모든 사물에는 하나의 자연질서가 존재하는데, 이 질서에 따르면 사람들은 자신들을 통치할 만한 자격을 가진 자들에 의해 통치되게 된다. 역사적으로 인간을 통치할 자격에는 두 가지가 있다고 할 수 있는데, 하나는 혈연 또는 신성에 기초하는 출생성분상의 우월성이고, 다른 하나는 생산과 재생산활동의 조직역량에 기초하는 경제적인 능력인 것이다. 사회는 이 두 가지 힘의 결합에 의해 통치되게 되며, 여기에 물리적인 힘과 지식이 가미되어 통치력을 보강해 준다."[260] 정보와 권력이 융합한 현대에서 통치의 자격 중 하나는 지식이다. 현대의 철인은 지식 전문가이며, 미래의 철인은 인공지능일 것이다. 이것은 자연스러운 일이다. 민주주

260] 자크 랑시에르, 허경 옮김, "민주주의는 왜 증오의 대상인가", 인간사랑, 2005~2011년, 105~106쪽

의는 어쩌면 가장 부자연스러운 일이다.

순수한 민주주의에 대한 꿈은 누구에게 통치의 자격을 주는가? "만일 연장자가 젊은이들뿐만 아니라 지식인과 무지한 자들도 통치해야만 한다면, 그리고 지식인들이 배우지 못한 자들뿐만 아니라 부유한 자들과 빈곤한 자들을 통치해야만 한다면, 또한 이들이 권력을 소유한 자들에게 복종해야 하고 무지한 자들을 이해해야 한다면 추가로 하나의 자격이 더 필요하게 된다. 이 자격은 여러 통치자격을 소지하고 있는 자들에게나 통치자격을 소지하지 않은 자들 모두에게 부여될 수 있는 공동의 것이다. 마지막으로 남은 이 자격은 무자격의 자격으로서, 통치할 자격도 통치받을 자격도 없는 자들에게 부여되는 자격이다. 이것이 바로 민주주의가 의미하는 가장 우선적인 것이다."[261] 민주주의는 자격 없는 자들의 자격을 설득해야 하는 난해한 작업이다.

"자격 그 자체가 없는 자격"[262] 은 이렇게 설명된다. "만일 연장자들에 의한 통치가 원로정치의 한계를 뛰어넘으려면, 만일 부유한 자들의 권력이 금권정치 이상이

261] 같은 책, 106쪽
262] 같은 책, 107쪽

되려면, 그리고 무지한 자들이 지식인들의 명령에 복종해야 한다는 사실을 거부하려면 통치권력은 새롭게 추가된 자격, 즉 통치자의 자질도 피통치자의 자질도 가지지 않은 자들의 권력에 기초해야만 한다. 바로 이 권력이 진정한 의미에서의 정치권력이라고 할 수 있다. 그리고 이 정치권력은 결국 통치받을 - 당연한 - 이유가 없는 사람들에 대한, 통치권을 행사할 - 당연한 - 이유를 갖지 않은 자들의 권력을 의미하게 된다. 이것이 바로 플라톤이 우연성(추첨)에 기초하는 통치와 만나게 되는 역설이다."[263] 자격 없는 자들의 통치를 필연성에 기반한 이성의 정치로 포장하는 일이 민주주의다. 이것은 처음부터 난해하다.

민주주의는 신의 지배도 아니고 출신성분이나 우월성 또는 지식 등에게 자격을 부여한 통치가 아니다. 민주주의는 아무런 통치의 자격도 없는 자들이 오히려 통치의 자격 있는 자들을 통치할 자격이다. 그것이 바로 "자격 그 자체가 없는 자격"이다. 신의 질서와 지식의 논리는 우연을 거부하지만, 오히려 민주주의는 태어남의 우연을 통치의 자격으로 인정한다. 이것이야 말로 "우연

263] 같은 책, 107~108쪽

성이라는 '운명의 법칙'으로 간주되는 민주주의다."[264]
태어남의 우연적 사건으로 불안을 짊어진 인간에게 바로 그 태어남의 우연을 이유로 민주주의의 통치라는 "자격 없는 자격"을 선사하는 모순 어법이 민주주의다. 추첨의 우연성이 민주주의의 우연성에 대한 정확한 표현인 이유다.

민주주의는 하나의 문제적 상황이다. "우연"에 기반한 자격 없는 자들의 통치. 우리가 우리를 통치한다는 순수한 민주주의의 신화와 믿음의 토대들. 이것이야말로 민주주의의 본질이며, 실패의 이유다. 민주주의는 통치의 현실에서 그 자체로 모순이다. 우연으로 우연을 통제하려는 말장난이다. 모든 통치는 "우연성"을 통제하고 조절하는 일이기 때문이다. 통계학Statistics의 어원은 국가State다. 국가가 하는 일은 일체의 것들을 수數로 고정하고 측정하고 동원하는 것이다. 인간을 숫자로 바꾸고 정상 범주를 확정한 후,[265] 통제의 대상으로 삼는 일이 통계의 시작이고 그것의 목표가 통치다. 그러므로 통치의 반대편에는 인간의 평등한 존엄이 있다. 존엄이란 대상이 될

264] 같은 책, 111쪽

265] "정상(normal)"은 본래 통계적 일정 범위를 가리키지만, "올바름(right)"을 의미하는 것으로 확장된다. "그렇게 하는 것은 정상이 아니다"라는 말의 의미에서 보듯이 말이다.

수 없음이다. 인간을 셈의 대상으로 삼는 일은 신이 엄하게 금지한 일이었다.[266] "우연"으로 시작된 자격 없는 자들의 존엄은, 민주주의의 호소문을 통해, "우연"을 거부하는 통치의 효율성으로 보호된다고 믿어진다. 자격 없는 자들의 통치는 처음부터 끝까지 모순이다.

　　모든 통치는 통치받는 자들의 효율적 관리를 첫 번째 목표로 둔다. 스스로 국가의 관리 대상이 되어 삶의 처음부터 마지막까지 국가의 장부 목록에 이름을 올리는 일이야 말로 문명인이 되었다는 표식이다. 현대의 인간은 스스로 숫자가 된다. 국민이란, 태어나는 순간부터 죽음에 이르는 순간까지, 국가가 관리하는 통계상의 정상범위 안에서, 다양한 숫자들로 표현되는 통계적 대상들이다. 수는 관리의 대상이다. 주인이 아니다. 출산 통계와 사망자 현황표 사이 어딘가에서 사칙연산의 대상으로 파악되는 숫자들이 "사실은 우리가 주인이다"라고 소리지른다. 민주주의는 궤변이다. 그런데, 누군가는 묻는다. 현대국가의 효율적 업무처리가 민주주의에 반한다고만 볼 수 있을까? 미안하지만, 그렇다. 민주주의를 민주주의 그 자체로 이해한다면 효율성은 민주주의의

266] 사무엘하 24장 1절 ~ 10절, 역대상 21장 1절 ~ 8절

반대말이다.

효율성은 현대의 교리다. 효율적 통치의 현장에서 국민들은 할 수 있는 일이 없다. 애초에 그들에게 주어진 자격은 사용될 일이 없다. 세상은 점점 복잡해지고 공적인 일을 둘러싼 갈등은 멈추지 않는다. 국가의 일은 모두와 관련되며, 그것은 전문가의 손길이 필요하다. 국가와 국가는 그들 간의 이해관계를 조정할 국제기구에게 권한을 부여한다. "관료나 법관 등 선출되지 않은 테크노크라트들이 국민의 대표인 선출직 정치인들을 압도하고, 국민의 뜻이 공공정책에 반영되는 민주주의의 기능을 훼손하고 있다. 가령 유럽연합의 집행위원회는 유럽연합 회원국 국민들이 뽑지도 승인하지도 않은 사람들로 구성되지만, 회원국 국민들의 삶을 좌지우지할 수 있는 권한을 갖고 있다."[267] 전문 관료와 직업 법관, 국제기구 등은 가장 주요한 민주주의의 업무 대상을 다루지만 민주주의와 관련 없다.

현대적 의미의 민주주의는 관객들과 연기자들 사이의 시각적 이미지로 전락했다. 그 마저도 현실의 디지

267] 아스차 뭉크, 함규진 옮김, "위험한 민주주의 : 새로운 위기, 무엇이 민주주의를 파괴하는가", 와이즈베리, 2018~2018년, 353쪽

털 시스템을 고려해 본다면 고상한 인문주의적 해석이다.[268] "자료를 수집하는 시스템은 단지 기계적으로 작동한다. 기계는 인간이 세상을 바라보는 방법을 거부한다. 그것들은 단순히 정보를 빨아들일 뿐이다. 기계들은 인간을 개인으로 받아들이지 않는다. 우리는 단지 스크린 앞에서 전시되는 개체들일 뿐이다. 사람들은 사람을 사람으로서 마주하지만, 기계들은 사람을 바라보지 않는다. 다만 업무를 효율적으로 진행할 뿐이다. 이제 민주주의에 대한 위협은 여론 조작이 아니라, 기계들의 차가운 업무처리 기술이다."[269] 통치 업무를 진행하는 자들에게는 차가운 중립성이 요청되고, 현대의 디지털 시스템은 효율성을 위해 달려간다.

한나 아렌트는 세계대전 후 전범 재판의 현장에서 아돌프 아이히만을 관찰하며 "악의 평범성the banality of evil"을 이야기했다. 그녀가 보기에 아이히만은 악마가 아니었다. 다만 그는 비판적 사유를 거부했다the total absence of critical thinking. 그러나 바로 그 "사유의 거부"야 말로 효율적 업무처리의 조건이다. "아렌트는 20세기 민주주의를

268] David Runciman, "How Democracy Ends", Profilebooks, 2019년, 158쪽
269] 같은 책, 158쪽

구성하고 있는 생각 없음을 지적했다. 현대 민주주의는 기계적인 효율성으로 움직이는 대규모 행정조직을 필요로 하고, 그것들은 자신들만의 규칙으로 작동한다. 그 안에서는 인간적 가치가 아닌 기술적 효율성이 더 중요하다. 고대의민주주의는 달랐다. 그곳에는 살아 있는 인간이 있었다. 현대 민주주의의 가장 큰 위협은 민주주의가 인간의 의미에 대한 논의를 거부하고, 가상의 인간을 전제한다는 점이다."[270] 사유하는 인간은 중립적 효율성의 반대말이다.

정치란 "필요한 것과 가능한 것 사이에 일어나는 지속적인 협상과정"[271] 이다. 소각장은 필요한 것이다. 그것이 적절한 곳에 설치될 가능성은 열려 있다. 소각장 설치장소는 설치의 필요성과 그에 걸맞는 다양한 가능성 사이에서 협상을 통해 결정된다. 그렇게 정치가 시작된다. 그런데, 정말 그러한가? 협상은 말로 하는 것이다. 토론이 다가갈 수 없는 영역에서 협상은 없다. 토론은 유사한 정도의 지식과 정보를 공유한 자들 간에 하는 일이다. 어른은 아이와 토론하지 않는다. 애초에 소각장이

270] 같은 책, 86~87쪽

271] 마이클 샌델, 이경식 옮김, "당신이 모르는 민주주의", 와이즈베리, 1996~2023년, 387쪽

필요한 것인지, 얼마나 긴급한 것인지, 소각장은 미래에 어떤 위험을 만들 수 있을지, 어느 정도의 규모와 설비가 필요한 것인지 등등 모든 결정의 대상들은 무지한 자들이 평등하게 논의할 만한 대상인가? 아니면 전문가들의 문제풀이 과정인가? 소각장 설치의 어디에서 정치가 활동하는가?

민주주의의 배경에는 한가한 오후의 광장과 다같이 모여 저녁 식사 장소를 정하는 나른함이 어울린다. 화재경보가 울리는 재난의 현장에서 쉴 새 없이 부상자들을 옮기며 민주적 결정을 입에 올리는 이는 없다. 위기 대응에 대한 적절한 지식과 경험이 있는 자가 지시하고 나머지는 말 없이 그 명령에 따른다. 생존과 관련된 문제 앞에서 민주주의는 눈치 없는 잡담이다. 현대는 언제나 전멸의 위협 상태다. 기후 위기, 감염병 위기 등등 각종 위기 앞에서, 민주주의의 한가함은 분노를 일으킨다. 소각장에서 쏟아져 나올 것이라는 이름 모를 화학물질이 마을 주민 전체의 관심사일 때, 민주주의는 어디에 소각장을 설치하는가? 주민들은 공청회나, 대표들의 대표성이나, 다수결의 정당성에 관심 없다. 실제로는 전문가가 마지막 결론으로 적어놓은 한 문장이 모든 것을 결정할 뿐이다.

민주주의가 자유의 일방통행로를 달리고, 자유가 시장을 주어로 섬길 때, 돈은 모든 가치의 가치이며, 시장은 모든 의미의 의미가 된다. 화폐 추구의 단일화된 가치와 의미의 광장에서 민주주의는 공공선의 혼란을 거부한 채, 이익 추구의 욕망이 경제적 삶의 유일한 조건임을 지지한다. "경제적 삶의 기본적 조건이 자연의 불변적 사실이라면 인간 사회의 자치 범위는 근본적으로 제약을 받을 수밖에 없다. 그러면 정치의 기능은 필요성에 굴복하는 일에 지나지 않게 돼 결국 정치라는 영역은 축소된다. … 만약 정치가 경제적 삶의 고정된 명령에 적응하는 것이 기본이고 실제로도 그렇다면 정치는 민주적 시민보다 금융공학 전문가나 기술 관료에게 맡기는 편이 더 낫다고 할 수밖에 없다."[272] 결정은 과학자들의 입과 화폐의 색깔이 할 일이다. 공적 선택이란 결정된 무언가를 받아 적는 일이다.

또 다른 문제는 과학의 건전성 훼손이다. "상식과 달리, 과학적 문제와 관련된 논쟁은 과학 대 비과학, 옳은 과학 대 틀린 과학, 합리성 대 비합리성의 대결이 아니다.

272] 같은 책, 386쪽

대개 과학 논쟁은 과학 전문가 대 과학 전문가의 대결이자, 과학적 증거에 대한 서로 다른 해석과 가정의 충돌이다. 과학은 온전히 합의된 지식만으로 이뤄져 있어 특정 논쟁에 해답을 주는 대상이 아니라 항상 논쟁 중이고 충돌 중인 것으로, 기실 과학의 건전성은 이 끊임없는 논쟁에 기초한다."[273] 후쿠시마에서 방류된다는 오염수는 얼마나 안전한가? 코로나 팬데믹을 대응하는 과정에서 마스크는 얼마나 필수적인가? 자격 없는 자에게는 토론의 자격이 없다. 어느 전문가와 다른 전문가가 논쟁을 벌일 뿐이다. 건전한 과학은 논쟁을 허락하지만 지식의 효율적 통치를 기다리는 민주주의는 정답을 기다릴 뿐이다. 민주주의는 연예인처럼 말하는 전문가의 입에 설득당하거나, 우리 편에게 유리한 발언을 하는 전문가에게 사무실을 마련해 주고는 정치를 마무리한다.

정치적 인간은 이제 정치를 하지 않는다. 모든 필요성과 가능성은 전문가들의 노트북에 저장되어 있다. 정치의 결론은 유능한 전문가를 초청하는 것으로 마무리된다. 어떤 경제정책이 타당한지에 대해 자격 있는 자들이 근거를 제시하고 실행한다. 자격 없는 자들은 무

273] 홍성욱 등, "21세기 교양 과학기술과 사회", 나무나무, 2016년, 358쪽

슨 말인지도 정확히 알아 듣지 못하면서 자신들이 다스리고 있다고 믿는다. 그 과정에서 과학은 진리와 혼동되고, 지식은 자격이 된다. 집단적 정당함과 지적 올바름은 구별되지 않는다. 지식은 종교가 되고, 그렇게 다시, 신의 지배가 시작된다. 신들의 통치를 거부했던 민주주의는 과학적 진리를 숭배하는 것으로 마무리된다. 민주주의의 이러한 축소 과정과 전문가 통치로의 수렴이라는 상황은 향후 인공지능 기술과 접속할 것이다. 효율적 통치, 과학적 의사결정을 민주주의의 완성으로 오인하는 원인이 될 것이다.

어디선가 반론이 들리는 듯하다. "그럼에도 불구하고 최종결정권은 국민에게 있지 않은가?" 올바른 지적이다. 국민투표를 보라. 자격 없는 자들의 평등한 한 표들이 모여 국가 공동체의 가장 중요한 문제를 직접 결정한다. 그 결정은 최종적이므로 누구도 그것을 거부할 수 없다. 영국은 국민투표를 통해 유럽연합을 탈퇴했다. "브렉시트 : 치열한 전쟁"[274]에서 탈퇴파의 전략가 도미닉 커밍스는 이렇게 말한다. "이 국민투표는 정말 멍청

274] 2019년 영국 지상파 채널에서 방영된 베네딕트 컴버배치 주연의 드라마. 드라마는 실화를 기반으로 제작되어, 2016년 영국의 유럽연합 탈퇴를 지지하는 탈퇴파의 선거전략가 도미닉 커밍스를 중심으로 당시 상황을 자세하게 묘사하고 있다.

한 아이디어입니다." "국민 투표란 건 뭔가를 결정할 때 글자 그대로 최악의 방법입니다. 분열을 조장하고 복합적인 선택을 양자택일로 단순화하죠. 빨강 아니면 파랑, 흑 아니면 백, 더 다층적이고 정교한 방법들이 얼마든지 있는 걸 알면서도…" 빨강과 파랑, 흑과 백의 선택지를 만들고 각각의 근거들을 조합해낸 건 전문가들의 일이다. 전문가들은 선택지를 만들고, 삶은 객관식이 아니지만, 자격 없는 자들은 무엇이 어떻게 진행되는지 정확히 알지 못한 채, 둘 중 하나로 몰려든다. 어떤 경로에 따라 평등하게 분열될 뿐이다.

현대는 인간과 자연을 몰아세우고 닦달한다. 일체는 생산성과 효율성으로 측정된다. 최선을 다한 자들만이 간신히 생존을 허락 받는다. 통치의 자격 있는 자들과 자격 없는 자들은 모두 손익분기점의 지평을 향해 전력을 다해 시스템의 통치를 허락한다. 그들에게 정치란 어떤 낭만적 허영심이다. 적절한 외부의 시스템이 수학적 합리성으로 자원을 배분하면 될 일이다. 애초에 신 없는 통치는 불안한 일이었다. 과학 지식은 화내지 않는 신이다. 많은 이들에게 과학은 진리다. 진리의 통치는 자연스럽다. 진리의 언어를 사용하는 정치를 전체주의라고 부른다.

정당한 전체주의

고대인에게 위험Danger이란 피해야 할 무엇이었다. 화산은 폭발하고, 바다는 밀려온다. 그것은 위험이므로 대책이 없다. 근대인에게 위험Risk이란 관리Management의 대상이었다. 그들에게 위험은 기회의 다른 이름이다. 그것은 부를 얻기 위해 당연히 감수해야 할 일이다. 파도를 이겨낸 모험가는 식민지 광산의 주인이 되고, 투자자는 위험을 기다린다. 위험은 영웅의 출생지이며 부와 명예의 가능성이다. 위험은 우연하게 찾아온다. 우연을 맞이하는 방법은 시대와 사상을 가른다. 이제 위험은 무엇인가? 외부에서 가끔씩 침투해 들어오는 우연은 우리를 무엇으로 만드는가? 우연과 위험의 정치학이다. 기후 위기, 또는 기후 위기라는 개념은 정당한 전체주의의 배경 중 하나다. 현대의 정치는 지식의 전체주의를 정당하게 호출한다.

　인간의 역사를 거칠게 표현한다면 자연에 대한 투쟁의 역사라고도 말할 수 있을 것이다. 예고 없이 분노하는 화산과 몰려오는 홍수 앞에서 인간은 좌절하기도 하고 극복하기도 하며 삶을 꾸려 왔다. 이러한 역사는 이제 마무리 되어가는 듯하다. 어쩌면 인간은 이제 모든 것을 포기하고 스스로 자연이 되기로 결심한 듯 보인다. 인간은 자연으로부터 해방되려는 노력을 통해 스스로 자연이 되어버렸다. 이러한 모순적 상황을 인류세(人類世, Anthropocene)[275]라고 부른다. 노벨상을 수상한 대기화학자 파울 크뤼첸과 생물학자 유진 슈퇴르머가 2000년에 제안한 신조어 "인류세"는 지구의 새로운 지질학적 시대를 의미한다. 인류세는 "인간이 지질학적 힘이 된 시대"다. 이제 인간은 지구에게 있어 화산이나 홍수와 같은 존재가 되었다.

유엔 기후변화에 관한 정부간 협의체(IPCC)는 2023년 3월 20일 제6차 평가보고서 종합보고서(6차 보고서)를 발표했다. 195개 회원국을 둔 IPCC는 1988년 설립 후 기후변화 현황과 영향을 과학으로 규명하고 대응책을 제안하는 역할을 해왔다. 이번 보고서의 주요 키워드는 '단기 대응'이다. 과학자들이 거의 모든 시나리오를 검토했지만, 2040년 이전에 산업화(1850~1900년) 이전 대비 지구 평균

275] 현재 인간이 살아가고 있는 지질학적 시대는 홀로세(Holocene)다. 약 1만 2천년 전 마지막 빙하기 이후의 간빙기다. 간빙기의 기후 속에서 인간은 문명을 키워올 수 있었다. 이와 같이 지질학적 시대는 "~세", "~기", "~대" 등으로 구분된다. 기본적으로 지질학적 행위자는 화산, 지진, 홍수 등과 같은 자연의 활동이다. 인류세를 주장하는 학자들은 이제 문명이 남긴 흔적들로 인해 홀로세에서 인류세로 지질학적 시대가 변화되었다고 주장한다.

온도가 1.5도 상승할 것으로 예측됐다. 2030년 초반 또는 2030년 이전에 1.5도 상승에 도달할 확률도 50%에 달한다. 전 지구 평균 표면 온도의 상승폭 1.5도 제한은 기후 위기로 인한 파국을 막기 위해 2015년 파리 기후변화협약 당사국총회에서 전 세계가 합의한 목표다.[276]

1.5도를 사수하려는 이유는 인류가 지구온난화로 인한 피해와 손실을 그나마 감당할 수 있는 마지노선으로 여겨지기 때문이다. 현재 수준의 온실가스 저감 정책이 이어질 경우를 가정한 시나리오에 따르면 1980년생이 70세가 됐을 때 지구는 2도 상승의 재난 상황에 처한다. 2020년생은 인생 대부분을 2도~2.5도 상승한 지구 환경에서 보내게 된다. IPCC는 보고서에서 선진국과 개발도상국, 저개발국의 온실가스 배출 책임이 다르다는 것도 분명히 했다. 1인당 온실가스 배출량이 가장 높은 상위 10% 가구는 34~45%의 소비 기반 온실가스를 배출했지만 하위 50%는 13~15%의 소비 기반 온실가스를 배출했다는 것이다.[277]

276] 2023. 3. 20. 연합뉴스 "탄소감축 목표 높이지 않으면 2100년 지구온도 2.8도 상승", 2023. 3. 20. 중앙일보 "1.5도 못막는다' … 모든 시나리오 돌린 전문가들 무서운 결론", 2023. 3. 20. 경향신문 "기후변화 재앙 더 가까워졌다 … 현 온실가스 감축 계획으로는 못 막아"

277] 2023. 3. 20. 중앙일보 "1.5도 못막는다' … 모든 시나리오 돌린 전문가들 무서운 결론",

안토니우 구테흐스 유엔 사무총장은 "이 보고서는 모든 국가, 모든 부문, 모든 기간에 기후 (대응) 노력을 대대적으로 빠르게 시행하라는 명확한 요청"이라고 말했다.[278] 전문가들의 암울한 진단과 신속한 대응 요청을 읽을 때, 어떤 질문이 떠오르지 않는가? 지구의 온도를 높인 것은 누구인가? 지금의 선진국들은 지난 시절 화석연료를 맹렬히 사용하여 국가의 힘을 키웠고, 그 힘으로 치열한 식민지 확보 쟁탈전을 벌였다. 지난 시절 그들의 식민지였던 국가들은 이제 화석연료의 게걸스런 소비자가 되어 경제성장을 향해 달려간다. 경제 성장을 이룬 국가들과 성장을 향해 나아가는 국가들 모두 자신들의 민주주의 안에서 정당성을 확인하고 있는 각각의 민주주의다.

"선진국과 개발도상국, 저개발국의 온실가스 배출 책임이 다르다"는 사실 확인과 "모든 국가, 모든 부문, 모든 기간에 기후 (대응) 노력을 대대적으로 빠르게 시행하라"는 명령문을 읽을 때 이들 각각의 민주주의는 어떤 표정을 지어야 하는가? 책임은 다르지만 대응은 함께

2023. 3. 20. 경향신문 "암울한 전망만 가득한 기후 보고서 … '탄소 허리띠' 졸라매야 희망 있어"

278] 2023. 3. 21. 한겨레신문 "'탈탄소 사회'로 신속전환 촉구 … '10년 선택이 수천년 영향"

해야한다는 우화같은 이야기. "인생 대부분을 2도~2.5도 상승한 지구 환경"에서 보내게 될 젊은이의 투표권은 이 우화를 읽으며 어떤 표정을 짓게 될 것인가? 인류세의 인류는 어쩌면 "모든 것을 바꾸지 않고는 무언가를 바꿀 수 없다"는 격언을 받아들여야 할 것이다. 끝없는 토론과 평등한 참여로 우리 마을에 소각장을 설치하기로 결정했을 때, 옆 마을의 주민들은 우리의 민주주의를 증오할 수도 있다.

인류세의 인간은 자연과 구분되지 않는다. 그리고, 인류세의 인간들은 생존과 파멸에 있어 하나의 지구 위에서 공동운명체다. 그러나, 민주주의는 각각의 국가공동체 안에서만 개별적으로 살아간다. 그들은 민주주의 안에서 자신들만의 국가 정체성을 유지하며, 자신들만의 대표를 선정하고, 국경선 안에서의 자유와 평등을 숭배한다. 위기대응을 위한 협상 테이블에 앉을 자는 각국의 선거권자들이 결정한다. 환경이 생존의 조건이라면, 나의 생존을 얼굴 모르는 외국의 선거권자들이 결정하도록 허락하는 일이 민주주의다. 트럼프는 2017년 6월 미국의 파리기후협약 탈퇴를 선언했다. 다른 나라의 대표들이 모여 지구의 미래를 파멸로 이끌 결정을 한다면,

우리가 할 수 있는 일은 없다.

누군가는 현재의 기후 위기 극복을 위해서 공동체 구성원 전체의 이의 없는 단합과 하나의 목적을 향해 달려가는 일사불란一絲不亂함을 요청할 것이다. 이 경우 필요한 것은 전체주의다. 그 반대편에는 민주주의가 있다. 민주주의는 기후 위기 자체를 의심하는 자와 환경 보다 경제발전이 더 중요하다고 외치는 주장에게도 자유로운 발언권과 평등한 선거권을 보장한다. 인류세 시대의 근본적 산업구조 변화를 주장하는 목소리는 부의 분배와 위험의 분산, 규제 강화와 탈규제 사이의 조화, 글로벌화의 환경 적대성과 필요성 사이의 대립 등 이해관계자들의 무한 증식하는 말의 잔치에 묻혀버린다. 경제 현실에 대한 분노로 가득한 선거권자들은 지구와 미래와 인류에 대한 고상한 형이상학을 증오한다. 현실의 정치인들은 미래의 지구가 아닌 눈 앞의 투표함을 바라본다. 위기가 현실화할 때 민주주의는 가장 커다란 위험이다.

위기는 정치에게 어떠한 자원이 되는가? "우리가 신기후체제New Climatic Regime에 들어섰다는 생각 없이는 불평등의 폭증, 탈규제가 영향을 미치는 범위, 글로벌화에 대한 비판을 이해할 수 없고, 가장 중요하게는 국민국가nation state의 보호로 귀환하려는 광적인 갈망 — '포퓰리즘의 발흥'으로 잘못 알려진 갈망 — 을 파악할 수 없다."[279] 많은 경우 하나의 모순은 그 다음 모순의 이유가 된다. 인류세의 민주주의는 어느 날 갑자기 민주주의의 모순을 환하게 드러내는 방식으로 민주주의를 파괴할 수 있다. 기후 위기가 인류에 대한 현실적 공격을 시작할 때 생존 이외의 다른 명분은 쓸모 없다. 민주주의는 아무런 준비 없이 기후 위기의 위험사회를 맞이했다. 어떤 이들은 민주주의를 현재의 표를 얻기 위해 모두를 종말의 길로 인도하는 최악의 정치 형태로 바라볼 것이다.

동물과 사람간의 전파 가능한 질병은 인간이 들어서지 말았어야 할 자연의 영역에 문명의 굴착기를 쉬지 않고 들이밀었을 때, 이미 예상되었다. 조류독감, 메르스, 코로나와 같은 인수공통감염병은 계속 찾아올 것이다. 각자의 민주주의는 다른 나라의 민주주의를 비난하고, 외국인을 혐오하는 방식으로 국민국가의 보건을 지키려 한다. 더 중요한 것은 따로 있다. 감염병의 창궐이 민주주의 자체의 모순을 현실에서 드러내는 기회가 된다는

279] 브뤼노 라투르, 박범순 옮김. "지구와 충돌하지 않고 착륙하는 방법", 이음, 2017~2021년, 18쪽

점이다. 대통령 옆에 서 있는 감염병 관리 책임자의 대책은 무지한 자들의 평등한 토론을 비난한다. 인류는 감염병의 유행을 경험했고, 인류는 이제, 인류세의 민주주의에 대한 예측이 가능하다. 인류세와 인수공통감염병의 시대, 민주주의는 철 지난 유행가다. 국민은 자신의 운명을 결정할 수 없다. 그들은 과학 전문가와 통치자의 결정에 따라야 하는 대상들이다.

마을에 설치될 소각장의 필요성과 위험성 그리고 위험을 조절하기 위한 모든 대책 등은 전문지식의 영역이다. 위험은 "기술적 또는 다른 과정들로 말미암아 물리적 피해가 일어날 가능성으로 정의된다. 이로부터 기술 전문가들은 안건의 내용을 정의하는 근본적 지위를 부여 받고 위험에 관한 담론들에 대해 경계 설정적 전제를 선험적으로 부과한다."[280] 문명이 만들어낸 위험은 경험이 아닌 예측의 범주에서 발견된다. 전문가들은 보이지 않는 미래의 위험을 설정하고 개념화하고 수치화 한다. 그들이 불러주는 수치는 이해하기 어려운 추상의 영역이지만, 그들이 설파하는 전멸의 위험은 구체적이다. 위

280] 울리히 벡, 홍성태 옮김, "위험사회 – 새로운 근대(성)를 향하여", 새물결, 1986~1997년, 22쪽

험 앞에서 사회적 사유는 상실된다.[281] 사유 없는 곳에서 민주주의는 작동하지 않는다.

위험은 민주주의의 주인인 개인들의 얼굴을 지워버린다. 어느 날 우연히 자연의 보복이 시작되면, "모든 사람이 원인이자 결과이며, 따라서 원인이 아니다. … 우리는 무엇인가 할 수 있으며 그에 대해 개인적 책임을 지는 일 없이 그것을 계속하고 있다. 마치 우리는 개인적으로 존재하지 않는 동시에 행위하고 있는 듯한 모습이다. 물리적으로 행위 하지만 도덕적이나 정치적으로는 행위 하지 않는다. 일반화된 타자, 즉 체계는 개별 자아의 내부에서 그것을 통해 행위한다. 즉 이것이 문명의 노예적 도덕성이며, 그 안에서 사람들은 자연적 숙명에 따르는 듯이, 체계의 '만유인력'에 복종하는 듯이 개인적으로 그리고 사회적으로 행위한다."[282] 개인은 위험을 개인적으로 창출 하지 않았고, 심지어 그 위험의 개념을 개인적으로 인식할 수도 없다. 위험은 보이지 않는 문명의 체계와 맞선다. 개인은 할 일이 없다.

"오늘날 문명이 낳은 위험들은 분명히 인지되지 않으

281] 같은 책, 62쪽
282] 같은 책, 72쪽

며 (식료품에 포함된 유독물질이나 핵 위협과 같이) 물리-화학 공식의 영역에 자리 잡고 있다."[283] 모두 병들었는데 아무도 아프지 않았다는 어느 시인의 비유가 적절할 지도 모른다. 무엇이 병인지 정의하고, 아파해야 한다고 설득하는 자들은 무지를 나누어 가진 평등한 유권자들이 아니다. 따라서 "위태로운가의 여부, 그리고 그 정도와 징후는 근본적으로 외적 지식에 의존한다."[284] 위험의 공포가 현실에서 위력을 행사하기 시작하면, 과학지식은 무오류성이라는 진리의 왕좌를 차지한다. 그리고 바로 다음 단계가 시작된다. 개인들은 무엇이 어떻게 돌아가고 있는지 알 수 없다. 자신의 인지적 주권의 본질적 부분을 잃어버린다. 그렇게 완전한 지식관료제가 개막된다.[285]

문명이 체계적으로 쌓아 올린 인류 멸종의 위험을 인식하기 시작할 때, 민주주의는 존재하지만 존재할 수 없다. 기후 위기와 감염병 위험은 이미 일상적 위험이 되었다. "위험이 정상상태가 되는 곳에서 그것은 영구적인 제도적 형식을 취한다. … 위험사회에서는 긴급사태

283] 같은 책, 55쪽

284] 같은 책, 104쪽

285] 같은 책, 105쪽

가 정상사태가 될 우려가 있다."[286] 위험의 일상화는 "과학적 및 관료적 권위주의의 장관"[287]을 만나게 된다. "민주주의에 대해 완전히 새로운 유형의 도전이 제기된다. 그것은 … 위해방지의 정당한 전체주의를 향하는 경향을 품고 있다. '문명의 부수효과'의 정치적 '부수효과'는 지속되어 온 민주주의적 정치체계를 위협한다."[288] 다른 대안은 없을까? 순수한 민주주의의 열정으로 위험과 싸워낼 방법은 없는가?

마을에 설치될 소각장에서는 화학물질이 배출된다고 한다. 주민들은 그 위험에 대하여 들어서 알 뿐이다. 보이지 않는 위험을 보이는 수치로 설명해 내는 과학 전문가들은 결정권자가 아니다. 민주주의에서 주민들은 알 수 없는 이야기들을 듣고, 알 수 없는 것을 결정해야 하는 무지의 책임자들이다. 전문가들의 어법은 언제나 동일하다. 그들은 항상 "~~한 조건하에서는", "~~조치가 적정하게 실행된다면"과 같은 수사를 반복한다. 결국 모호한 조건에 대한 막연한 조치는 민주주의를 통해 구체화 된다. 그렇다면 마지막 버튼을 언제 누를지 또는

286] 같은 책, 141쪽

287] 같은 책, 142쪽

288] 같은 책, 143쪽

어느 숫자를 시작과 끝으로 설정해 놓을 지는 민주주의
몫이다. 그렇게 누군가는 위험사회에서도 민주주의는
작동한다고 주장한다. 다만 주장은 현실에서 검증되어
야만 한다. 인류는 코로나 팬데믹을 통과하며 위험사회
속 민주주의의 생존 가능성을 검증해 보았다.

인류는 코로나 팬데믹을 통해 위험이 사회를 지배할
때 민주주의가 어떻게 패배하는지 확인했다. 공포가 현
실로 드러날 때, 모든 생각은 멈추고 생존을 향한 본능
은 한순간에 세상을 정복한다. "기후 위기와 코로나 팬
데믹은 대책이 세워지는 양상도 비슷할 것이다. … 강압
적 방식을 비웃던 유럽 각국들도 막상 자신의 나라에 감
염이 만연해지자 중국 같은 조치를 취했다. 그리고 국민
들도 어쩔 수 없는 조치라고 받아들였다. … 이런 사실들
이 시사하는 점이 있다. 위기가 심각해질수록 국가의 강
한 개입과 규제를 전문가들이 요청하며, 사람들 역시 자
유의 제약을 받아들인다는 것이다."[289] 막연한 조건 속
에 구체적 결정을 채워 넣은 것은 평등한 자들의 자유로
운 토론이 아니었다. 무엇에 대한 옳고 그름을 따지자는

289] 사이토 고헤이, 김영현 옮김, "지속 불가능 자본주의 : 기후 위기 시대의 자본론", 다다서재,
2020~2021년, 278~279쪽

것이 아니다. 다만 얼굴이 마스크로 가려지고, 동선이 파악되고, 선택이 계획될 때, 민주주의는 무엇이었는지 묻는 것이다. 민주주의의 위기가 아니라, 민주주의의 무용함이다.

코로나 팬데믹의 현장에서 모두는 모두의 토론과 추론이 아니라 어떠한 전문가의 경력과 직위를 신뢰했을 뿐이다. 대의제의 대표자들과 주권자인 국민들은 명령의 실행자로서 지시를 기다릴 뿐이다. 전문가의 분석과 관료들의 대책은 민주주의의 원칙이 아니라 공포에 질린 생존본능에 의해 정당성을 획득한다. 당연하게도, 민주주의는 본능을 이겨내는 공공선에 대한 믿음이다. 그러나, 위험이 활동을 시작하면, 본능은 모든 믿음을 이겨낸다. 불행하게도, 민주주의의 매뉴얼에는 위험사회가 없다. 위험사회에서는 긴급 사태가 정상 사태이며, 예외적 상황이 일반적 상황이다. 누군가는 묻는다. "생존 외에 다른 인류의 가치가 존재하지 않는 사회란 어떤 것일까?"[290] 생존 외에 다른 가치가 소멸될 때, 민주주의는 생존할 수 없다. 애초에 민주주의는, 그리스에서는

290] 조르조 아감벤, 박문정 옮김, "얼굴 없는 인간 : 팬데믹에 대한 인문적 사유", 효형출판, 2021년, 47쪽

노예들의 것이 아니었고, 근대에서는 부르주아지들의 노래였다. 당장의 생존을 고민하는 이들과 위험 속에서 생존만을 찾아가는 이들에게 민주주의는 헛된 낭만이었으며, 떠도는 소문일 것이다.

현실에서 통치의 주체는 국민이 아니다. 그것은 "과학기술적 타당성"이다. 자격 없는 자들의 평등한 입이 아니라 전문가들의 보고서가 통치한다. 통치는 확실히 필요한 것이며 통치는 점점 더 가능해진다. 정치는 없다. 통치는 확대된다. 필요성과 가능성은 하나가 된다. 민주주의는 외부에서 주어지는 신의 진리를 거부하고 우리가 우리 스스로를 다스리겠다며 역사의 궤도를 앞으로 밀고 나아왔다. 그러나 신을 밀어내고 진리가 된 과학은 위험사회를 맞이한 위험한 민주주의를 멈춰 세운다. 역사의 궤도는 "평등"보다 "안전"이 중요한 위험사회로 인류의 방향을 정했다. 코로나 팬데믹을 지나는 동안, 평등하게 무지한 입들은 말을 멈추었다. 그들은 어떤 전문가들과 다른 전문가들의 논쟁을 지켜보며, 좀 더 화려한 수사에 열광하는 자들이다. 위험이 민주주의에게 하는 일은 이상적 참여와 현실적 복종을 혼동케 하는 것이다.

누구에게나 세계는 우연하게 시작되었고, 그 세계는 "위험"으로 정의된다. 근대적 사고에서 발을 멈춘 민주주의는 현대의 구조적 현상으로서의 "위험의 정치학" 앞에서 무력하다. 현대의 위험은 고대의 위험Danger이 아니며, 근대인의 위험Risk도 아니다. 인간은 이제 과거의 반복적 경험을 통해 위험을 인식하고 대비하는 것이 아니라, 지식이 알려주는 예측으로 미래의 위험을 인지하며 생존을 꾸려간다. "지식이 존재를 규정한다." 무지한 자들의 민주주의는 토론과 추론을 신뢰한다. 그것은 각자의 경험으로 토론을 시작하고, 미래를 추론한다. 그러나, 미래가 과거의 언어로는 예측 불가한 전멸의 공포일 때, 공포의 미래가 현재로 밀고 들어와 현재의 결정권자가 될 때, 어쩌면 민주주의는 "위험" 앞에서 가장 위험한 정치체제이며 동시에 "위험"에 대한 반격불능으로 가장 먼저 무너질 위험한 정치사상일 것이다.

현대는 평등한 종말의 공포를 문법으로 삼는 예측불가의 시스템이다. 위험은 핵 유출이거나 기후 위기이거나 팬데믹으로 나뉘어 불리지만, 그것의 본질은 동일하다. 전문가들은 위험의 존재를 발견하고, 위험의 개념을 설정한다. 모두는 알 수 없는 위험으로 두려워하며, 모두가 원인자이며 모두가 피해자인, 원인과 결과를 알 수 없는, 모호한 공포의 정치 속으로 빨려들어간다. 알 수 없는 미래에 발생할 알 수 없는 위험은, 현재 알고 있는 모든 것의 판단기준이다. 민주주의는 할 일이 없다. 효율성으로 통치되고 과학지식의 진리가 길을 알려준다. 이제 민주주의의 광장은 새로운 장소를 모색해야만 한다.

문화 전쟁

"국가는 자연의 산물이며, 인간은 본성적으로 국가공동체를 구성하는 동물(zoon politikon)임이 분명하다. 따라서 어떤 사고가 아니라 본성으로 인하여 국가가 없는 자는 인간 이하거나 인간 이상이다."[291] 누구나 들어봤을 만한 고전 속 문장이다. "국가공동체를 구성하는 동물"은 "폴리스를 형성하며 살아가기에 적합한 동물"[292]로도 번역되며, 여기에서 "인간은 정치적 동물" 또는 "인간은 사회적 동물"등의 명제가 비롯되었다. 정작 중요한 것은 그 다음이다. 인간은 왜 본성적으로 국가공동체를 구

291] 아리스토텔레스, 천병희 옮김, "정치학", 도서출판 숲, 2009년, 20쪽
292] 아리스토텔레스, 김재홍 옮김, "정치학", 도서출판 길, 2017년, 33쪽

성하는 정치적 동물인가? 다른 동물들도 집단을 이루며 생존의 조건을 만들어 간다. 다른 동물과 다르게 인간은 정치적이다. 아리스토텔레스는 바로 이어지는 문장에서 그 이유를 설명한다.

"인간이 벌이나 그 밖의 군서 동물보다 더 국가 공동체를 추구하는 동물임이 분명해졌다. 자연은 어떤 목적 없이는 아무것도 만들지 않는다는 것이 우리의 주장이다. 그런데 인간은 언어(logos) 능력을 가진 유일한 동물이다. 단순한 목소리는 다른 동물들도 갖고 있으며 고통과 쾌감을 표현하는 데 쓰인다. 다른 동물들도 본성상 고통과 쾌감을 감지하고 이런 감정을 서로에게 알릴 능력이 있기 때문이다. 그러나 언어는 무엇이 유익하고 무엇이 유해한지, 그리고 무엇이 옳고 무엇이 그른지 밝히는 데 쓰인다. 인간과 다른 동물의 차이점은 인간만이 선과 악, 옳고 그름 등등을 인식할 수 있다는 것이다. 그리고 이런 인식의 공유에서 가정과 국가가 생성되는 것이다."[293]

아리스토텔레스의 논리는 명쾌하다. 인간은 언어능력을 가진 유일한 동물이며, 언어를 통해서 선과 악이나

293] 아리스토텔레스, 천병희 옮김, "정치학", 도서출판 숲, 2009년, 21쪽

옳고 그름 등등에 대한 인식을 할 수 있고 공유할 수 있다. 바로 그러한 인식의 공유에서 국가가 형성된다. 명확한 명제에 대한 질문은 명확하게 만들어질 수 있다. 만약 언어를 통한 인식의 공유가 불가능하다면, 정치는 가능한가? 언어를 통한 인식의 공유가 없다면, 국가는 불가능한가? 오늘날에도 아리스토텔레스의 명제를 언급해야 하는 이유는 언어의 불가능성이 정치의 불가능으로 연결되는 상황을 주변에서 쉽게 확인할 수 있기 때문이다. 우리가 무엇인가를 인식하는 동안 우리는 무엇을 하는가? 전혀 다른 삶의 형식으로 세상을 바라보는 사람들 간에 언어의 사용은 인식의 공유인가?

"사람은 상습적인 성향주의자다."[294] 인간은 주변에서 일어나는 우연적 상황을 주관적으로 구성하고 이것을 언어라는 도구에 녹여내어 소통한다. 우연을 우연으로 놓아 둘 수는 없다. 필멸의 운명 속에서 불안을 껴안고 살아가는 인간은 수 없이 벌어지는 우연적 사건을 인과의 고리에 엮어 낸다. 원인과 결과로 해석할 수 있어야 살아갈 수 있다. "모든 일에는 이유가 있어야만 한

294] 리처드 니스벳·리 로스, 김호 옮김, "사람일까 상황일까", 도서출판 푸른숲, 2011~2019년, 217쪽

다." 이와 같은 해석의 과정 속에서 타인의 사건은 맥락을 벗어나고, 상황이 제거된 타인의 성향을 원인으로 돌린다. 예를 들어, 우리 아이가 오늘 지각한 이유는 어제 밤 늦게까지 공부를 열심히 했기 때문이다. 즉 맥락 속에서 지각이라는 사건이 해석된다. 옆집 아이가 지각한 이유는 무엇인가? 그 아이의 게으른 성향때문이다.

이와 같은 인과관계의 해석방법은 모든 인간에게 기본적이다. 이것을 FAE(Fundamental Attribution Error, 근본적 귀인 오류)라고 부른다. 우리 편에서 일어난 사건은 맥락에 따라 해석하지만, 우리 편이 아닌 곳에서 발생한 일은 행위자의 성향에 의한 것으로 해석한다. "만약 다른 사람이 놀라운 행동을 하면 그 사람이 단지 상황을 다르게 구성하고 있었다기보다 이를 극단적인 성격 특성 때문이라고 생각하거나 자신과 다른 사람 사이의 동기에 차이가 있다고 본다."[295] 또 하나는 정보의 출처 문제다. 이것은 '대상의 판단judgement of the object'이 아니라, '판단 대상the object of judgement' (자체를) 바꾼다.[296] 즉 사건은 그 사건에 대한 정보가 어디에서 시작되었는지에 따라 애초에 전혀

295] 같은 책, 174쪽

296] 같은 책, 180쪽

다른 대상이 된다. 나와 다른 곳에서 일어난 사건은 맥락이 제거되고, 그 행위자의 성향에서 동기를 찾는다. 그리고, 사건 자체, 즉 판단의 대상 자체가 변한다.

어쩌면 인식의 공유는 불가능하다. "사람들이 서로 다르게 지각하거나 행동할 때 그 차이를 만드는 것은 '대상의 판단'이 아니라 '판단 대상'을 구성하는 데 있다."[297] 애초에 판단의 대상이 달라진 상황에서는 언어를 통해 공유할 대상도 서로 다르다. 정치는 서로 다른 사건에 대한 이야기를 반복하는 상황이 된다. 오해를 일으키고, 오해를 강화하고, 대화불능을 확인할 뿐이다. "미식축구 팬들은 경기장에서 두 팀이 거칠게 경쟁하는 똑같은 장면을 보았다. 객관적 자극은 변하지 않았지만 상대팀 팬들이 목격한 것을 평가해 보니 마치 서로 다른 두 경기를 '본' 것 같았다. … 쉽게 말해 각 팬들은 자기편은 '좋은 놈'이고 상대편은 '나쁜 놈'인 투쟁을 본 셈이다. 그리고 각 편은 자신들이 생각하는 '진리'가 동일한 경기를 본 어떤 객관적인 관중에게든 명백할 것이라고 생각했다."[298] 그들은 의도적으로 왜곡한 것이 아니다. 객

297] 같은 책, 202쪽
298] 같은 책, 181~182쪽

관적 진실이란 주관적으로 구성된 사실일 뿐이다.

이와 같은 오류는 정치의 영역에서 심각한 문제를 일으킨다. 아리스토텔레스가 말하는 언어를 통한 "인식의 공유"란 어쩌면 애초에 불가능한 것일지도 모른다. 한국 정치에서 가장 흔하게 쓰이는 냉소적 격언 "내로남불"은 정치인의 이기주의나 정치의 속물적 성향 때문이 아니라, 애초에 인식의 공유 불가능성 때문일지도 모른다. 왜냐하면 동일한 대상에 대한 판단의 차이는 최소한의 대화가능성으로 연결될 수 있지만, 행위의 원인을 성향에서 찾고, 사건 자체, 즉 판단의 대상 자체가 다르다면 그들의 대화는 오해의 증폭이며 싸움의 이유가 될 것이다. 그렇게 본다면, 정치인의 성추행 사건에 대하여 행위자가 우리 편인지 아닌지에 따라 사건 자체를, 즉 대상을, 전혀 다른 내용으로 구성하고, 그 행위의 동기를 처음부터 다르게 인식하는 괴이한 현상은 오히려 자연스럽다.

인식의 오류를 받아들인다면, 또 하나의 정치 현상에 대해서도 너그러워질지 모른다. 거짓 뉴스다. 내가 어느 쪽을 보고 앉아 있는지에 따라 세상은 다르게 흐른다. 따라서 애초에 그들의 진실은 나에겐 거짓일 수 있다. 사실과 판단을 엄격히 구분하는 것은 어렵다. 의자에 대한 개인적 경험은 의자를 바라볼 때마다 자동적으로 작동한다. 어느 쪽이 악마인지의 문제가 아니다. 중요한 것은 서로의 "생활 공간" 또는 "삶의 형태"가 다르다는 사실이다. "동일한 자극을 다른 사람이 혹은 같은 사람이 다른 맥락에서 다른 방식으로 해석할 수 있다는 통찰과 함께 사회과학자는 객관적 측정뿐 아니라 주관적 해석에도 주의를 기울여야 한다는 인식은 심리학의 대다수 분야에서 오랜 전통이다. 쿠르드 레빈은 개인의 '생활공간'은 반드시 (동시대의) 주관적 현실과 개인의 의미를 담아내는 방식으로 특징지어야 한다고 계속 강조했다."[299] 생활 공간 또는 삶의 형식은 무엇인가? 그것은 언어의 문제로 연결된다.

사자Lion가 말을 한다면 우리는 그 말을 이해할 수 없을 것이다.[300] 현대의 사상가들은 언어의 가능성이 아니라 언어의 불가능성에 더 주목한다. "언어를 통한 인식의 공유 가능성"을 신뢰하던 정치적 인간은 언어의 불가능성에게 논박 당한다. 사자가 완벽하게 우리말을 배운

299] 같은 책, 174~175쪽

300] 루트비히 비트겐슈타인, 이영철 옮김, "철학적 탐구", 책세상, 1953~2006년, 409쪽

경우에도 우리는 사자의 말을 이해할 수 없을 것이다. 사자의 "삶의 형태"를 알 수 없기 때문이다. "한 사람이 다른 사람에게 완전한 수수께끼일 수 있다. … 이 점을 우리들은 완전히 낯선 전통을 지니고 있는 외국에 갈 때 경험한다; 뿐만 아니라 우리들이 그 나라의 언어에 숙달한 경우에 조차도 경험한다. 우리들은 그 사람들을 이해하지 못한다."[301] 그렇게, "어떤 하나의 언어를 상상한다는 것은 어떤 하나의 삶의 형태를 상상하는 것이다."[302]

갑과 을은 민주주의의 필요성에 대하여 토론한다. 그들은 대화 내내 민주주의를 말한다. "그러나 문제는, 갑과 을이 매번 상호 동일한 것을 지칭한다는 것이 어떻게 가능하냐는 것이다. 양자가 지칭한 것이 동일한 것인지 어떻게 확인할 수 있는가? 갑은 을이 파악한 바를, 을은 갑이 지칭하고 있는 바를 확인할 길이 없다. 갑과 을 각각의 의미와의 관계는 각자의 사유 공간 속에서 이루어지며, 그 공간은 자신만이 접근할 수 있는 사적인 공간이기 때문이다. 객관적인 확인이 가능하려면 양자가 승

301] 같은 책, 408쪽

302] 같은 책, 34쪽 ("삶의 형태"는 독일어 "Lebensform"을 옮긴 말이다. "Leben"은 영어 "Life"를 뜻한다. 옮긴이는 "Lebensform"을 '삶의 내용'과 대조되는 '삶의 형식'이라기 보다는 일치된 반응과 어느 정도 규칙적인 행동들을 내용적으로 이미 포함하는 "삶의 방식", 관습화된 "삶의 패턴"을 가리킨다고 설명한다.)

인할 수 있는 제3자, 즉 타인의 마음을 들여다볼 수 있는 신묘神妙한 능력을 지닌 객관적인 관찰자가, 가령 신과 같은 인식자가 있어야 할 것인데, ⋯ 신적인 인식자는 양자로 하여금 동일한 의미체를 지시하게 하고, 나아가 양자에게 그 사실을 확인시켜 주어야, 비로소 갑과 을은 상호 대화에 성공할 수 있다."[303]

인간에게 있어 가장 신비한 일 중 하나는 끊임없는 오해의 반복을 이해라고 착각한다는 사실이다. 이 지점에서 필립 로스의 소설 "미국의 목가" 중 한 구절은 위로가 된다. "어쨌든 사람들을 올바르게 이해하는 것이 살아가는 일의 본질은 아니라는 사실에는 변함이 없다. 산다는 것은 사람들을 오해하는 것이고, 오해하고 오해하고 또 오해하다가, 신중하게 다시 생각해본 뒤에 또 오해하는 것이다. 그렇게 하면서 우리는 우리가 살아있다는 것을 안다. 우리가 틀렸다는 것을 알면서. 어쩌면 사람들에 관해서 맞느냐 틀리느냐 하는 것은 잊어버리고 그냥 흘러가는 대로 사는 것이 최선인지도 모른다." 맞다. 우리는 오해를 교정하고 무엇이 맞는지를 찾기 위해

303] 남경희, "비트겐슈타인과 현대 철학의 언어적 전회", 이화여자대학교출판문화원, 2005년, 137~138쪽

살아가는 것이 아니다. 삶은 언제나 진실에 앞선다. 진리에 대한 탐욕을 미궁 속에 던져 놓고, 틀렸다는 것을 인정하며 살아가면 될 일이다. 다만 민주주의는 그것을 기어코 거부한다.

　민주주의의 목록에는 무엇이 올라와야 하는가? 민주적 토론과 평등한 참여의 대상들이다. 민주주의는 모여서 이야기하고 선택할 수 있는 것들에 대하여 이야기하는 방법이다. 언어의 가능성에 대한 무모한 기대이며 막힘 없는 신뢰다. 민주주의는 민주주의가 말할 수 있는 것과 말할 수 없는 것을 명확히 정하는 일로부터 시작되어야 한다. 그것은 곧 민주주의의 언어가 담을 수 없는 사태의 존재를 인정해야 하는 일이다. 언어가 비집고 들어갈 수 없는 영역, 곧 언어를 통한 인식의 공유가 애초에 불가능한 삶의 뒷면을 인정해야만 한다. 그것만이 언어를 통한 인식의 공유를 생명선으로 하는 민주주의가 살아남을 전략이다. 그러나, 불행하게도, 현실 민주주의는 정반대의 길을 택했다. 물론 민주주의는 변명할 수 있을 것이다. 일체의 공적 영역에서, 관료들의 중립과 통치의 효율성과 과학지식의 명령이 지배하는 영역을 제하고 나면, 무엇이 남겠는가?

언어의 불가능은 정치의 불가능이다. "어떤 삶"은 언어가 승리할 수 없는 마지막 지점이며, "타인의 삶"은 따라서 언어가 대상으로 삼을 수 없는 첫번째 터부taboo다. 민주주의는 금기의 영역을 침범한다. 민주주의는 감히 "타인의 삶"을 언어의 대상으로 삼으려 한다. 삶의 형태가 자라난 사적 공간을 들추어 내서 기어코 정치적 전쟁의 마지막 무기로 사용하려 한다. 언제부터인가 민주주의는 주관적 삶의 공간과 삶의 형식들, 사적 공간 속에 숨어 있는 삶의 정당성들, 삶의 신비한 어두움 같은 것들. 즉, 언어 불가능의 길게 늘어선 그림자 속에서 생존의 가능성을 찾아 보려 한다. 언어가 공유할 수 없는 것들을 대화와 선택의 주제로 삼으려 한다. 민주주의의 목록에 올릴 수 없는 것들을 민주주의의 메뉴로 삼아보려 한다. 그것이 무엇인지 모른 채 필멸의 길로 들어섰다.

미국연방대법원은 2022. 6. 24. 낙태할 권리는 헌법상 보호되지 않는다고 판결했다. 여성의 낙태권을 보장했던 1973년 "로 대 웨이드" 판결을 뒤집은 것이다. 누군가는 낙태의 권리를, 다분히 신학적 논쟁을 떠올리게 하는, 자신의 삶을 스스로 결정할 수 있다는 자기결정권의 문제로 바라본다. 그리고 또 다른 누군가는 낙태금지를 여전히 신학적 논쟁을 떠올리게 하는, 생명의 주인인 신의 규범으로 해석한다. 이것은 대화가 가능한 민주주의의 대상인가? 낙태옹호론자와 반대론자가 민주주의의 결론을 기대하며 민주적 토론을 시작할 수 있을까? 둘이 사용하고 있는 "낙태"라는 단어는 그들의 삶의 형식과 세상을 바라보는 방식 속에서 동일한 의미가 아니다. 만일 한 쪽이 다수결로 승리한다면 다른 쪽은 민주주의의 악수를 준비하지 않는다. 다양한 방식의 복수를 준비할 것이다. 가치는 순교의 대상이다. 정치적 타협의 대상이 아니다.

미국의 현직 대통령은 "대법원이 미국을 150년 전으로 돌려놨다"고 비판하고, 미국의 전직 대통령은 "신이 내린 결정"이라고 칭송한다. 이렇게 가치에 대한 판결은 승복의 대상이 아니다. 전쟁의 이유다. 시위가 계속되고 테러 가능성까지 예측되었다. 미국의 유력 매체는 "이번 판결이 미국의 문화 전쟁culture-war의 불길에 휘발유를 끼얹었다"는 칼럼을 실었다.[304] 공동체의 문제를 관료들과 지식의 "통치"에게 빼앗긴 민주주의는 문화 전쟁의

304] 2022. 6. 27. 동아일보 "낙태권 놓고 쪼개진 美, 시위-충돌 확산", 2022. 7. 5. 중앙일보 "낙태권 판결로 두 쪽난 美 … 시위 여성이 가짜 피 뒤집어 쓴 이유"

국면에서 존재의 의미를 찾으려 한다. 주기적으로 투표 용지를 탐하는 정치인들에게 이것은 실패 없는 기회다. 언어 불가능의 영역에서 민주주의가 서성일 때, 대의제 는 가치를 공유하는 종교공동체들의 피아식별 현장이 다. 정치는 상시적 종교 전쟁이다. 선거 전단은 전쟁 채 권 설명서이며, 투표용지는 헌금 봉투다.[305]

한국은 '정서적 내란 상태'다. 한국 정치에서 역사는 내란의 명분이다. 한국에서 "반일反日"은 외교도 아니고 역사도 아니다. 정치가 만든 감정이며, 감정이 만든 정 치학이다. 정치인들의 마음 속 선거구다. 아무렇게나 외 쳐보고 그 공명의 색깔에 따라 당선을 점쳐본다. 외교라 는 차가운 이성의 현장도 당당한 시적 언어로 바꿀 수 있는 프리즘이다.[306] 반일을 외치면 지지율이 상승하는 반일의 마법은 지속되고, 현직 대통령은 "반일을 외치 면서 정치적 이득을 취하려는 세력"을 언급한다.[307] 과

305] 2023. 4. 22. The New York Times "Abortion Surge to the Center of the 2024 Campaign", 2023. 6. 26. 중앙일보 "낙태권 폐지 판결 후 '진통 1년' … 내년 미국 대선 최대 뇌관으로". 보도에 의하면 2022년 11월 미시간 주지사 선거에서 승리한 민주당 후보는 선거운동 기간 내내 "낙태권 보호"를 외쳤다. 당시 출구조사결과 미시간주 유권자의 45%가 투표에 가장 큰 영향을 미친 이슈로 낙태권을 꼽았다.

306] 2019. 7. 14. 한겨레신문 "조국 수석, 동학농민혁명 '죽창가' SNS에 올려"

307] 2022. 10. 16. 한국일보 "이재명의 반일정치 … 민주당 지지율 상승 불러올까", 2023. 3. 21. 경향신문 "여론 맞선 대통령 '반일로 정치 이득'"

거의 식민지 시대와 이념 충돌의 역사는 현재의 정치지형이 된다. 역사학자들은 침묵하고, 정치인들의 역사해석은 피아식별의 위대한 표지판이다.[308] 예를 들어 연금개혁과 같은 공동체의 급박한 결단의 방법론은 연금문제에 대한 토론이 아니라, 정서적 동지의 주장을 무작정 지지하는 것으로 마무리된다. 현재의 종교감정은 과거해석의 기준이고, 과거는 현재의 투표함을 색칠하는 근거가 된다.

성적 취향이나 낙태와 같은 개인의 사적 영역을 정치 논쟁으로 만들거나, 과거를 해석해 내는 개인의 신념을 정치로 끄집어내는 것은 양당제의 이원론적 세계관과 이항 대립의 정치 전쟁을 위해 가장 좋은 선거 공학이다. 다른 이야기들은 다양한 문항과 경로의 복잡함을 드러내지만 개인의 가치 판단과 역사의 의미 해석은 민주주의의 소화기관을 거쳐 이것과 저것 간의 깔끔한 이원론으로 마무리된다. 과거의 해석은 현재 진행되는 행위다. 과거의 해석에 대한 논쟁과 과거를 둘러싼 진영의 대립은 과거가 아니라 현재 일어나고 있는 일이다. 과거

308] 2023. 8. 28. 프레시안 "김좌진, 홍범도 흉상 철거에 김병주 '뒤에 국방부, 보훈부, 대통령실 있을 것', 2023. 8. 28. 중앙일보 "北 영웅' 정율성 공원 조성에 … 輿 '전정부 감사 검토'"

에 대한 분열은, 따라서, 현재를 보여주는 거울이며, 공동체의 미래와 직접 연결된다. 그렇다면, 과거에 대한 해석은 미래와 현재의 예언자이며 가치의 발견자다. "반일"의 과거사 가치 전쟁은 공동체의 언어 불가능을 확인하고, 과거를 정치인들의 투표용지 수거함으로 만들고 있다.

이야기는 관료들의 책상에서 마무리되고 민주주의는 이야기할 수 없는 것들만 이야기한다. 살아감의 의미와 가치는 홀로 정당하다. 타인의 삶은 언어로 인식되는 것이 아니다. 그것은 여름 날 햇살처럼 그냥 거기에 있음을 받아들이는 것이다. 그것은 토론과 표결의 대상이 아니며, 동의와 약속이 어찌할 수 있는 것이 아니다. 성적 취향, 가족의 형태, 출산에 대한 결정, 과거에 대한 해석 등은 의미와 가치에 대한 직접적 물음이며 따라서 이것들은 사적 공간에서 내밀하게 세계와 관계하며 마련하는 답안이다. 이것들은 삶의 형식과 깊이 관계 맺으며 자리를 잡는다. 삶의 이야기들은 서서히 스며드는 문화적 밀물과 썰물의 시간을 보내고 난 후, 초승달의 달빛처럼 뒤에서 서서히 떠올라야 한다. 어떤 필요나, 학습된 교양으로 다그칠 수 없다. 민주주의는 무모하게도

"다른 삶"과 전쟁을 하려한다.

마을에 소각장을 설치하는 일은 볼 수 없는 위험에 대한 전문가들의 숫자들과 관료들의 보고서가 측정한 선택지 앞에 서있다. 평등하게 무지한 개인들에게 보고서와 선택지는 어렵다. 이성적 추론은 불가능하다. 어느 순간, 민주주의의 토론은 가치논쟁으로 길을 잃는다. 누군가가 소각장 설치 예정지에 묻힌 먼 조상의 영혼을 이야기하고, 누군가는 소각장 설치 공사가 망가트릴 어머니 자연의 가치를 풀어놓는다. 조상의 영혼과 자연의 가치는 모두가 다르게 받아 들이는 이야기이며 옳고 그름의 기준을 세울 수 없는 각자의 언어다. 인식의 공유 대상이 아니고 언어의 이해 대상이 아니다. 그러므로 그것은 아리스토텔레스의 문법에 따른다면 정치의 영역이 아니다. 개펄과 철새와 도롱뇽이 공항과 터널과 케이블카의 건설과 충돌한다. 일체의 타당성과 합리성은 관료들의 숫자로 마무리되고, 민주주의는 극단의 가치논쟁으로 마무리된다. 그 과정에서 공동체는 분열과 불복을 확인할 뿐이다.[309] 민주주의는 종교전쟁의 원인이 된다.

이것은 민주주의 신화가 가진 근본 모순이며 해결 불

309] 2011. 3. 11. 중앙일보 "천성산 환경 논쟁의 허무한 종말 … 도롱뇽은 알고 있었다".

능의 절벽이다. "모든 인민이 동의할 수 있거나 합리적 논의에 의해 동의를 얻을 수 있는, 유일하게 결정된 공공선과 같은 것은 존재하지 않는다. ⋯ 다른 개인들과 그룹들에 대해서는 공공선이 다른 것들을 의미한다. ⋯ 합리적 논의에 의해서는 조정될 수 없는 원리의 문제에 관한 분열을 들여 올 것이다. 왜냐하면 궁극적 가치 ─ 삶과 사회가 무엇이 되어야 하는지에 관한 우리의 개념 ─ 는 단순한 논리의 시계視界 너머에 있는 것이기 때문이다. 그 가치들은 몇 개의 경우에서는 타협에 의해서 중재될 수 있지만 다른 경우에서는 중재될 수 없다."[310] 중재와 논의가 불가능하거나 공동체의 분열을 가속할 수밖에 없는 영역에서, 민주주의는 무엇을 하고 있는가? 어떻게 보면 민주주의는 무죄다. 위험은 상시화했고, 통치는 시스템이 한다. 대의제의 마법사들은 문화 전쟁이 기쁘다. 투표함은 문화전쟁의 전리품이다.

통치의 필요와 가능의 영역은 확대되고, 할 일 없는 정치는 답안 없는 문화 전쟁에 끼어든다. 국민은 통치의 대상이 되고, 대의제의 마법사들은 가치 전쟁의 제단 위를 뛰어다닌다. 그렇게 모두는 민주주의가 말하는 것들

310] 조지프 슘페터, 변상진 옮김, "자본주의 사회주의 민주주의", 한길사, 1950~2011년, 451쪽

의 평등한 불가능을 확인한다. 민주주의는 죽었으나 살아있는 체한다. 대표제의 승리자들은 가끔씩 대중들에게 얼굴을 비춘다. 모두가 알고 있다. 무언가를 팔 거나 살 시기가 온 것이다.

마케팅 민주주의

"브렉시트 : 치열한 전쟁"[311] 에서 탈퇴파의 전략가 도미닉 커밍스는 이렇게 말한다. "전 디지털, 소셜 미디어 등 공중전에 관심이 큽니다." 그는 선거권자들을 분석하고 감정을 움직이는 디지털 기술을 선거에 적극 활용한다. 그는 말한다. "의원님들이 포스터, 전단지 얘길 하고 있을 때 저는 정치의 모체를 변형시키는 얘길 하고 있는 겁니다."

이미 정치의 모체는 변형되었다. 현대 민주주의는 "마케팅 민주주의"다. 민주주의에서 투표(선거)란 투표 용지 사재기 경쟁이다. 매력의 경매다. 홍보 전문가들의 활동 무대다. 정치공학자들의 기술 대결이다. 민주주의의 시장에서 투표용지 사재기 경쟁에 나선 자들은 기업

311] 주 274 참조

들이 연구해 온 첨단의 마케팅 기술을 실현한다. "시민들은 그들의 정치시스템에서 소극적 소비자로 전락했다."[312] 많은 이들이 정치와 자본이 결탁했다고 비판하지만, 순수한 민주주의의 관점에서 본다면, 정치와 자본이 함께 만든 발자국 중 가장 큰 것은 마케팅 기술이다. 이제 민주주의의 전문가는 막연한 공공선이나 보이지 않는 인민의 일반 의지를 찾아다니는 공상가가 아니라 각종 심리학적 무기를 사용할 수 있는 광고인들이다. 민주주의의 승자가 되려면 정치학이 아니라 심리학을 전공해야 할 것이다.

대의민주주의는 마케팅이 되었다. 많은 이들은 그것이 민주주의가 한 일의 전부가 아닌가 의심한다. 민주주의를 "선거권자에게 자신의 물건을 팔려는 세일즈맨들의 경쟁"으로 정의했던 조지프 슘페터에게 쉽게 반박할 수 없다. (대의)민주주의란 가루비누를 사는 것과 다르지 않다. 지금 사용하는 가루비누에 질렸는가? 다음 번엔 다른 걸 사면 된다.[313] 더 자극적인 것이 온다. 광고가 디지털 혁명과 만났다. 디지털로 조립된 단단한 세계에

312] David Runciman, "How Democracy Ends", Profilebooks, 2019년, 121쪽
313] 같은 책, 158쪽

서 누군가는 당신의 일상을 모두 파악하려 한다. 당신이 사용한 검색어와 구매한 물품과 여행지는 당신이 누구인지 알려준다. 당신은 당황한다. 나도 모르게 누군가가 나의 취향을 알고 있다. 알고리즘이 알아서 필요한 물건들의 구매를 도와준다. 내가 알지 못했던 나의 구매 욕구는 누군가에 의해서 창조된다. 동일한 방식으로 선거 운동이 진행된다. 내가 선택한 자는 누가 선택한 것인가?

"설득 산업은 전문 분야로 탄생했다. 설득 산업 중 가장 지배적인 부문은 여전히 재화와 서비스를 파는 부문이다. 그러나 정치를 비롯한 다른 설득 부문도, 광고 산업의 혁신을 정치 세계에 적용함으로써 정치가가 하는 일을 상품을 파는 사업과 최대한 유사한 것으로 만들어 새로운 기법으로 최대의 효과를 보려 하면서, 재화와 서비스 부문의 뒤를 열심히 쫓아왔다. 우리는 이 같은 사태에 너무나 익숙해져서 정당의 정책안을 '상품'으로 부르고, 정치가가 자신의 메시지를 민중에게 '마케팅한다'는 식으로 기술하는 것을 당연하게 여긴다. … 정당 지도자의 카리스마적 속성을 선전하고 판촉하는 일과 인상적인 포즈를 취한 후보의 사진과 영상이 실질적인 쟁점

및 갈등하는 이해관계에 대한 토론을 점점 대체하고 있다."[314] 개인은 의제 형성에 참여하지 않는다. "마케팅 민주주의"에서 투표권자는 말하는 자가 아니라 설득당하는 자다. 설득의 기술은 발전한다.

"마케팅 민주주의"는 민주주의인가? 고도화된 마케팅기법은 반복적 노출과 확인된 편견을 이용한다. 즉각적 소비욕구를 충동질한다. 결제를 위한 클릭은 즉각적이어야 하며, 반품은 최소화해야 한다. 민주주의는 토론과 협의를 기반으로 무지에 기반한 추론을 반복한다. 이번 선택은 다음 번 선택을 통해 다시 한 번 심판의 대상이 된다. 그 과정은 끊임없는 성찰의 과정 속에서 공동체를 성숙시킨다. 그 과정을 거친 후에만 우리가 내린 결정은 정당하다. 시간의 숙성이 필요하다. 손바닥에 올려진 네트워크는 정반대의 방식으로 움직인다. 쉴 새 없는 스크롤과 찰나의 선택을 강요한다. 마케팅의 시간과 민주주의의 시간은 애초에 다르게 흐른다. 민주주의는 이웃들이 그늘에 모여 나누는 이야기를 꿈꾼다. 디지털의 시간으로 전달되는 이미지 전쟁은 민주주의의 반대말이다.

314] 콜린 크라우치, 이한 옮김, "포스트 민주주의", 미지북스, 2005~2008년, 41쪽~43쪽

"마케팅 민주주의"가 디지털을 만난다. 디지털은 민주주의의 공간이 아니다. "디지털 소통은 정보 흐름의 경로 변환을 일으키고, 그 경로 변환은 민주주의적 과정에 파괴적으로 작용한다. 정보들은 공적 공간을 거치지 않고 퍼져나간다. 정보들은 사적 공간들에서 생산되어 사적 공간들로 전송된다. 따라서 인터넷은 공론의 장을 이루지 못한다. 소셜미디어는 이 같은 공동체 없는 소통을 강화한다. 인플루언서들과 팔로워들은 정치적 공론장을 형성하지 못한다. 디지털 커뮤니티는 공동체의 상품 형태다. 실제로 디지털 커뮤니티는 상품commodity 이다. 디지털 커뮤니티는 정치적 행위를 할 능력이 없다."[315] 모든 것은 상품이다. 디지털 커뮤니티는 사적으로 생산된 정보들을 사적으로 파는 방식으로 자신의 커뮤니티를 곳곳에 파는 상품이다. 비용과 효용이 교차하는 상품시장에서 가치로서의 민주주의는 거리껴지는 무엇이다.

민주주의는 관리의 대상들(국민)이 주기적으로 자신의 선거권을 시장에 내어놓고, 대의제의 마법사들(대표)

315] 한병철, 전대호 옮김, "정보의 지배 : 디지털화와 민주주의의 위기", 김영사, 2021~2023년, 48쪽~49쪽

이 마케팅 전쟁을 벌이는 곳이다. "투표용지 사재기 경쟁"에서 민주주의의 모든 숭고한 표어들은 물러난다. 개인에게는 투표소에 놓여질 기회와 자신의 한 표를 만난 적도 없는 누군가에게 건네줄 자유가 허락된다. 그들의 선택은 심리학 실험실에서 분석되고, 수식으로 예측된다. 그들의 이번 선택은 다음 번 알고리즘의 회로가 된다. 대표가 되려는 자들은 시스템을 이용하며 시스템으로 관리된다. 사람들은 저 시스템들 너머 어딘가에 민주주의가 있을 것이라고 상상한다. "정치공학"이라는 신조어가 담고 있는 은유는 무섭지만 거부하기 어렵다. 공동체의 운명이 시스템 공학과 통계이론의 과정을 거치는 동안 민주주의는 고대어가 되어 도서관에서 자리를 차지한다.

"마케팅 민주주의"는 중의적이다. 두 개의 마케팅이 동시에 진행되는 곳이 선거철이다. 후보들은 자신을 마케팅한다. 그 뒤에서 민주주의는 자신의 정당함을 홍보한다. 선거라는 집단적 의식儀式의 과정을 통해 민주주의는 정당한 것처럼 보여야 한다. 민주주의는 쉬지 않고 자신의 정당함을 선전하고 증명해 내야만 한다. 왜냐하면 민주주의는 인간에게 자연스러운 무엇이 아니기 때문이다. 애초에 민주주의가 걸어온 길은 객관적 진리에 대한 추구와 외부에서 주어지는 초월에 대한 욕망을 거스르는 도전이었다. 진리는 보편적이며 배타적이지만 민주주의는 나와 다른 누군가를 허용해야 하며 나를 반대하는 타인과 함께 머물러야 한다. 초월은 우리를 넘어서고 극복하지만 민주주의는 우리에 대한 무모한 믿음으로 우리가 결정한 내부의 정당함을 앞세운다. 민주주의는 자신의 정당함을 증명해 내야 하는 숙명으로, 쉬지 않고 민주주의의 정당성을 마케팅의 방식으로 선전한다.

세속 종교 민주주의는 다른 종교의 방법을 모방한다. 학자들은 신화, 의례, 그리고 상징 등을 통해 세속적 종교성을 표현해내는 정치 현상을 대중에 대한 선전도구로 파악한다.[316] 민주주의는 민주주의에 대한 교육을 민주주의의 공적 설비로 가동한다. 민주주의의 정당성은, 자격 없는 자들의 통치는, 자연스런 본성이 아니라, 학습되어야 할 기술이기 때문이다. 민주주의의 신성함은 교육 목표다. 아이들은 학교에서, 어른들은 각종 미디어를 통해, 투표함의 종교성을 배운다. 민주주의의 신에게

316] Emilio Gentile, Translated by George Staunton, "Politics as Religion", Princeton University Press, 2001~2006년, Introduction XX

올려질 투표함은 신성하다. 그것은 우리가 만든, 우리 이성에 의한, 우리를 위한, 신성함이다. 그렇게 민주주의의 신성함은 손가락을 가리키는 손가락이다. 모든 진리와 신성함의 경험은 외부에서 발견되지만 오직 민주주의는 우리 안에서 성스러움을 끄집어 낸다. 문제가 있다. 모두가 알고 있듯이, 인간 안에서 성스러움을 발견하는 일은 쉽지 않다.

우연히 얻은, "자격 그 자체가 없는 자격". "자격 없는 자들의 통치". 그러나 자격 없는 자들의 우연한 삶에서 불쑥 튀어 나오는 생각의 줄기들은 불순하며 위험하다. 이진법의 공간을 타고 다니는 디지털의 통치에서 우연은 삭제되어야 할 무엇이다. 진리에 대한 본능적 순종은 무지한 자들의 평등한 결정을 의심한다. 이 모든 과정에서 민주주의 정당성은 정당하지 않다. 민주주의는 쉬지 않고 자신의 정당성을 선전하지만, 이것은 애처로운 자기 합리화로 보인다. 누군가에게 민주주의는 굴욕이며 분노일 뿐이다. 대표 제도와 다수결에 숨어 있던 정치인들은 가끔씩 나타나 첨단의 광고기법으로 투표용지를 걷어간다. 가치는 마케팅의 대상이 되고, 선거권자들의 투표용지는 평등하게 증발된다. 민주주의를 통한 집단의 정당성 확보와 삶의 불안에 대한 대응은 실패한다. 민주주의의 영혼은 없다.

서사가 마무리되어도 삶은 지속된다. 민주주의의 모험은 실패하고, 민주주의의 이야기가 종결되어도 어쨌든 살아가야 한다. 지식 권력의 통치와 주기적인 마케팅 쇼의 현장을 민주주의라고 부르면서도 견뎌야 하는 것은 인간이다. 민주주의의 정당성은 포기되어도, 삶의 정당성은 믿어져야 한다. 삶은 살아지는 것이며, 삶을 살아내야 하기 때문이다. 삶은 모든 것의 변함을 지켜본다. 모든 것은 변한다. 역사는 모든 변화의 시간들을 끌어안는다. 따라서 역사는 모든 것이다. 인간의 역사는 다시 쓰여진다. 역사는 인간이라는 존재의 근본적 변화를 목격한다. 인간은 "기술발전의 생식기관"으로 변화하고 있다. "인간"에 대한 개념이 다시 쓰여진다. 민주주의는 그것을 포기할 순간에 주인공을 바꾼 연극이 될 것이다. 민주주의라는 신화는 처음부터 다시 시작된다.

민주주의는 피로하다. 쉬지 않고 자신의 정당함을 선전해야 간신히 살아 남는다. 그 과정은 스스로 민주주의의 모순과 역설과 불가능을 드러낸다. 시간에 갇혀 노곤한 망령이 되어간다. 민주주의는 살아남기 위해 새로운 신화를 써야만 한다. 길가메시가 그러했듯이, 오디세우스가 그러했듯이, 아브라함이 그러했듯이, 새로운 시작은 언제나 주인공이 낯선 땅에 발을 들이밀 때 경로를 그린다. 그 과정에서 어제의 주인공은 위대한 망각을 경험한다.

8장
민주주의 종말론

"우리의 모든 탐구의 마지막은 우리가 출발했던 장소에 도착하여 그 장소를 처음으로 알게 되는 것이다."

- T. S. 엘리엇

민주주의는 신으로 상징되는 절대 진리를 거부하고 출발했다. 변덕스런 국민은 국가의 주인이고, 국가의 모든 정당성은 바로 그 국민으로부터 시작된다. 민주주의는 모든 모순을 끌어 안고 여기까지 달려 왔지만, 이제 도무지 어쩔 수 없는 변화를 맞이한다. 민주주의가 상상했던 인간은 이제 더 이상 존재하지 않을지도 모른다. 변화된 인간에게는 변화된 정치체제가 필요하다.

목적지를 안내하는 내비게이션과 자동차의 각종 장치 사이에서 운전자의 손과 발은 바쁘다. 인간은 기술과 다른 기술 사이에서 정보를 전달하는 수단이 되었다. 내비게이션과 제동장치 사이에서 인간은 좀 더 효율적인 기술 발전을 위한 매개체다. 과학기술은 인간과 사회를 어떻게 바꾸어 놓는가? 인간의 집단인 국가의 의사결정 시스템은 새로운 인간을 어떻게 마주할 것인가?

이성에 대한 믿음과 자유와 평등에 대한 갈망은 근대적 개인에게 많은 것을 허락했다. 개인은 신 없이 국가를 만들고 국가의 일을 결정할 수 있다고 믿어졌다. 이제 과학기술이 신의 제단에 올라선다. 이번에 다가온 신은 예전의 신보다 좀 더 친절해 보인다. 집단이 가야할 최적의 경로를 데이터의 손가락이 가리킬 때, 자유로운 토론과 논쟁은 슬그머니 현명한 전체주의 속으로 미끄러질지 모른다.

절대 진리의 품을 떠나 스스로 정당성을 찾기 위해 떠났던 민주주의의 모험은 두 번째 신을 만난다. 과학기술이라는 새로운 신은 인간에게 모든 것을 허용한다. 인간 정신의 일체가 데이터와 알고리즘 속에서 엮여 들어간다. 보이는 물질 세계는 보이지 않는 전기 신호와 결합한다. 개인과 집단의 모든 삶의 형식은 변화한다. 민주주의라는 신화의 형식은 생존할 수 있을 것인가?

민주주의는 환상이 되어 언제나 살아 있을 것이다. 이제는 이름만 남아 있거나, 애초에 이름이 전부였거나, 의미 없음은 민주주의의 후퇴하지 않는 존재이유일지도 모른다.

기술발전의 생식기관

"미디어나 기술 세계에는 '다른 모든 것이 같다면ceteris
paribus'이라는 말이 있을 수 없다. 모든 확장과 가속은 모
든 전체적인 상황을 단번에 새로운 배치로 바꿔 놓는다.
바퀴는 도로를 만들었고, 생산물을 밭에서 거주지로 보
다 빨리 이동시켰다. 가속은 더욱 큰 중심을 만들었고,
더 많은 전문화, 더 강도 있는 자극, 더 큰 집합, 그리고
침략을 만들어 냈다. 그리하여 바퀴가 달린 수레는 전쟁
용 이륜 전차를 만들어 냈는데, 이것은 마치 바퀴에 의
해 생겨난 도시의 중심이 공격적 요새의 모습을 띠는 것
과 같은 이치다. 점차 증가하는 인간의 창조성과 파괴성
에 대한 설명을 위해서는 바퀴를 통한 가속화에 의해 생
긴, 전문가 기술들이 통합되고 강화되는 현상을 설명하
는 것으로 충분하다."[317]

───────────

317] 마셜 매클루언, 김상호 옮김, "미디어의 이해 : 인간의 확장", 커뮤니케이션북스,
    1946~2011년, 328~329쪽. 많은 이들은 미디어를 신문, 텔레비전과 같은 커뮤니케이션
    매체로 받아들이지만, 매클루언은 미디어를 인간의 정신 또는 육체가 확장된 것으로 정의한
    다. 따라서 책의 부제는 인간의 확장이다. 자동차는 인간 발의 확장으로서, 안경은 눈의 확
    장으로서 미디어다. 인간의 확장인 인공지능이라는 미디어가 매클루언의 명제 "미디어는 메

기술과 인간은 함께 변화한다. 기술이 사회를 결정하는 것인지, 사회가 기술을 결정하는 것인지에 대하여는 많은 논쟁이 있다. 분명한 것은 인간의 관점에서, 인간이 만든 기술의 역사라고 주장하는 것이 기술의 관점에서는, 기술 발전의 과정에 인간이 개입되어 있는 것이다. 하나의 기술적 혁신은 다른 무엇과 만나서 전혀 다른 것의 창세기를 쓴다. 그 과정에서 인간은 기술과 기술 사이의 생식기관이다. 바퀴는 거리와 도시를 만든다. 그리고 바퀴는 마침내 전쟁용 이륜 전차를 만든다. 순수한 원형의 중립성이 침략의 시대를 만나 전사들의 함성과 관계 맺고 새롭게 배치되는 것이 이륜 전차다. 수레가 일하는 곳과 전차가 소리치는 곳에서 그 얼굴이 달라지는 것만큼, 기술과의 관계가 변함에 따라 인간은 다른 인간이 된다. 그 과정을 역사라고 부른다.

생성형 인공지능Generative AI이 출현하자 여기 저기서 다양한 예측과 수많은 예언서가 등장한다. 누군가는 직업의 종말을 예측하고, 어떤 이들은 산업구조의 혁신을 예언한다. 다만 대부분의 예언서는 유사한 모양으로 미

시지다(또는 미디어가 메시지다)"와 만날 때, 인간과 사회의 관계에 어떠한 영향을 미칠 것인지 전망해 보는 것은 의미 있는 일이 될 것이다.

래를 그려낸다. "인공지능이 나쁘게 쓰이면 나쁜 일이 생길 것이고, 좋은 방향으로 쓰인다면 좋은 일이 생길 것이다." 어떠한 도구를 사용하는 이가 좋은 사람인지 나쁜 사람인지에 따라 그 도구의 의미는 달라질 것이다 라는 식의 예측이 넘쳐난다. 이것은 구태여 읽어보거나 생각해 볼만한 이야기는 아닌 듯 하다. 무용하기 때문이다. 이런 식의 접근은 틀렸다. 새로운 기술이 어떤 결과를 가져오는 것은 관계 맺기(배치)의 문제이며, 내용이 아닌 형식의 문제다.

근대의 발명품 기차를 생각해 보자. 기차는 달림으로 시간의 개념을 바꾸고, 기차는 멈춤으로 역 주변의 상업을 부추기며 도시를 만든다. 기차 안에 누가 타고 있는지 또는 무엇이 운반되는지는 그 다음 문제다. 그렇게 "모든 미디어나 기술의 '메시지'는 결국 미디어나 기술이 인간의 삶에 가져다줄 규모나 속도 혹은 패턴의 변화이기 때문이다."[318] 인공지능이 어떻게 사용되느냐에 따라 민주주의의 발전 요인이 될 수도 있고, 민주주의의 후퇴 원인이 될 수도 있을 것이다라는 식의 예측은 의미 없다. 중요한 것은 인공지능의 출현으로 인해, 그것을

318] 같은 책, 32쪽

누군가가 어떤 방향으로 사용하기 전에, 이미 인간과 사회가 관계 맺는 방식과 민주주의의 활동 패턴이 변화한다는 점이다. 기차와 도시가 서로에게 원인이며 서로에게 결과로 관계 맺은 것처럼 민주주의와 인공지능은 어느 지점에서 서로가 서로에게 결정적 관계가 될 수 있을 것이다.

새로운 기술은 민주주의와 어떻게 관계를 맺을 것인가? 먼저 낙관론자들이 흥분하기 시작한다. 보도에 의하면, 인공지능(AI)의 권위자 벤 괴르첼은 "편견과 사리사욕이 없는 AI가 오히려 공정한 결정을 내리는 시대가 올 것"이라며, 정치적 의사 결정을 합리적으로 할 수 있는 범용 인공지능인 "로바마ROBAMA"의 개발에 주력하고 있다. 그는 "로바마는 SNS나 인터넷에 접속해 방대한 정보를 1분 이내에 분석한 뒤 여론을 반영한 정책을 실시간으로 제공할 수 있다"고 주장한다.[319] 누군가는 민주주의의 핵심 개념이지만 모호하기만 했던 "일반의지"를 네트워크를 통해 찾아낼 수 있다고 주장한다. 이에 의하면 일반의지는 데이터베이스를 의미하게 된다.

319] 2017. 8. 8. 시사저널 "사리사욕 없는 AI가 공정한 정치하는 시대 온다"

정보의 집적은 대화를 대체하게 된다.[320] 효율적인 데이터가 비효율적 소통을 대체하는 새로운 민주주의의 가능성이다.

낙관론자들은 민주주의를 오해하고 있으며, 인간을 어떠한 기관으로 규정한다. 민주주의는 정답 찾기의 기술이 아니다. 인간은 민주주의와 인공지능 사이에서 새로운 무언가를 생산해 내는 생식기관으로 정의될 수 없다. 민주주의는 인간이 자신과 국가를 바라보는 시선이다. 그 앞에는 자격 없는 자들에게 주어지는 평등한 가치. 그리고, 수동태로 살아지는 삶 속에서도 소망처럼 솟아나는 삶의 의미가 서 있다. 따라서 그것은 언제나 인간이 세계의 우연과 화해하는 가능성이다. 이것은, 그러므로, 언제나 상징과 신화의 영역에서 활동한다. 만일 낙관론자들이 이해하는 방식으로 민주주의를 통한 정답 찾기를 시작하는 순간, 절대 진리에 대한 거부와, 엘리트들에 대한 비웃음과, 자격 없는 자들의 자격이라는 민주주의의 검증불가능한 문법은 가장 먼저 거짓으로 판명될 것이다. 그렇게 거짓으로 시작된 민주주의의 영역에서 정답을 찾는 일은 무용하다.

320] 아즈마 히로키, 안천 옮김, "일반의지 2.0", 현실문화, 2011~2012년, 85쪽

민주주의를 인공지능의 답 찾기와 동일시하는 경우, 민주주의의 모든 문제는 단 하나의 문제로 수렴된다. "민주주의의 운영과 동일시될 바로 그 인공지능은 누구의 것인가?" 민주주의를 실행할 인공지능을 누가 제작하고 운영할 것인가의 문제는 바로 최종 권력이 누구의 손에 있는가와 동일한 의미가 된다. 정치적 문제를 제안하고 답안을 제출하는 범용인공지능을 설계하고 운영하는 자는 권력의 성배를 차지할 것이다. 그가 누구인지에 따라 민주주의는 결정될 것이다. 이것은 다시, "인공지능이 나쁘게 쓰이면 나쁜 일이 생길 것이고, 좋은 방향으로 쓰인다면 좋은 일이 생길 것이다"라는 식의 무용한 논리의 반복일 뿐이다. 의미 없다. 오히려 흥분한 낙관론자들에게는 이렇게 물어야 한다. 만일 공동체의 모든 문제에 대한 가장 타당한 답안을 제공하는 인공지능이 어느 날, "당면한 인류의 환경재앙을 막기 위해서는 인구의 절반을 죽여야 한다"라는 답변과 함께 반증할 수 없는 불가능한 수식들을 제출한다면, 민주주의는 어떤 표정을 지을 것인가?

인공지능의 출현으로 인간과 세계는 새로운 형식으로 관계 맺기를 시작할 것이다. 기차의 출현이 인간과 도시를 새로운 관계로 창조 했듯이 말이다. 그리고, 새로운 형식의 관계는 반드시 새로운 신념 체계로 연결된다. "인간이 그의 도구와 기술, 생활 재화의 생산 및 분배 방법을 바꿀 때, 인간은 또한 그의 신들도 바꾼다. 부족, 마을, 기술도시의 존재는 무엇보다 사회적 경제적 정치적 공동체의 각 형태들을 반영한다. 그러한 형태들은 각자의 종교들 또는 신앙 체계를 상징한다."[321] 과학기술은 누군가에게는 그 자체로 새로운 신이다. 또 다른 누군가에게 과학기술은 신의 새로운 얼굴이다.

신이 없다면 모든 것은 허용된다
그리고, 신이 있다면 모든 것은 허용된다

"전설에 의하면, 기게스의 조상은 당시 리디아 왕이 고용한 목자였습니다. 어느 날 천둥을 동반한 폭우가 내리고 지진이 나더니 그가 양을 치던 땅이 갈라져 틈이 생겨났습니다. 깜짝 놀란 그는 갈라진 땅 틈 속으로 내려갔지요. … 그는 그 반지를 빼서 들고 나왔습니다. 그 후 한 달에 한 번 있는 목자들의 모임에 이 반지를 끼고 참석했지요.

321] 하비 콕스, 이상률 옮김, "세속도시", 문예출판사, 2013~2020년, 45쪽

목자들과 함께 앉아 있다가 **우연히**[322] 끼고 있던 반지를 돌려서 보석이 박힌 부분이 손바닥 쪽으로 오게 했습니다. 그러자 그의 모습이 보이지 않게 되었고, 목자들은 마치 그가 가버리고 없는 것처럼 대화를 하더랍니다. 깜짝 놀라서 반지를 도로 제자리로 돌리자 그의 모습이 나났습니다. 그는 과연 그 반지에 그런 능력이 있는지 실험해 보았고, 보석이 박힌 부분을 손바닥 안쪽으로 돌리면 자기 모습이 사라지고 바깥쪽으로 돌리면 다시 나타나는 걸 확인했습니다. 그는 즉시 왕에게 가는 사자使者들 틈에 섞여 왕궁으로 들어갔고, 왕비와 잠자리를 한 후 왕비와 함께 왕을 죽이고 왕권을 장악했다고 합니다."[323]

정의롭지 못한 일을 해도 아무런 문제가 발생하지 않는다면, 어떤 처벌의 염려 없이 욕망을 충족시킬 수 있다면, 그럼에도 불구하고 정의롭게 살아야 하는가? 만약 정의로운 삶의 이유가 있다면, 그것은 현실의 경험을 통해서는 발견되지 않았을 것이다. 만약 우리가 경험을 통해 정의로운 삶의 필요성을 입증할 수 있다고 주장

322] 필자 강조

323] 플라톤, 박문재 옮김, "플라톤 국가", 현대지성, 2023년, 72~73쪽

하려면, 눈을 가리고 귀를 막고 살아가야 할 것이다. 현실의 성공은 정의감과 관련 없다. 오히려 자주 정의롭지 못한 방법은 돈과 명예와 같은 것들에게 달려가는 비법이다. 그것을 "우연히" 깨닫는 순간 아이는 어른이 된다. 따라서 "도덕률은 경험에 근거한 것이 아니라 초월적 연역의 산물이다."[324] 많은 종교는 악인의 최후 심판과 선한 자의 승리를 교리로 내세운다. 어떻게 살아야 하는가의 문제는 언제나 초월적이며 종교적이다. 어쩌면 인간은 산타가 오지 않는 마을에서 크리스마스를 준비해야 하는 착한 아이의 불안이다.

이제 인간은 산타 없는 크리스마스를 받아들인다. 착하게 살아도 산타의 선물을 확신할 수는 없다. 나쁜 짓을 한 누군가의 머리 위로 선물이 쏟아지는 일은 자주 있다. 절대 진리였던 신은 어떻게 살아야 하는지, 밥을 구하기 위해 무엇을 해야 하는지, 명령하는 자와 복종하는 자는 어떻게 정해지는 지에 대하여 답해 주었다. 신을 거부한 근대적 인간은 죽음의 불안과 함께 삶의 방식에 대한 불안을 스스로 짊어진다. 도대체 어떻게 살아야

324] Asanga Tilakaratne, 공만식·장유진 옮김, "열반 그리고 표현불가능성", 씨아이알, 1993~2007년, 6쪽

하는가? 그런데, 그렇게는 살 수 없다. 질문만 하며 살 수는 없다. 혼란을 물리칠 무엇이 필요하다. 산타의 선물 대신 선생님의 선물을 기다리며 착하게 살아야 한다고 다짐하는 아이처럼, 인간에게는 언제나 신의 대용물이 필요하다. 그것이야 말로 상징과 은유로 버무린 언어의 마법으로 신화를 만들어내고, 그 신화를 바탕으로 삶과 역사를 이어온 인간들의 놀라운 비밀이다.

표도르 도스토예프스키의 소설 "카라마조프 가의 형제들"에서 이반 카라마조프는 "신이 없다면 모든 것이 허용된다"라는 명제를 던진다. 이것이야 말로 근대의 인간이 마주한 마지막 의문문이다. 신이 없다면 허용될 그리고 신이 없으므로 허용되어야 할 것들 중에는 인간이 스스로를 다스려야만 하는 운명이 놓여있다. 민주주의라는 신화는 그렇게 소설처럼 준비되었다. 신이 없으므로 모든 것은 허용된다. 어쨌든 살아가야 하므로 모든 것은 허용되어야 한다. 민주주의의 신화는 우연하게 태어난 개인들의 자격 없는 입들을 통해 공동체의 정당성을 허용한다. 국가의 자원 수집과 분배 그리고 전쟁 선포는 사제들의 제사 없이, 신이 지명한 왕의 우월함 없이, 외부의 어떤 진리 없이, 우리 안에서 스스로 정당하다. 그런데, 문제가 있다. 민주주의의 그림자가 길어지는 동안 과학은 진리의 자리를 대신하고, 신의 대용물이 되어간다. 가끔은 신과 혼동되기도 한다.

이제 민주주의에게 주어진 마지막 질문은 이것이다. "과학이 절대 진리의 자리를 차지한다면 민주주의는 그것을 숭배할 것인가?" 애초에 과학은 진리가 아니다. 진리는 절대적이므로 반증을 고려하지 않는다. 그러나, 과학적 개념은 언제나 "반증 가능성"을 포기하지 않는다(칼 포퍼). 진리는 보편적이므로 변화를 고려하지 않는다. 그러나, 과학의 과정은 "패러다임의 변화"이며, 그 변화 과정은 비연속성과 비합리성에 가깝다(토마스 쿤). 그렇게, 과학은 진리일 수 없다. 과학적 실험은 언제나 언어로 준비되고 관찰은 언어로 설명된다. 언어는 언제나 관찰자의 관점과 상대성에 현혹된다. 모든 관찰은 이미 관찰자의 인식 속에 새겨져 있는 이론을 반영한다. 의자를 한 번도 본 적 없는 관찰자는 어떤 실험에서도 의자를 관찰할 수 없다(관찰의 이론적재성).

과학의 교리 중 하나는 이론(가설)과 관찰(증거)에 근거한 귀납적 인식이다. "하나의 이론이 증거와 일치하지 않는 것은 그것이 부정확하기 때문이 아니라, 증거가 오염되어 있기 때문일 수 있다. … 이론은 그 증거가 외부적 과정에 단지 부분적으로만 대응하는 분석되지 않은 감각들을 포함하기 때문에, 혹은 증거가 낡은 견해들을 통해서만 제기되기 때문에, 또는 그것이 시대에 뒤떨어진 보조학문의 도움으로 평가받기 때문에 위협받는 것이다. 코페르니쿠스의 이론은 이 모든 이유들 때문에 어려움을 겪었다."[325] 과학은 개념상 절대 진리에서 멀리 떨어져 있지만, 그만큼 삶의 일상에서는 진리처럼 가깝게 작동한다. 내비게이션이 가리키는 지점을 향해 부지런히 손과 발을 움직이는 동안 과학기술에 대한 의심은 작동하지 않는다. 과학은 효율성이라는 현대의 종교 감정이 작동하는 모든 곳에서 어느 시대의 신보다 더 절대 진리로 숭배된다.

과학의 신이 활동할 때, 모든 것은 허용되며, 가상의 의미와 가치가 활동한다. 오늘날 과학의 신은 데이터의 형상으로 자신을 계시한다. "개인은 점점 누구도 진정으로 이해하지 못하는 거대 시스템 안의 작은 칩이 되어가고 있다. … 전 지구적 데이터 처리 시스템이 전지전능해지는 만큼, 시스템과 연결되는 것이 모든 의미의 원천이

325] 파울 파이어아벤트, 정병훈 옮김, "방법에 반대한다", 그린비, 2010~2019년, 123쪽

된다. 사람들이 데이터의 흐름 속에 합류하고 싶어 하는 이유는 데이터 흐름의 일부일 때 자신보다 훨씬 큰 어떤 것의 일부가 되기 때문이다. … 당신의 모든 말과 행동은 거대한 데이터 흐름의 일부이고, 알고리즘은 항상 당신을 지켜보며 당신이 행동하고 느끼는 모든 것을 신경 쓴다고 말한다. 대부분의 사람들은 이것을 매우 흡족해 한다. 진정한 신자들은 데이터 흐름과의 연결이 끊기는 것을 인생의 의미 자체를 잃는 것으로 생각한다."[326]

신을 거부하고 용맹한 항해를 시작한 민주주의는 불안으로 가득한 우연의 삶이 지지하는 종교감정으로 배를 띄웠다. 이제 모순 가득한 항해를 마치고, 데이터와 인공지능으로 상징되는 과학의 항구에서 전진을 포기할 것인가? 생성형 인공지능Generative AI이라는 이름으로 다가온 데이터의 지배가 민주주의를 어떻게 바꾸어 놓을지에 대한 예언은 쉽지 않을 것이다. 다만 질문들의 목록은 만들 수 있다. 첫째, 민주주의의 주체는 누구인가? 고전적 의미에서 민주주의의 주인은 이성적 개인이다. 개인은 자유롭게 판단하고 토론하며 공동체의 방향을 숙고한다. 그와 같은 개인의 사유 능력에 대한 믿음은

326] 유발 하라리, 김명주 옮김, "호모데우스 : 미래의 역사", 김영사, 2015~2017년, 528~529쪽

인간이 인간을 인식하는 기본적 방식에서 출발한다. 인간은 주체적으로 사고하고 판단하며 개인과 사회의 목적을 설정한다는 믿음이 변화할 때 민주주의는 다른 궤도를 그려야 할 것이다.

"인간이 세계를 인식하는 두 가지 방식은 신앙과 이성이었다. AI는 여기에 한 가지 방식을 덧붙인다. AI를 통한 세계의 인식은 인간이 전통적으로 세계를 이해하는 두 가지 방식, 즉 신앙과 이성 외에 또 다른 방식을 제시한다. 이 같은 변화는 우리가 세계를 마주하고 우리를 세계 안에서 해석하는 생각들을 시험할 것이다. 이성은 과학혁명을 불러왔을 뿐 아니라, 인간의 사회적 삶과 예술과 우리의 신앙을 바꾸어 왔다. 이성 안에서 중세의 계층은 몰락하고, 인간이 스스로를 다스려야 한다는 민주주의는 성장했다. 이제 AI는 우리가 우리를 이해하는 원리들을 시험한다. AI는 삶의 방향을 제시하고 미래를 예측하며, 무엇을 해야할지 알려준다. AI가 알려주는 방식으로 현실이 예측되고 계산되며 시험되는 시대에 이성의 역할은 변화될 것이다. 이런 변화와 함께, 개인과 사회의 목적도 변화할 것이다."[327]

327] Henry A. Kissinger, Eric Schmidt, Daniel Huttenlocher, "The Age of AI", JOHN MURRAY, 2022년, 180~181쪽

예를 들어 보자, 최근의 검색엔진들은 인간의 행동을 수집하고, 그에 따라 만들어진 모델에 따라 작동된다. 모든 행동들은 모델링의 자료가 되고 인간의 삶과 행동은 모델링된 패턴의 선택지 중 하나로 인식된다. 만약 당신이 고가의 자동차를 검색한 후 휴가지를 검색한다면, 검색결과에는 평범한 가격의 숙박 장소가 아니라 최고급 호텔이 먼저 보여질 것이다. 당신이 남긴 모든 흔적들은 파악되고 분석되어 알고리즘의 자료가 된다. 모든 선택은 개인의 취향과 능력에 따라 맞춤형으로 제공된 범위 내에서 합리적으로 이루어진다. 정보가 끝없이 부풀어 오르는 시대다. 능동적 탐색과 성찰은 비효율적이며 어떤 경우엔 불가능하다. 나만의 데이터가 분석되어 가장 합리적 선택지를 제공한다. 그런데, 만일 선택의 대상이 지지하는 정당 또는 선택할 후보라면 어떻게 될 것인가? 인공 지능에게 선택의 근본적인 범위를 설정하도록 하는 것은 민주주의의 활동범위 내에 있는가?[328]

"알고리즘들은 당신이 어떤 감정을 느끼는지 정확히 알 뿐 아니라, 당신에 대해 당신은 짐작도 하지 못하는

328] 같은 책, 25쪽

백만 가지 다른 점들을 알고 있다. 따라서 당신은 이제 자신의 감정에 귀 기울이는 것을 그만두고, 이런 외부 알고리즘에 귀 기울이기 시작해야 한다. 유권자들이 저마다 누구에게 투표할지 알고리즘이 안다면, 게다가 한 유권자는 민주당에 투표하는 반면 다른 유권자는 공화당에 투표하는 정확한 신경학적 이유까지 안다면, 무엇하러 투표를 하는가? 인본주의의 계명이 '네 감정에 귀 기울여라!'였다면, 데이터교의 계명은 '알고리즘에 귀 기울여라!'이다."[329] 새로운 신을 맞이할 시간이다. 신이 있다면 모든 것은 허용된다. 인간 문명의 몇 천 년이 이진법으로 옮겨져 공기를 떠다닌다. 인류가 경험할 수 있는 일체의 가능성은 심층학습Deep Learning의 결과물이 될 것이다. 개인은 과학기술의 능력 안에서 모든 것이 허용될 것이다. 그리고 개인은 과학기술의 능력 안에서만 허용될 것이다.

생성형 인공지능Generative AI의 시대, 민주주의에 대한 두 번째 질문은 민주주의의 생명선인 대화의 가능성이다. 대화는 민주주의를 입에 담을 수 있는 최초의 조건이다. 대화는 타인과 하는 일이다. 데이터와 알고리즘의

세계에서, 소통이란 내가 나의 흔적들 그리고 나의 가능성들과 하는 일이다. 나의 모든 것을 알고 있는 데이터의 손가락은 나만을 위한 삶의 배경을 미리 준비한다. 그것들은 나만을 위한 음악과 영화와 책과 친구를 추천한다. 내가 세상을 만나는 일체의 경험은 알고리즘이 준비해 둔 것들이다. 나는 내가 경험한 모든 것들의 총체다. 즉 어느 순간이 되면, 나는 알고리즘이 만든 창조물이 될 것이다. 나의 생각과 의지는 물건처럼 대상이 되고, 삶의 조건들은 나만을 위해 기획된다. 나는 "나와는 다름"이 주는 불편함을 최소화하며 일생을 살아갈 수 있을 것이다. 대화는 "나와는 다름"과 마주하는 충격이다. 어떠한 충격도 없이 안락한 나를 지키며 살아가는 동안 대화는 필요를 찾지 못한다. 나는 "나와는 다름"들과 점점 더 다른 존재가 될 것이다. 우리는 없고 너희는 넘쳐난다. 사람들은 공동체와 관계 맺지 않는다. 사람들은 자신의 자아와 관계 맺는다.

　새로운 신은 인간에게 제사를 강요하지 않는다. 새로운 신이 인간에게 요청하는 것은 오로지 "접속"이다. 기적처럼 뻗어진 전기적 신호에 연결만 하면 불안은 사라진다. 지금은 손바닥에 올려진 기계장치로, 멀지 않은 미래에는 인간의 육체와 하나가 된 기계장치로 접속은 일상이 될 것이다.[330] 나보다 더 큰 것 안으로 흡수된 영혼은 눈에 보이는 집단이 주던 안락함 보다 더욱 효과적으로 구원을 경험한다. 그렇게, 신이 있다면 구원마저 모든 방향으로 허용된다. 구글과 같은 네트워크 플렛폼은 전통적 의미의 국가보다 개인의 삶에 더 큰 영향을 미치게 되고, 국가의 이익과는 별개의 목적에 따라 운영된다. 그럼에도 불구하고 네트워크 플렛폼은 국가의 운영과 같은 방식의 경제적 사회적 고민을 하지 않는다.[331] 그것들은 개인의 삶을 각각의 방식으로 예측하고 설명한다. 네트워크 플렛폼은 개인에 대한 영향력에서 국가의 역할을 대신하려 하고, 다른 플렛폼에 접속한 개인들은 외국인보다 멀다.

330] 일론 머스크가 2016년 설립한 "뉴럴링크"는 인간의 뇌에 칩을 이식하고 컴퓨터에 연결해 생각만으로 기기를 제어하고 의사소통 하는 것을 목표로 하고 있다(BCI, Brain-Computer Interface). 보도에 의하면 뉴럴링크는 2020년 돼지의 뇌에 컴퓨터 칩을 이식했으며, 2021년 원숭이의 뇌에 컴퓨터 칩을 이식해 원숭이가 조이스틱 없이 비디오 게임을 하는 동영상을 공개했다. 2022년에는 원숭이가 컴퓨터를 타이핑하는 모습을 공개했다. 뉴럴링크는 2023년 5월 인간을 대상으로 하는 임상연구를 위해 FDA의 승인을 얻었다. (2023. 5. 26. The Guardian, "Elon Musk's brain implant company is approved for human testing. How alarmed should we be?", 2023. 5. 26. 경향신문, "영원한 기억력 가질 수 있나... 사람 뇌에 칩 심기 가능해졌다.")

331] Henry A. Kissinger, Eric Schmidt, Daniel Huttenlocher, "The Age of AI", JOHN MURRAY, 2022년, 95~96쪽

"인공지능은 어떤 전통적 선전도구보다 더 인간의 감정을 효과적으로 움직인다. 각 개인의 선택과 본능에 최적화된 인공지능은 인공지능의 개발자 또는 사용자가 원하는 답을 이끌어낸다. 마찬가지로 인공지능이 개입되면 개인의 편견은 강화될 것이다. 이것은 인간이 어떠한 통제장치를 만드는 경우에도 마찬가지다."[332] 내가 필요한 정보는 나에게 집중된 것이며, 나에게 효과적인 예측은 나만을 목적으로 하는 데이터들의 조작이다. 나는 내가 만든 메아리를 나만의 방에서 듣고, 그것을 정답이라고 여긴다. 각각의 정답들은 개인적 편견에서 시작된 것이며 편견을 강화하는 것으로 마무리된다. 플랫폼은 대화의 필요성을 앞세우는 민주주의 없이, 민주주의가 활동하는 국가보다 더 강한 영향력을 개인에게 행사한다. 개인들은 자신만의 섬에서 네트워크와 대화하며 편견의 나르시시즘으로 행복하다. 개인 맞춤의 인공지능은 타인의 개입을 차단한다.

마지막 질문은 인공지능의 방법과 민주주의의 형식에 대한 질문이다. 많은 이들은 인공지능을 통한 거짓뉴스의 생산과 사실 확인의 불가능성이 민주주의의 위

332] 같은 책, 195쪽

협이 될 것이라고 예상한다. 그러나, 더 중요한 것은 다른 곳에 있을 수 있다. 새로운 미디어는 언제나 그것이 만들어낼 내용이 아니라, 그 미디어 자체가 지닌 형식의 특성으로 새로운 관계를 생산한다. 마치 기차가 도시의 형식을 바꾸어 놓았듯이. 인공지능에 대하여 우리가 알고 있는 것은 생각보다 제한적이다. "구글의 검색엔진처럼 진정으로 중요한 알고리즘은 거대한 팀이 개발한다. 각 구성원들은 퍼즐의 한 부분만 이해할 뿐이고, 알고리즘 전체를 진정으로 이해하는 사람은 아무도 없다. 게다가 기계학습과 인공신경망이 부상하면서 점점 더 많은 알고리즘들이 독립적으로 진화해 스스로 성능을 높이고 실수하면서 배운다. … 이 알고리즘은 성장하면서 자기만의 길을 따라 인간이 한 번도 가본 적 없는 곳으로, 그리고 어떤 인간도 갈 수 없는 곳으로 간다."[333]

인공지능의 활용은 더욱 극적인 모습으로 다가온다. 검색엔진의 예를 들어보자, "2015년부터 구글의 검색엔진은 인간이 개발한 알고리즘이 아니라 머신러닝을 활용했다. 이와 같은 변화는 극적인 순간이었다. 인공지능을 이용함으로써 질문을 예상하고 정확한 결과를 내놓을 수

333] 유발 하라리, 김명주 옮김, "호모데우스 : 미래의 역사", 김영사, 2015~2017년, 538~539쪽

있었고, 검색엔진의 성능은 급격히 향상되었다. 그러나, 검색 엔진의 이러한 획기적 발전과 함께 개발자들은 왜 그러한 검색의 결과물이 만들어진 것인지에 대하여는 이 해할 수 없다는 결론을 받아들여야 했다. 인간은 여전히 검색엔진을 조정할 수 있지만, 왜 어떤 특정 웹페이지가 다른 웹페이지보다 상위에 보여지는지는 알 수 없다. 효율성과 정확성은 증가하지만, 개발자들은 그것을 정확히 이해할 방법이 없음을 인정해야만 했다."[334]

결국 "인간은 어떤 상황에서 인공지능이 어떻게 작동하는지에 대하여 정확히 이해할 수 없다."[335] 이것은 어떤 의미인가? "어떻게"가 소멸된 문법에서 의문문은 가능한가? 의문 없는 사유가, 그리고 사유 없는 민주주의가, 가능한가? 그러므로 인공지능의 시대를 맞이한 민

334] Henry A. Kissinger, Eric Schmidt, Daniel Huttenlocher, "The Age of AI", JOHN MURRAY, 2022년, 101~102쪽

335] 같은 책, 107쪽 인공"지능"에 대한 논란 중, 지능이란 무엇인가라는 문제에 대하여 원론적인 답변은 튜링테스트에 의존하는 것이다. 이미테이션 게임(Imitation Game)이라고도 불리는 튜링테스트에 의하면, 기계 내부에서 어떤 과정과 원리에 의해 답안이 만들어졌는지에 대하여는 관심을 두지 않는다. 오직 외부에서 보기에 인간의 반응과 구별할 수 없다면 (모방, Imitation), 그 답을 만든 기계에게 지능의 존재를 인정한다. 인간은 새처럼 날고 싶어 했으나, 새처럼 날지 않고 다른 방식으로 날 수 있게 되었다. 그러나, 새와 다른 방식으로 날고 있으므로 나는 것이 아니라고 말할 수는 없다. 이와 같이 우리는 그것의 결과에 의존하여 판단한다. 기계가 테이터를 수집하고 결과물을 산출한 것뿐이지만, 인공지능에게 "지능"이라는 은유를 사용하려는 이유다.

주주의는, "질문이 사라진 장소에서 민주주의는 생존할 수 있는가?"라고 물어야 한다. 인공지능은 이제 곧 인간이 만들어 낸 모든 텍스트를 학습할 것이다. 그리고는 인공지능은 인공지능이 만들어낸 모든 텍스트들을 학습할 것이다. 누군가가 민주주의라는 공론의 장에서 무엇인가를 주장하는 순간, 우리는 그것을 말하고 있는 주체가 인간인지 인공지능인지에 대하여 물어야 할 것이며,[336] 그러한 주장이 어떻게 시작되었는지 물어야 할 것이다. 그것은 당연하게도 우리가 대화를 시작할 수 있는 조건이다. 그러나, 당황스럽게도 어느 순간 우리는 상대방의 주장이 "어떻게" 시작된 것인지 알 수 없을 것이다. 따라서 주장은 증명도 반박도 불가능하다. 사유는 전진하지 못한다. 민주주의라는 형식의 불가능조건이다.

과학의 신이 인간을 변신시킬 때, 인간과 국가의 관계와 활동은 변화한다. "민주주의와 독재도 본질적으로는 정보를 수집하고 분석하는 경쟁 메커니즘이다. 독재는 중앙 집중식 처리 방법을 사용하는 반면, 민주주의는 분산식 처리를 선호한다. 지난 몇 십 년 동안 민주주

336] 2023. 4. 28. The Economist, "Yuval Noah Harari argues that AI has hacked the operating system of human civilisation"

의가 우위를 점한 것은 20세기 후반의 독특한 조건 아래에서 분산식 처리가 더 잘 작동했기 때문이다. … 이러한 역사적 사실은 21세기에 데이터 처리 조건이 다시 바뀌면 민주주의가 몰락하거나 사라질 수도 있음을 암시한다. 데이터의 양과 속도가 모두 증가함에 따라 선거, 정당, 의회 같은 훌륭한 제도들이 구시대의 유물이 될지도 모른다. 그 제도들이 비윤리적이어서가 아니라, 데이터를 충분히 효율적으로 처리하지 못하기 때문이다. 이런 제도들은 정치가 기술보다 더 빠르게 움직이던 시대에 진화했다."[337] 과학의 제단 앞에서 효율적 전체주의는 민주주의의 어떠한 덕목보다 타당하다.

이제 다시 "기게스의 반지"로 돌아가 보자. 우연히 반지를 돌려보았을 때, 모든 가치와 의미는 사라진다. 선택은 오로지 개인의 몫이다. 신이 명령하고 실행하던 일체의 의미와 가치가 사라졌을 때, "신이 없다면 모든 것은 허용된다"라는 명제는, 마치 기게스의 선택처럼, 자유이며 동시에 두려움이다. 인간은 그 자유의 공간에서 혼란의 두려움을 벗어나기 위해 민주주의의 시간을 창조했다. 이제, 새로운 신이 나타났다. 과학의 신은 인간

337] 유발 하라리, 김명주 옮김, "호모데우스 미래의 역사", 김영사, 2015~2017년, 511~512쪽

을 자연의 폭력에서 구원해 주었다. 인간은 이제 그리스 신화의 어느 신처럼 하늘을 날고 우주의 신비를 탐험한다. 그렇게 "신이 있다면 모든 것은 허용된다". 다만, 두 신이 지배하는 영토는 겹쳐지지 않는다. 몰락한 고대의 신은 삶의 의미와 가치를 명확히 계시해주는 질서의 신이였지만, 과학의 신은 오로지 기술과 도구만을 사제로 거느린다. 이번에 인간을 지배하기로 한 신은 삶의 의미나 가치에게는 관심 없어 보인다. 다만, 그것은 모든 것의 모든 형식들을 바꾸어 놓는다.

여전히 삶은 불안하다. 과학의 신 앞에 선 인간에게 민주주의의 "신화"는 어떤 말을 시작할 수 있을까? 확실한 것부터 생각해 보자. 인공지능은 인간이 아니다. 그것은 욕망하지 않으며, 따라서 기도하지 않고, 그러므로 아파하지 않는다.[338] 인간은 서럽게 욕망하며, 엎드려 기도하고, 형편없이 아프다. 그러므로 인간은 꿈꾸지 않고는 살아갈 수 없다. 꿈은 삶의 불안을 잊게 할 유일한 깃발이다. 집단의 꿈이 바로 신화다.[339] 신화는 이야기로 만든 진리의 계시다. 그것의 내용은 진실이며 그것의

338] Henry A. Kissinger, Eric Schmidt, Daniel Huttenlocher, "The Age of AI", JOHN MURRAY, 2022년, 207쪽

339] Joseph Campbell, "Myths to live by", PENGUIN COMPASS, 1972년, 14쪽

형식은 거짓말이다. "알고리즘은 계산할 뿐, 이야기하지 않는다. 신화에서 데이터주의로의 이행은 이야기에서 계산으로의 이행이다."[340] 인공지능은 계산할 뿐, 이야기에 현혹되지 않는다. 인공지능은 계산할 뿐, 거짓말(신화)을 하지 않는다. 그것은 기도하지 않으므로 꿈꿀 수 없고, 그러하므로 그것은 이야기 속에서 살아갈 수 없다. 민주주의라는 신화는 어쩌면 인공지능이 정복한 세계 안에서, 인간만의 영토를 만들며, 영원히 존재할지도 모른다.

위대한 환상

아픈 아이를 엎고 밤을 달려 병원을 향해 가는 엄마의 얼굴과 복수심에 일그러진 살인자의 얼굴은 같은 방법으로 내비게이션을 바라보며 길을 찾는다. 그 가치 중립성이야 말로 위대한 과학 발전의 원동력이다. 그 둘은 다른 이야기를 쓰고 있지만, 목적지를 계산하는 기술의 눈에 그 둘은 동일한 털 없는 원숭이의 길찾기일 뿐이다. 문명이 고안해 낸 일체의 도구와 과학은 목적지가 어디든 실

340] 한병철, 전대호 옮김, "리추얼의 종말", 김영사, 2018~2021년, 108쪽

수 없이 도착하는 "방법"에 관한 계산이다. 그 반대 방향에는 도대체 삶의 목적지가 어디인지 묻고 있는 "가치"의 이야기가 있다. 과학이란 철저히 "Why?"의 질문을 거부한 채 "How?"의 문제에 집중한다.[341] 과학이 진리일 때, 가치의 문제는 입을 다문다. 전기신호가 바라볼 때, 삶의 의미란 계산의 효율성을 방해하는 환상이다.

진리를 가치가 아니라 방법에서 찾기 시작한 인간의 역사는 여기까지 와있다. 타당함과 정당함은 혼동되고, 사실과 올바름의 경계는 모호하다. 무엇인가를 정당화Justification[342] 하는 것은 그것의 의미와 가치를 정의하고 새롭게 고민하는 일이다. 삶은 정당한가? 왜 살아야 하는지, 삶은 도대체 어떤 이유가 있는지에 대한 답변들은 어떠한 수식으로도, 누군가의 탁월한 계산으로도 정복되지 않는다. 오히려 이러한 질문들은 해명할 수 없는 오랜 이야기를 불러온다. 민주주의는 바로 그 이야기들 중 하나다. 사람은 집단을 만든다. 함께 살며 협력하고 싸우며 산다. 그리고, 그곳에는 모여 사는 방법에 대한

341] 화이트헤드는 이렇게 말한다. "갈릴레이는 사물이 어떻게 해서 발생하는 것인가를 되풀이하여 논한 데 반해, 그의 논적들은 사물이 왜 발생하는 것인가에 관한 하나의 완벽한 이론을 가지고 있었다." (A.N. 화이트헤드, 오영환 옮김, "과학과 근대세계", 서광사, 1926~1989년, 27쪽)

342] 1장, 주 15 참조

이야기가 흐른다. 그 모든 집단과 질서의 가장 위에는 국가가 있고 법이 있다. 그것들은 국가를 정당화하는 신화와 신화를 실천하는 기구들로 유지된다. 더 큰 나에게 흡수되고 동화되며 나는 삶의 이유를 찾는다. 나를 허용한 그 집단의 올바름은 바로 나의 정당성이 된다.

나와 내가 속한 집단의 정당함은 모여 사는 인간에게 가장 중요한 가치다. 그 가치를 찾아 나서는 일이 민주주의의 업무다. 그러나 민주주의는 처음부터 끝까지 모순이다. 보이지 않는 국민의 현실성을 믿어야 하며, 공동체의 의지를 다수결의 숫자 놀음과 혼동 해야하고, 소수의 권력자들을 내 의지의 모방으로 상상해야 한다. 자유와 평등이라는 모호한 단어에서 현실의 구속력을 찾아야만 하며, 종교 감정으로 응축된 적개심을 토론 가능한 반론이라고 착각해야만 한다. 민주주의라는 방법으로 국가와 나의 가치를 찾아내는 것은 불가능해 보인다. 새로운 문제는 더 근본적이다. 위험이 일상이 되고 데이터가 생존의 길을 안내 해주기 시작하면, 이토록 번잡한 민주주의의 허울에서 벗어나 현명한 데이터가 안내하는 전체주의의 길로 들어서는 것이 타당해 보인다. 의미의 막연함 보다는, 계산의 명확함이 안락하다. 민주주의는 종말의 길 앞에 서있는가?

어떤 이들은 민주주의의 종말을 이야기한다. 새로운 무엇이 필요하다고 주장한다. 그들이 말하는 것은 종말인가? 아니면 종말론인가? 종말은 미래의 어느 시점에 일어날 수도 있는 사건이다. 따라서 미래에 무지한 우리는 그것에 대하여 모른다. 그러나, 종말론은 현재 이야기되고 있는 어떠한 환상이다. 종말론은 현재의 이념이다. 따라서 민주주의 종말론은 현재의 민주주의를 바라보는 하나의 방식이며, 미래의 문법으로 현실을 질문하는 방법이다. 종말론의 능력은 그것의 주어가 고통받는 이들일 때 확보된다. 지식인들의 서재가 아니라 거리에서 뛰어다니는 종말론으로 역사의 질주는 시작된다. 세상의 끝을 간절히 원하는 비참한 삶의 진상이야말로 모든 종말론이 세상을 뒤집어 놓을 수 있는 조건이다. 그렇게 모든 종말론은 현재의 고통에 파묻힌 인간들의 이야기다. 현실의 고통이 깊을수록 종말론의 간절함은 무겁다. 어쩌면 민주주의란 언제나 종말론의 형식으로 존재할 것이다.

종말론은 미래가 현실을 넘보는 이야기가 아니라, 현실을 미래에 투사하는 환상이다. 종말론 속 미래는 언제나 구체성을 결여한 유토피아다. 그것은 언제나 아직 오지 않았다는 방식으로 존재하며 그러함으로 종말론에게는 무한한 능력이 부여된다. 모든 욕망의 극대치는 아직 그것을 경험하기 전에만 측정할 수 있듯이, 종말론으로서의 민주주의는 아직 민주주의가 욕망의 언어로서만 말해질 때 그것의 힘을 경험할 수 있다. 유토피아는 경험되는 것이 아니다. 그것은 설계도 없는 함성으로 존재의 이유를 선언한다. 따라서 어떤 경우에도 종말론을 현실의 언어로 구성할 수 없으며, 유토피아의 건전한 형태를 도면으로 그려낼 수는 없을 것이다. 종말론의 깊이는 현재의 삶에 대한 비관적 시야를 가리키는 것이므로 종말론은 미래에 대한 확고한 가능성이 아니라 철저히 비현실적인 환상이다.

민주주의는 아직 들려지지 않은 깃발이다. 처절한 삶의 비애悲哀는 적절한 언어와 논리적 인과관계로 해석되지 않는다. 민주주의는 그리하여 전혀 구체성을 찾을 수 없는 영원한 환상을 꿈꾸는 일이다. 이것은 신 없는 신화의 이야기다. 절대 진리 없이 정당화된 권력의 이야기다. 신 없이 권력의 이야기를 시작하는 순간 불안한 예언가는 실패를 예감할 것이다. 그러나 이야기의 실패는 다시 신화를 써야만 하는 이유가 된다. 살아가야만 하기 때문이다. 살아가는 일은 꿈을 꾸는 일이기 때문이다. 환상으로 그려낸 세상의 이름은 변해왔다. 유토피아는 어디에나 있었다. 그것의 이름은 중요하지 않다. 천년왕국, 프롤레타리아 독재처럼 그것은 이름만 있을 뿐, 내용은 없다. 어쩌면 일체의 유토피아에 대한 환상이 종결되는 날, 인간의 모든 역사는 끝을 맞이할 것이다. 그것은 보이지 않는 역사의 추동력이다. 종말론이 그려내는 미래는 언제나 최소한의 구체성도 상실한 상징으로 가득한 새로운 질서의 세계다. "눈물 없는 곳", "평등의 강물이 흐르는 곳"만이 그곳을 묘사하는 단어들이다. 그렇게 비현실적 환상일수록 그것은 힘이 있다.

　　"대중들은 언제나 자신들의 상징을 문자 그대로 받아들일 뿐만 아니라, 그러한 문자적 해석을 통해 그들 문명을 지탱하고 있다. 상징적 언어를 문자 그대로 받아들임으로써, 그들은 그들의 도덕 법칙과 공동체의 유대와 삶의 활력과 창조적 힘을 유지하며 살아간다. 상징에 대한 문자적 해석이 사라진다면, 그들은 의미를 잃고, 무의미의 혼돈으로 빠져들어 간다. 왜냐하면, 니체와 입센이 알고 있었듯이, 삶은 삶을 지탱해 줄 환상이 필요하기 때문이다. 이러한 환상이 사라진다면, 삶에서 의지할 수 있는 확고한 것들과 도덕률이 함께 사라진다. 우리는 그와 같은 예를 백인 문명이 뒤흔들어 놓은 원시 공동체에서 어떤 일이 있었는지를 통해 경험했다."[343]

국민주권과 평등과 자유는 민주주의 신화를 써 내려가기 위한 상징이다. 그것은 비현실의 언어다. 그것은 오로지 현실의 고통으로 빚어진 언어이므로 현실의 꿈일 뿐, 만질 수 있는 현실의 대상이 아니다. 그러나, 대중들은 상징을 문자 그대로 받아들인다. 그들은 상징의 언어를 현실의 묘사와 구분하지 않는다. 꿈의 언어와 현실의 언어를 구분하지 않는다. 왜냐하면 어떤 이들에게는 그것만이 꿈보다 가혹한 현실을 버티며 살아가는 유일한 방안이기 때문이다. 삶은 환상이 필요하기 때문이다. 대중들의 환상은 어디에서 시작하는가? 내용 없는 유토피아는 어디에서 노래를 부르는가? 중국에서, 아랍에서, 홍콩과 태국에서, "재스민 혁명", "아랍의 봄", "홍콩의 우산 혁명" 등으로 거리에 가득 쏟아져 나온 사람들은

343] Joseph Campbell, "Myths to live by", PENGUIN COMPASS, 1972년, 10쪽

"민주주의"를 외치고 있다. 그리고, 다수결의 우상과 소수의 지배를 찬양하는 비열한 교리 선포의 뒷마당에서, 사람들은 바로 그 모순 가득한 민주주의의 깃발로 모순 가득한 세상의 종말론을 이야기한다.

민주주의라는 혼돈의 함성이 현실의 거리를 메울 때, 그 때가 민주주의의 환상이 현실을 이겨내는 순간이다. 그 거리가 민주주의의 존재 공간이다. 거리로 뛰쳐나간 이들에게 민주주의란 "유토피아"의 다른 이름이므로 민주주의는 비참한 현실에 대한 순결한 거부의 이름이다. 내용 없는 환상이다. 그뿐이다. 따라서 그들에게 민주주의의 구체적 내용을 묻는 일은 무용하다. 애초에 유토피아는 존재하지 않으므로 반박되지 않는다. 거리의 함성들은 불평등을 깨뜨리고 정의를 이 땅에 불러올 수 있다고 믿는다. 그 믿음은 한 번도 검증되지 않는다. 민주주의는 그렇게 신앙 고백이며 존재하지 않는 환상에 대한 욕망이므로 역설적이게도 포기되지 않는다. 민주주의를 믿는 자들에게 민주주의는 영원히 아직 들려지지 않은 깃발이므로 그 깃발은 언제나 꺾이지 않는다. 민주주의는 모든 희망의 언어를 버무린 초월적 추상명사이므로 어떠한 구체적 내용 없이 영원히 존재할지도 모른다.

　모든 신화는 놀랍게도 신화의 언어와 현실의 언어를 혼동하는 자들, 그리하여 신화의 현실적 증명 가능성을 미신처럼 믿는 자들에 의해 영속된다. 예를 들어, 기독교 근본주의자들은 신이 인간을 창조했다는 웅장한 신앙고백의 언어를 증명 가능한 속세의 언어와 혼동한다. 그들은 창세기를 들고 노아의 방주를 찾아다닌다. 신화의 힘은 상징과 은유에서 나오지만 정작 그 신화를 삶의 기준으로 삼는 이들은 상징과 은유의 언어를 독해하려 하지 않는다. 그들은 상징을 현실과 혼동한다. 민주주의의 신화는 국민 주권이라는 상징과 역사의 은유로 제조되었지만, 민주주의를 위해 목숨을 거는 자들은 언제나 민주주의의 언어를 현실에서 증명할 수 있는 물질처럼 마주하려 한다. 그것은 무모하며 어리석지만 그렇게 민주주의를 현실처럼 살고 있는 자들로 인해 민주주의의 신화는 영원히 존속할 것이다. 삶의 궁극적 의미가 증명될 수는 없으나, 오늘도 삶은 살아지고 있으며, 오늘을 살고 있는 한, 삶이 언제나 존재하듯 말이다.

　누군가에게, 신화의 은유와 상징을 현실로 믿어야만 살아갈 수 있을 만큼, 삶은 두렵고 죽음은 헛되다. 삶의 진상과 죽음의 확고함을 받아들이는 일은 혹독하다. 민주주의를 외치며 뛰쳐나가는 이들에게, 국민 주권은 신화가 아닌 현실이며, 자유와 평등은 보이지 않는 이념이 아니라 삶의 현장에서 쟁취할 수 있는 구체적 능동태다. 그것은 환상이지만, 그들은 환상을 현실로 실천하려 한다. 신화적 상징을 현실의 대상과 혼동하는 이들에게, 민주주의는 설명이 필요 없는 자명한 보통 명사다. 그들에게 민주주의란 호기심의 대상도 아니고, 지적 관심도 아니다. 그들에게 민주주의란 현실의 참혹함에 대한 확실한 반대어다. 어쩌면 그것이 그들이 알고 있는 민주주의의 의미 전체다. 그들에게 민주주의란 설명의 대상이 아니라 실천의 명령이다. 그들은 민주주의에 대한 수 많은 질문에 관심 없다. 그들은 민주주의의 의미에 대하여 고민해보기도 전에, 그것의 실현을 위해 거리로 뛰쳐나간다.

매일의 삶이 턱 끝에서 부딪치는 흉기와 같을 때, 불평등의 습속習俗이 하늘에서 내려온 형벌처럼 자명할 때, 민주주의라는 환상은 한 순간도 포기되지 않을 것이다. 삶은 삶을 지탱해 줄 환상이 필요하기 때문이다. 🏛

추천의 글

이 책에 나의 부족한 글을 신게 되어 감사하게 생각한다. 이 책은 21세기의 민주주의가 처해있는 기능부전 상태가 얼마나 깊고 넓은 뿌리를 갖고 있는 것인지를 일깨워주는 두려운 내용을 담고 있다. 그리고 그 속에서 이른바 "민주시민"을 자처하는 우리가 어떻게 집단적으로 좀비와 같은 무기력한 무영혼의 존재가 되어가고 있는지도 가르쳐주고 있다. 나의 이 짧은 글은 외람되지만 동일한 맥락에서의 고민과 절망을 느껴온 시민의 한 사람으로서 이 책에 담겨있는 문제의식을 어떻게 읽고 받아들였는지의 독후감이며, 같은 맥락의 고민과 절망을 품고 있는 동료 시민들에게 함께 읽기를 권하는 글이기도 하다.

이 책을 내가 읽었던 방법

이 책은 쉽게 쭉쭉 읽히는 책이 아니다. 책이 다루고 있는 주제의 무거움 때문이기도 하지만, 그 주제의 특성 때문이기도 하다.

일반적으로 깔끔한 제시present의 방식은 전제 혹은 "제 1원리"에 해당하는 명제에서 출발하여 논리적 연역의 순서에 따라 혹은 경험적 사실의 경우 구정보/신정보의 순서에 따라 차근차근 풀어놓는 것이 모범적인 방식이다. 하지만 정치 이론이나 정치 철학의 경우, 스피노자나 홉스와 같은 경우를 빼면 그러한 표준적인 서술의 방식이 항상 효과적이거나 성공적인 것은 아니라고 보인다. 정치 현실은 인간 세상의 다른 여러 현실과 복잡하게 또 불가분으로 얽혀 있게 마련이다. 따라서 어느 한 측면과 꼭지를 잡아 이야기를 하다보면 다른 측면과 다른 꼭지의 이야기들이 함께 딸려 나오지 않을 수 없을 때가 많다. 따라서 정치 이론의 담설은 부득이하게 둥글게 둥글게 앞으로 나갔다가 다시 뒤로 돌아갔다가를 반복하는 나선형의 동그라미들을 그리기 십상이다.

나는 이 책을 그러한 방식으로 읽었다. 처음에 너무

나 당차고 충격적인 명제들이 쏟아지더라도, 거기에 대한 충분한 설명이 주어지지 않았다고 해도 크게 당황하지 않았다. 반대로 이야기가 풀리면서 다루었던 주제들, 제시되었던 분석과 주장들이 여러 번 반복해서 되풀이된다고 해도 짜증을 내지 않았다. 둥그런 나선형으로 전진할 수밖에 없는 종류의 정치 이론 담설에서는 피할 수 없는 일이며, 또한 가장 효과적인 제시의 방법이기도 하기 때문이다. 책의 첫 부분에서 민주주의와 신의 관계에 대해 충분히 납득이 가지 않는다고 하더라도 중간과 뒷부분으로 나아가면서 저자의 생각이 무엇인지에 대해 차분히 정리가 될 것으로 믿는다. 나는 이 둥근 나선형의 방법으로 책을 읽어 나가면서 많은 혜안과 지혜를 얻을 수 있었다.

"신" 노릇을 하게 된 민주주의

원래 민주주의의 "과부하overload" 명제는 1970년대에 초기 신자유주의자들이 넓은 의미의 사회민주주의 정치 체제를 공격하기 위해 내놓았던 주장이었다. 시장 경제의 작동에 따라 자원이 배분되는 것에 순응하지 않는 여러 집단들이 자기들의 개별적 이익을 관철시키려고 민주주의 정치를 남용하기 시작하였고, 이에 (사회)민주주의적 국가는 오만가지 집단의 오만가지 요구를 다 들어주어야 하는 역할을 하게 되었다는 것이다. 이들은 그래서 민주주의에 "과부하"가 걸리기 시작하였으며 이것이 현대 정치의 근본적인 문제라고 주장하였다.

이 책도 민주주의의 "과부하"를 이야기한다. 하지만 이는 이러한 신자유주의 정치학의 주장과는 아무런 관련도 없으며, 그들이 상상도 하지 못할 초월적인 차원에서부터 내려오는 "과부하"를 지적한다. 바로 신God의 부재, 혹은 사라짐에서 비롯되는 "과부하"이다.

신은 본래 절대적 진리의 담지자이다. 아름다움, 진리, 선함, 그 밖의 모든 문제들에 대해 궁극적인 해답을 가지고 있는 존재가 바로 신이며, 동일한 가치를 공유하면서 동일한 공동체를 형성하고 있는 모든 이들은 그래서 모두 같은 신을 믿고 있다고 말해도 좋다. 1백명 남짓의 씨족 사회에서 모시는 조상신일 수도 있고, 엄청난 토목공사를 일으킬 능력을 가진 이집트 왕국의 태양신일 수도 있고, 전쟁과 학살을 숱하게 불러온 아브라함의 하나님일 수도 있다. 같은 신을 믿는 이들은 아름다움,

진리, 선함이라는 세 가지 문제에 대해 최종적인 판단의 기준을 공유한다. 그렇게 해서 이들은 인간 세상의 삶에서 발생하는 무수한 문제들에 대한 해답을 찾아내고 함께 풀어갈 수 있게 된다.

그런데 근대 이후에 신이 죽었다. 여전히 신을 믿고 있는 사람들도 많이 있지만, 이는 어디까지나 자신의 내면과 신앙의 문제일 뿐이 되었고, 신은 그래서 개개인들의 내면과 벽장 속 신단으로 숨어버리게 되었다. 모두가 함께 공유하는 공론장을 신이 지배하는 일은 더 이상 가능하지 않게 되었다. 이는 많은 이들에게 사상, 양심, 내면의 자유를 가져오는 획기적인 사건이기도 하지만, 동시에 공동체의 삶을 힘들게 혹은 아예 불가능하게 만드는 치명적인 문제이기도 하다. 이제 모두가 함께 믿는 신이 없어졌다면, 아름다움, 진리, 선함에 대한 공통의 기준은 어떻게 마련할 것인가? 그 세 가지 문제를 둘러싸고 매일 도처에서 벌어지는 숱한 싸움들을 (때로는 칼부림 혹은 그 이상의 험악한 사태들을) 어떻게 말로 해결할 수 있을까?

이렇게 신이 사라진 상황에서, "공동체의 삶"을 가능하게 할 공통의 가치 표준을 제공하는 역할과 장치는 무엇인가가 맡아야 한다. 이가 없으면 잇몸으로 씹어야 한다. 그래서 신의 대리로 끌려나온 장치가 있으니, 바로 저 오래된 "민주주의"라는 제도이다.

"다수의 뜻을 따른다"는 민주주의는 본래 아름다움, 진리, 선함 등을 둘러싼 모든 질문에 답을 하라고 만들어진 제도가 아니다. 전쟁을 할 것인가 말 것인가라든가 농지의 경계선을 어떻게 정해야 할 것인가라는 아주 구체적이고 실용적이고 산문적인 문제들, 정말로 "뭉툭한" 문제들에 관해서만 제한적으로 효용을 갖는 의사 결정 방식에 불과하였다. 하지만 근대 혹은 현대의 민주주의는 그러한 영역보다 훨씬 더 많은 문제들에 대해 답을 해야 한다. 낙태는 살인인가 아닌가? 동성결혼은 결혼인가 아닌가? 대한민국의 건국 원년은 1919년인가 1948년인가? 교실에서 학생에 대한 교사의 훈육은 어디까지 허용되어야 하는가? 학생의 "수학능력"을 평가하는 올바른 방법은 무엇인가? 등등등. 이 모든 "뾰족하기" 짝이 없는 어려운 문제들에 대한 올바른 답을 국가는 내려야 하며, 국가의 의사결정 알고리즘은 민주주의로 정해져 있다. 따라서 민주주의는 이제부터 이 모든 문제들에 대해 답을 내려야 한다. 태아의 본성에 대해, 섹스와 결혼의 관계에 대해, 한반도 정치체의 역사적 성격과 연속성에 대해, 신체의 자유와 훈육과 학교 제도의 관계에 대해, 인간 두뇌의 수용력에 대해 등등. "쳐들어 오는 적에게 맞서 무기를 들 것인가 아니면 공물을 바치고 화해를 청할 것인가"를 결정하는 단순한 문제들로부터 너무나 멀리 떨어져 있다. 민주주의의 "과부하"이다. 죽어버린 신의 빈자리를 채우는 역할이 오롯이 민주주의에게 주어진 것이다.

"과부하" 민주주의의 자기모순과 그 폭발

민주주의의 정의 중 하나는 "자치autonomy", 즉 "우리가 우리를 다스린다"라는 명제이다. 즉 치자治者와 피치자被治者의 동일성을 내세우는 것이다. 그런데 이는 당연히 순수 논리 차원에서도 부조리성absurdity을 띠고 있다. "다스리는 나"는 누구이고 "다스림을 당하는 나"는 누구인가? 물론 새벽 5시에 알람을 맞추어 놓은 것도 나이며, 알람 소리에 진저리를 치며 이불 속으로 숨어드는 것도 나이며, 그런 나를 다시 이불 밖으로 끄집어내어 찬물에 세수를 하게 만드는 것도 나이다. 만약 과제가 "새벽 5시에 일어난다"와 같이 명확하고 절대적인 당위라면 이러한 논리적 부조리성도 크게 부각되지 않을 수 있다. 이를 악물고 자기 자신에게 "정신차려, 임마"라고 다그치지만, 그런 "내"가 밉기 짝이 없지만, 그 절대적 당위성을 알고 있기에 순순히 응하게 되기 때문이다.

하지만 앞에서 말한 것처럼, 본래 "신"이 답해야 할 온갖 문제를 떠안아 과부하에 신음하는 민주주의의 경우는 어떠할까? 그렇게 치자와 피치자의 동일성이라는 문제가 해결될 수 있을까? 앞에서 열거했던 온갖 골치 아픈 민주주의 "과부하"의 예들에서도 방금 말한 새벽 기상의 예처럼 이를 악물고 "치자와 피치자의 동일성"을 지켜낼 수 있을까? 어림도 없는 이야기이다. 그렇게 결정을 내린 "우리"와 그러한 결정에 전혀 동의하지 않는 "우리"가 찢어지게 된다. 사회와 공동체 전체는 온갖 분파로 나뉘어져 서로를 미워하게 된다.

이때 새로운 공격의 논리가 등장하게 된다. 절차적 합리성에 따라 "다수"의 자리를 차지한 분파는 이러한 분파 난립 자체를 인정할 수 없게 된다. 자신들의 권력은 "선출된 권력"이므로 사회 성원들 모두가 마땅히 무릎을 꿇어야 하는 것이거늘, 어째서 그러한 기본적인 규칙을 어기고 분파적 행동과 불복을 일삼는가? 이에 이제부터는 의견의 차이에 더하여 "절차적 합리성을 어겼다"는 논리까지 더하여져 상대방을 "민주주의의 적"이라고 몰아부친다. 설상가상을 만드는 일은, 그 "적"들도 똑같은 논리를 사용하여 상대방을 "민주주의의 적"이라고 몰아부친다. 이제 각각의 문제에 따라 다른 의견을 가지고 서로에게 승복하지 않는 분파들이 난립하고 있을 뿐만 아니라, 그 분파들은 서로를 "민주주의의 적" 심지어 "포퓰리스트"라고 공격하면서 대화와 타협이 불가능한 "타도 대상"이라고 몰아부친다.

인공지능과 좀비 사이에서

"과부하"의 민주주의가 낳은 이러한 상황에서, 개개인들은 본래 민주주의가 이상으로 삼는 활기넘치며 적극적으로 공동체의 삶에 참여하는 책임있는 개인과는 정반대의 존재, 즉 일종의 "좀비"가 되어 버린다. 아무 의견도 없다. 모든 논쟁에 관심을 닫고 거리를 둔다. 무슨 결정이 내려지든 관심이 없다. 자기 개인의 몸과 마음의 안녕을 저해하지 않는 한, 무엇에도 저항하지 않으며 어떤 주장을 내놓지도 않는다. 목욕탕과 서커스에 절어버린 시민들로는 공화국을 유지할 수 없다. 좀비가 되어버린 시민들로 이루어지는 투표/선거와 기타 민주적 절차라는 것이 감히 신을 대체할만한 무슨 "초월적인" 권위를 가질 리도 없다. "과부하"가 걸린 민주주의는 좀비들을 양산하였을 뿐이다. 계몽주의 시절과 그 이후, 유럽의 일부 철학자들은 아름다움, 진리, 선함이라는 가치들을 놓고서 끝없이 탐구하고 논쟁하고 실험하는 시민들이 나타면서 이성적인 사회가 꽃피며 앞으로 나아갈 것이라는 희망을 피력하였다. 하지만 민주주의가 전 세계적으로 보편적인 정치 체제가 된 지금, 인간의 모습은 니체의 "마지막 인간"을 훌쩍 넘어서서 (최소한 이들은 "진리는 무얼까? 아름다움은 무얼까? 선함은 무얼까?"라면서 재잘거리기라도 한다), 좀비로 직행해버렸다. 이들에게서 어떤 합의를 도출한다는 것은 그래서 뻔한 알고리즘을 밟아나가는 일이 되어 버렸으며, 인공지능으로 얼마든지 대체가 능한 것으로 점점 더 수렴하고 있다.

민주주의의 환골탈태

이 책이 지적하고 있는 민주주의의 위기는 이렇게 깊

은 차원의 이야기인 것이다. 이런저런 제도 및 장치의 문제라든가 불건강한 경향성들의 문제가 아니라, 신이 사라진 근대 사회에서 그 모든 부담을 다 넘겨받은 "과부하" 민주주의의 필연적인 귀결이라고 진단하는 것이다. 이렇게 근원적이고 깊은 차원에서의 문제 진단에 대해 곧바로 어떤 시원한 해결책을 제시하는 것이 불가능할 뿐만 아니라 바람직하지도 않다는 것은 당연한 일이다. 먼저 해야할 일은, 눈 밝은 저자가 제시하는 문제의식을 경청하여 보고, 그 입장에서 우리 주변에 목하 벌어지고 있는 민주주의 정치의 천태만상을 일별해보는 일일 것이다. 섣부른 해결책, 섣부른 희망의 메시지는 금물이다. 하지만 나는 저자가 비관주의자라고 생각하지 않는다. 경제학자 조안 로빈슨Joan Robinson이 언젠가 말했던 것처럼, "정말 비관주의자라면 그 비관주의의 논리를 글로 적어 출판하지는 않는다." 끊임없이 "과부하"와 밀려드는 현대의 민주주의가 결국 파시즘으로 전체주의로 그밖의 다른 무언가로 변질되어가는 것을 막는 방법으로, 저자는 민주주의 자체의 진화를 암시하고 있다고 보인다.

민주주의는 종교적 교리가 아니다. 모세의 석판에 새겨진 여호와의 말씀처럼 세월이 지나고 세상이 바뀌어도 변하지 말아야할 신성한 글자 같은 것이 아니다, 고대 아테네의 시민들이 자기들 상황에 맞도록 민주주의를 발명하고 발전시켜나갔다면, 고도의 산업사회를 살아가고 있는 21세기의 우리들도 우리들 세상의 조건과 상황에 맞는 민주주의를 발명하고 발전시켜나가면 될 일이다. 좀비와 인공지능의 암울한 이미지가 어른거리는 디스토피아의 비전은 바로 그러한 우리들의 과제를 각성시키기 위한 경고라고 읽힐 뿐이다. 고도의 산업사회의 상태에 맞게 민주주의를 환골탈태의 진화로 나아가도록 만드는 과제는 우리에게 있다. 이번이 처음도 아니다. 1930년대의 대공황 사태에서 프랭클린 루즈벨트와 같은 탁월한 정치인과 존 듀이와 같은 뛰어난 사상가들이 나온 덕에 우리 인류가 19세기 및 그 이전과는 전혀 다른 의미의 민주주의를 20세기의 후반기에 구가할 수 있었던 것을 기억할 필요가 있다. 21세기에 위기에 처한 민주주의가 또 한 번의 환골탈태를 거쳐 진화할 수 있을지는 우리의 손에 달려 있는 일이다. 이 책은 그러한 과제를 우리에게 일깨워주고 또 도전의 규모가 얼마나 큰지를 감지하게 해주는 소중한 역할을 하고 있다.

글 홍기빈

추천의 글

홍기빈

서울대학교 경제학과를 졸업하고, 동 대학원 외교학과 석사과정을 마쳤으며, 캐나다 요크대학교 대학원 정치학과에서 박사과정을 수료했다. 금융경제연구소 연구위원을 거쳐 현재 칼폴라니사회경제연구소(KPIA) 연구위원장과 글로벌정치경제연구소 소장을 맡고 있다.

좀비 민주주의

1판 1쇄 2024년 1월 31일
ISBN 979-11-92667-47-8

저자 이동직
편집 김효진
교정 황진규
제작 재영 P&B
디자인 우주상자
펴낸곳 마르코폴로
등록 제2021-000005호
주소 세종시 다솜1로9
이메일 laissez@gmail.com
페이스북 www.facebook.com/marco.polo.livre